플라톤의

에우티데모스
크라틸로스

플라톤의

에우티데모스
크라틸로스

박종현 역주

서광사

이 책에서의 《에우티데모스》 편은 Oxford Classical Texts(OCT) 중에서 J. Burnet이 교열 편찬한 *Platonis Opera*, III에 수록된 Euthydēmos를, 그리고 《크라틸로스》 편은 역시 OCT이긴 하지만, 새로 1995년에 E. A. Duke, W. F. Hicken, W. S. Nicoll, D. B. Robinson, J. C. G. Strachan이 공동으로 편찬하여 낸 *Platonis Opera*, tomus I 중의 Kratylos를 기본 대본으로 삼되, 그 밖의 다수 판본들을 참조하여 번역하고 주석을 단 것이다.

플라톤의

에우티데모스/크라틸로스

플라톤 지음
박종현 역주

펴낸곳 · 도서출판 서광사
펴낸이 · 이숙
출판등록일 · 1977. 6. 30.
출판등록번호 · 제406-2006-000010호

(10881) 경기도 파주시 회동길 77-12 (문발동)
대표전화 · (031) 955-4331 / 팩시밀리 · (031) 955-4336
E-mail · phil6161@chol.com
http://www.seokwangsa.co.kr / http://www.seokwangsa.kr

제1판 제1쇄 펴낸날 · 2025년 2월 28일

ISBN 978-89-306-0648-6 93160

머리말

오랜만에 독자들과 약속한 기간인 1년 만에 《에우티데모스》편과 《크라튈로스》편을 한 권으로 엮은 열한 권째의 플라톤 역주서를 내게 되었다. 덩달아 보람을 느끼는 안도의 한숨을 쉬게도 되었다. 플라톤의 것들로 확실시되는 26편의 대화편들 중에서 내가 아직 역주를 끝내지 못한 것들은 이제 《소 히피아스》편과 《파르메니데스》편 그리고 《테아이테토스》편뿐이다. 그러나 여전히 다소 의문시되는 두 대화편들로 《대 히피아스》와 《알키비아데스》가 또한 있다. 이것들 중에서 《파르메니데스》편과 《테아이테토스》편을 한 책으로 엮고, 나머지를 《알키비아데스 II》와 함께 또 한 권으로 엮어서 낼 생각이다. 그 밖에 남는 것들은 위서들인 셈인데, 이것까지 다 엮어서 낸다면 1권이 더 추가되겠다. 이것들을 다 출간해야 명실상부한 한 사람에 의한 나의 '플라톤 전집' 역주 작업이 끝난다. 그러니까 위서들까지 도합 세 권을 더 내야, 14권의 전집 출간이 끝을 맺게 될 것이다. 하지만 과연 내가 이 일을 별 탈 없이 마저 끝낼 수 있을지는 내 여생의 명운에 달렸다. 지금의 건강 상태라면, 능히 끝내고도, 후속 작업까지도 할 수 있을 것 같기도 하지만, 누가 제 여생을 알까?

이런 말을 머리말로 하게 된 것은 현재까지의 작업 결과들과 남은 작업들에 대한 독자들의 궁금증을 덜기 위한 보고서의 성격을 갖는 것이어서이다. 내친김에 이 작업과 관련된 그동안의 경위와 이에 얽힌 이야기도 하겠다.

코로나 대유행을 끝내 견디어 내지 못하고 운명한 그리스의 오랜 친구인 아테네대학의 K. J. Boudouris 교수는 여덟째 권인《고르기아스/메넥세노스/이온》까지의 역주서들을 줄곧 반기며 받고서는, "You deserve every praise."라는 최고의 찬사를 메일로 보내 왔었다. 그는 1987년 이후 줄곧 International Association for Greek Philosophy and International Center for Greek Philosophy and Culture라는 조직을 회장으로서 훌륭히 이끌어 온 인물이다. 그 뒤의 코로나 기간 동안에 낸 두 권의 책을 보냈으나, 수취인 '운명(apobiōsis)'이고, 유가족 수취 거부라는 이유로 반품되었다. 이 자리를 빌려, 고인의 명복을 빈다. 그리고 프랑스 CNRS의 directeur de recherche이며 Flammarion의 플라톤 전집(*PLATON: ŒUVRES COMPLÈTES* sous la direction de Luc Brisson, Flammarion, Paris, 2008)을 주관해서 출판하고, 그 중에서 상당수의 단행본들을 역주 형태로 또한 따로 낸 Luc Brisson 교수는 올해 초에 내가 보낸 플라톤의《소피스테스/정치가》와《카르미데스/크리티아스/서간집》을 받고서, 이제까지의 역주서들을 꾸준히 낸 데 대해 "I admire your work …"라고 하며, 국제플라톤학회에서 내는 자기 주관하의 *Plato Bibliography*에 이를 실리겠다고 연초에 메일을 보내 왔다. 나는 그와 1992년 이래로 각별한 우의를 다지며 교류해 오는 사이다. 이들 두 분의 고마운 성원에 제대로 보답하기 위해서라도 무사히 이 작업을 끝낼 수 있기를 기원하는 마음이다.

한 개인이 플라톤 전집을, 그것도 역주 형태로 낸다는 것은 분명히 세계사적 차원에서도 지극히 드문 일이다. 내가 아는 언어권 안에서는 Jowett의 영역판, Schleiermacher의 독일어판이 한 사람에 의한 것이고, 불어판은 L. Robin과 M. J. Moreau 두 사람에 의한 것이다. 이제는 이런 일이 이 변방의 이 나라에서도 성취되도록 전력을 쏟기로 나는 작심했다. 언젠가 밝혔듯, 이 나라의 학문적 토양을 비옥하게 조성하는 데 기여할 참나무 숲 속의 한 그루 실한 참나무가 되었으면 해서다.

실토컨대, 처음에 플라톤 전집 기획을 내 나름으로 했을 때는, 혼자서 할 생각은 꿈에도 하지 않았다. 당시 학계의 총역량을 동원해서 하되, 그럴 수 없는 것들은 내가 하겠다는 생각으로 착수한 것이었다. 그 첫째 것으로 《국가(정체)》편을 4년여의 각고 끝에 1997년에 냈을 때 우리 학계는 국가적 경사처럼 환호했다. 그 뒤로도 꾸준히 내 작업은 이어졌다. 2009년엔 5년 가까운 기나긴 세월에 걸쳐 《법률》편을, 이와 관련되는 위작 《미노스》편 및 《에피노미스》편과 합본으로 1,000쪽이 넘는 이른바 벽돌 책을 냈다. 그러고도 2권의 합본 대화편들을 더 냈으나, 이 작업에 동참키로 하고서 출판사와 계약까지 했던 동학들은 여전히 어느 누구도 동참의 결과물을 내놓지 않는 상태였다. 결국엔 전집의 75%에 해당하는 일곱째 권을 낼 때, 이제는 단독으로라도 전집을 목표로 한 나머지 번역서들을 내겠다고 선언하고서 지금에 이르렀다. '본의 아니게'란 말이 이런 경우에도 어울리는 것인지 모르겠으나, 어쩌다 보니, 결국 이렇게 된 것이지만, 아무쪼록 제대로 완결되기를 바라는 마음이 나만의 것은 아닐 것이라는 믿음을 갖고 최선을 다하며 이 일을 끝맺는 작업을 하고 있다. 그래서 다음에 낼 것은 《대 히피아스》/《소 히피아스》/《알키비아데스》/《알키비아데스 II》를 한 권으로 엮은 것이 되겠다. 내년에 출간토록 할 생각이다.

그다음 것이 《파르메니데스》편과 《테아이테토스》편을 묶은 것이 되겠고, 이것이, 위서들을 빼고선, 마지막 것이 될 것이고, 일단은 '전집 완결'도 되는 것이다.

이 번역서의 일차적인 대본은 Oxford Classical Texts(OCT) 중에서 J. Burnet이 교열 편찬한 *Platonis Opera*, III에 수록된 Euthydēmos 편과 *Platonis Opera*, tomus I, 1995년 판으로, E. A. Duke, W. F. Hicken, W. S. Nicoll, D. B. Robinson, J. C. G. Strachan이 공동으로 편찬하여 낸 것 중의 Kratylos 편이다. 그 밖에도 참고 문헌 목록에서 밝힌 다른 판본들과 역주서들의 텍스트 읽기를 참조하여 번역하고 주석을 달았다. 그리고 함께 수록된 각 대화편에 대한 해제는 각 대화편 첫머리에 따로 달았으나, 참고 문헌들은 한꺼번에 수록해서 밝혔다.

2024년 여름에
박종현

차 례

우리말 번역본과 관련된 일러두기

1. 본문에서 난외(欄外)에 나와 있는 271a, b, c, …와 같은 기호는 '스테파누스 쪽수(Stephanus pages)'라 부르는 것인데, 플라톤의 대화 편들에서 어떤 부분을 인용할 때는 반드시 이 기호를 함께 표기하게 되어 있다. 그 유래는 이러하다. 종교적인 탄압을 피해 제네바에 망명해 있던 프랑스인 Henricus Stephanus(프랑스어 이름 Henri Étienne: 약 1528/31~1598)가 1578년에 《플라톤 전집》(ΠΛΑΤΩΝΟΣ ΑΠΑΝΤΑ ΤΑ ΣΩΖΟΜΕΝΑ: PLATONIS opera quae extant omnia: 현존하는 플라톤의 모든 저술)을 세 권의 폴리오(folio) 판으로 편찬해 냈다. 그런데 이 책의 각 면(面)은 두 개의 난(欄)으로 나뉘고, 한쪽에는 헬라스어 원문이, 다른 한쪽에는 Ioannes Serranus의 라틴어 번역문이 인쇄되어 있으며, 각 면의 내용을 기계적으로 약 1/5씩 다섯 문단으로 나눈 다음, 이것들을 a, b, c, d, e의 기호들로 양쪽 난의 중앙에 표시했다. 따라서 이 역주서(譯註書)의 숫자는 이 책의 각 권에 표시된 쪽 번호이고, a~e의 기호는 이 책의 쪽마다에 있는 각각의 문단을 가리키는 기호이다. 《에우티데모스》(Euthydēmos) 편은 Stephanus(약자로는 St.) 판본 I권 곧 St. I. p. 271a에서 시작해 p. 307c로 끝난다. 그리

고《크라틸로스》(*Kratylos*) 편은 St. I. pp. 383a～440e이다. 이 역주서의 기본 대본으로 삼은 옥스퍼드 판(OCT)도, 이 쪽수와 문단 표시 기호를 그대로 따르고 있고, 이 역주서에서도 이를 따르기는 마찬가지로 하고 있다. 따라서 우리말 번역도 이들 쪽수와 a, b, c 등의 간격을 일탈하지 않도록 최대한으로 노력했다. 그러나 가끔은 한 행(行)이 쪼개어지거나 우리말의 어순(語順) 차이로 인해서 그 앞뒤의 어느 한쪽에 붙일 수밖에 없게 될 경우에는, Les Belles Lettres (Budé) 판을 또한 대조해 가며 정했다.

2. ( )는 괄호 안의 말과 괄호 밖의 말이 같은 뜻임을, 또는 같은 헬라스 낱말을 선택적으로 달리 번역할 수도 있음을 표시하는 것이다. 더구나 중요한 헬라스어의 개념을 한 가지 뜻이나 표현으로만 옮기는 것이 무리일 수도 있겠기에, 달리 옮길 수도 있는 가능성을 열어 놓기 위해서였다.

3. 번역문에서의 [ ]는 괄호 안의 말을 덧붙여 읽고서 그렇게 이해하는 것이 좋다고 생각했을 경우에 역자가 보충한 것임을 나타내거나, 또는 괄호 속에 있는 것을 함께 읽는 것이 본래 뜻에 더 충실한 것임을 표시하는 것이다.

4. 헬라스 문자는 불가피한 경우를 제외하고는 라틴 문자로 바꾸어 표기했다. 그러나 헬라스 문자 χ를 라틴 문자 ch로 표기하던 것을 요즘 고전학자들의 경향에 따라 가급적 kh로, c로 표기하는 것은 k로 바꾸어 표기했다. 그리고 u는 y로 표기했다. 그리고 원전 읽기를 일차적인 대본과 달리했을 경우에는, 그리고 해당 구절을 원문을 갖고서 말할 수밖에 없는 경우에도 가끔은 헬라스 문자들을 그냥 썼는데, 이는 헬라스 말을 읽을 수 있는 사람들을 위한 것이니, 다른 사람들은 그냥 넘기면 될 일이다.

5. 헬라스 말을 우리말로 표기하는 경우에는 되도록 실용적이고 간편한 쪽을 택했다. 이를테면, 라틴 문자로 y(u)에 해당하는 υ는 '위' 아닌 '이'로 표기했다. 오늘날의 헬라스인들도 '이'로 발음하지만, 우리도 Pythagoras를 이왕에 '피타고라스'로, Dionysos를 '디오니소스'로 표기하고 있음을 고려해서이다. 어차피 외래어 발음은 근사치에 근거한 것인데다, 현대의 헬라스 사람들도 그렇게 발음하고 있다면, 무리가 없는 한, 우리말 표기의 편이성과 그들과의 의사소통의 편의성을 고려하는 편이 더 나을 것 같다. 더구나 이런 경우의 '이' 발음은 우리가 '위'로 표기하는 u[y]의 발음을 쓰고 있는 프랑스인들조차도 '이'(i)로 발음하고 있다. 그런가 하면 외래어 표기법에 따라 Delphoi를 옛날에는 '델피'로 하던 걸 요즘엔 '델포이'로 더러 표기하는 모양인데, 이는 그다지 잘하는 일은 아닌 것 같다. 고대의 헬라스 사람들도 Delphikos(델피의)라는 말을 썼는데, 이는 Delphoi에서 끝의 -oi가 '이'에 가깝게 발음되었던 것임을 실증적으로 입증해 주고 있다. '델포이'는 결코 Delphoi의 정확하거나 원어에 더 가까운 표기도 아니다. 오늘날의 헬라스 사람들은 물론 세계의 다른 어느 나라 사람들도 그걸 '델피'로 알아들을 리가 없는 불편하고 억지스런 표기이다. 헬라스 말의 우리말 표기는 관용과 실용성 및 편이성을 두루 고려해서 하는 게 더 나을 것 같다. 반면에 영어에서도 the many의 뜻으로 그대로 쓰고 있는 hoi polloi의 경우에는, 영어 발음도 그렇듯, '호이 폴로이'로 표기하는 것이 현대의 헬라스 사람들을 따라 '이 뽈리'로 표기하는 것보다는 더 순리를 따르는 것일 것 같다.

6. 연대는, 별다른 표기가 없는 한, '기원전'을 가리킨다.

7. 우리말 어법에는 맞지 않겠지만, 대화자들의 인용문 다음의 '라고'나 '하고'는, 되도록이면, 넣지 않는 쪽을 택했다. 너무 많이 반복

되는 탓으로 어지러움을 덜기 위해서였다. 그리고 모든 대화편에서
'제우스께 맹세코' 따위의 강조 표현은 그냥 '맹세코', '단연코' 등으로
옮겼다.

원전 텍스트 읽기와 관련된 일러두기

1. 원문의 텍스트에서 삽입 형태의 성격을 갖는 글 앞뒤에 있는 dash 성격의 짧은 선(lineola)들은 번역문에서는, 무리가 없는 한, 최대한 없애도록 했다. 그 대신 쉼표를 이용하여, 앞뒤 문장과 연결 짓거나, 한 문장으로 따로 옮겼다. 대화에서 이런 삽입구 형태의 표시를 많이 하는 건 그리 자연스럽지 않을 것이라 생각해서다.

2. 헬라스어로 된 원문 텍스트에서 쓰이고 있는 기호들 및 그 의미들은 다음과 같은 것들인데, 이 책의 각주들에서도 이 기호들은 필요한 경우에는 썼다.

[ ]는 이 괄호 안의 낱말들 또는 글자들이 버릴 것들임을 가리킨다. 그러나 텍스트에서의 이 괄호 표시와 이 책의 번역문에서의 그것은 다른 용도로 쓰이고 있으니, 앞의 일러두기에서 이를 다시 확인해 두는 게 좋겠다.

〈 〉는 이 괄호 안의 낱말들 또는 글자들이 필사본 텍스트에 짐작으로 덧보태게 된 것들임을 가리킨다.

( )는 활자들이 마모되어 단축된 텍스트의 확충임을 가리킨다. 이

15

경우에도, 텍스트에서의 이 괄호 표시와 이 책의 번역문에서의 그것
은 다른 용도로 쓰이고 있으니, 앞의 일러두기에서 이를 다시 확인해
두는 게 좋겠다.

　†(십자가 표시 또는 단검 표시: crux)는 이 기호로 표시된 어휘나
이 기호로 앞뒤로 묶인 것들의 어휘들이 필사 과정에서 잘못 베꼈거
나 잘못 고친 탓으로 원문이 훼손된 것(glossema corruptum)이어서,
그 정확한 읽기를 결정짓는 게 난감한 어구(locus desperatus)임을 가
리킨다.

　***(별표)는 원문 일부의 탈락(lacuna)을 가리킨다.

《에우티데모스》 편

《에우티데모스》 편(*Euthydēmos*) 해제

    플라톤의 대화편들을 초기, 중기, 후기로 분류할 때, 《에우티데모스》 편은 역시 변론술을 다룬 《프로타고라스》 편과 《고르기아스》 편 그리고 추도사를 다룬 《메넥세노스》 편 등과 함께 초기의 것들 중의 하나로 손꼽힌다. 따라서 시기로는 플라톤이 40세 안팎일 때 쓴 것들 중의 하나로 간주되는 것이다.

    그리고 이 대화편 속 대화의 설정 시기는 이 대화편에서 언급되고 있는 역사적 사실들을 갖고서 추정할 수 있겠다. 275a에서 클레이니아스가 '지금의 알키비아데스와 친사촌간'임을 밝히고 있는가 하면, 286c에서는 프로타고라스의 추종자들조차도 이미 과거의 사람들로 말하고 있다. 그런데 프로타고라스의 사망 연도가 420년이고 알키비아데스의 사망 연도가 404년이다. 그러니까 이 설정 시기는 420~405년 사이의 어느 시점이 되겠다. 그리고 소크라테스의 생존 기간은 469~399년이다. 그가 늙은이로 자처하면서도, 그럴 수만 있다면, 두 소피스테스 형제에게서 그들의 지혜를 배울 태세이니, 60대 초반쯤의 시기로 잡으면 되겠다. 같은 이유들로 Guthrie는 420~404년 사이의 일로, Sprague는 405년 무렵의 일로 보고 있다.

그런데 《에우티데모스》편에 등장하는 에우티데모스와 디오니소도로스 형제 소피스테스들은 프로타고라스나 고르기아스 등의 초기 거물급 소피스테스들과는 완전히 그 격이 다름을 우리는 절감하게 된다. 거의 한 세대 전의 아테네에 와서 초기의 소피스테스들로서 활동하던 그들은 그 시대 아테네인들의 필요에 부응하는 가르침으로 명성과 부를 누렸다. 아닌게아니라 이 대화편에서의 대화의 시기로 상정되는 405년보다 거의 한 세대 전인 432~1년의 일로 상정되는 《프로타고라스》편의 장면과 가르침의 내용이 이 대화편의 것들과 얼마나 판다른지 우리는 확인하게 된다.

《프로타고라스》편에서는 어느 날 어둑새벽에 한 젊은이가 소크라테스를 찾아와서는 프로타고라스가 머물고 있는 곳으로 자기를 데려가서 그의 가르침을 받게 해 달라고 간청을 해서 동행을 하게 된다. 그들이 찾아간 곳은 당시 아테네에서 제일가는 거부였던 히포니코스의 유산 상속자 칼리아스의 집이었고, 이곳에서 소크라테스는 거기에 머물고 있던 당대의 거물급 소피스테스들 셋이 한 공간으로 다 모여들게 되는 모습들을 목격하게 된다. 그들은 프로타고라스와 히피아스 그리고 프로디코스였다. 그들 모두가 그들의 추종자들과 함께 모여들어 자리를 정한 뒤에, 프로타고라스가 주재하는 자리에서 소크라테스가 데리고 온 젊은이가 그에게서 무엇을 배우게 될 것인지에 대한 질문을 받고서, 이런 대답을 한다. 이 젊은이가 "배울 것(mathēma)은 집안일과 관련해서 자신의 가정을 가장 잘 경영할 수 있도록 해 주는 좋은 조언(euboulia)이며, 또한 나랏일들과 관련해서 나랏일을 처리하고 말함에 있어서 가장 유능력하도록 해 주는 좋은 조언이오."(319a) 《고르기아스》편의 고르기아스도 사실상 똑같은 내용의 말을 하고 있다. '설득할 수 있음'이야말로 "진실로 가장 크게 좋은 것이

20

며 인간들 자신들에게 있어서 자유의 원인인 동시에, 각자가 제 나라에서 남들을 다스릴 수 있게 해 주는 원인이기도 하다."고 말하는가 하면, '변론술(rhētorikē)이 설득(peithō)의 장인 노릇을 하는 것'이라고 한다.(452d~453a) 장차 송사에 휘말리게 되었을 때, 법정에서 자기 권익을 제대로 지킬 수 있게 함은 물론, 정치적으로 입신양명할 수 있게 해 주는 설득력 있는 변론술, 그걸 제대로 구사할 수 있도록 하는 가르침을 바로 자신들이 제공할 수 있다고 주장한다. 변론술을 제대로 구사할 수 있는 능력을, 그 시대가 요구하는 사람으로서의 '빼어남' 또는 '훌륭함' 곧 '아레테(aretē)'를 가르침을 표방한 소피스테스들의 등장은 다름 아닌 당시 민주체제의 아테네인들의 현실적 요구에 부응한 것이다. 살라미스 해전의 승리를 주도한 테미스토클레스의 130척의 전함 건조와 작전도 실은 그 은광 수입금을 시민들에게 분배하자는 주장을 물리치고, 당시에 제해권을 두고 언제 치를지 모르는 아이기나와의 한판 싸움에 대비하도록 설득함으로써 가능했던 것이며, 이를 그가 주도한 살라미스 해전에 이용할 수 있게도 되었던 것이다. 그는 아테네의 성벽 재건과 조선소와 항만들의 건설도 조언하며 설득했다. 아테네인들을 언변으로 홀렸다(ekēlei)는, 그래서 가장 민주적인 방식으로 사실상의 독재를 한 페리클레스의 경우는 더 말할 것도 없겠다. 변론술이야말로 당시 아테네의 민주체제의 작동을 가능케 한 윤활유 같은 것이었다고 할 수 있겠다. 그러나 그런 시대의 거물급 소피스테스들의 전성기도 세월의 경과에 따른 시민들의 변론 능력 및 지적 수준의 향상과 더불어 저물어 갔다.

따라서 소피스테스들에 대한 평판도 5세기 말에는 아주 부정적으로 바뀌어 갔다. 이를 우리는 《프로타고라스》편 그리고 《고르기아스》편과는 너무나도 판다른 양상의 대화가 전개되는 이 대화편을 통해서도 여실히 확인하게 된다. 에우티데모스 형제는 그야말로 궤변들을 부끄러운 줄도 모르고 자신들의 지혜랍시고 보란 듯이 자랑스럽게 늘어놓는다. 이 대화편에서 우리는 무려 21가지나 되는 그들의 이른바 궤변(sophisma)들에 접하게 된다. '소피스테스'를 일명 '궤변가'로 지칭하게 된 것도 실은 그들의 그런 '궤변' 때문이었던 것이다. 이 궤변과 관련해서는《국가(정체)》편(496a)에 이런 언급이 보인다. "어떤가? [철학] 교육을 받을 자격이 없는 자들이 철학에 접근해서 제대로 이와 교류하지 못할 경우에, 그들이 어떤 생각과 의견(판단)을 갖게 되리라고 우리가 말하겠는가? 진실로 궤변들(sophismata)이라는 소리를 듣기에 알맞은 것들을, 그리고 조금도 순수하지 못하며 참된 지혜와는 아무런 관계도 없는 것을 갖게 되지 않겠는가?" 우리는 이제 이 대화편(275d~303b)에서 그런 어처구니없는 궤변들의 적나라한 실상에 접하게 된다. 이들 형제의 궤변들의 요란한 잔치가 끝난 뒤에 소크라테스와 크리톤이 하는 신랄한 평들(303d~304d)을 들어 보자. "이들 논변들은 두 분과 동류인 아주 소수의 사람들이 반기지, 다른 사람들은 … 이와 같은 논변들로써 남들을 논박하는 걸 자신들이 논박당하는 것보다도 더 부끄러워할 것이라는 걸 저는 잘 알고 있습니다. 그리고 논변들에는 일반적이고 온건한 것인 다른 이런 것 또한 있죠. 두 분께서 아무런 아름다운 것도 없으며 좋은 것도 … 없으며 그 밖의 이런 유의 다른 어떤 것도 … 전혀 없다고 말씀하실 때마다, 두 분께선 사실은 무작스레 사람들의 입들을 꿰매 버렸던 겁니다. … 두 분께선 다른 사람들의 입들만이 아니라, 당신들 자신들의 것들도 꿰맬 생각을 했으니, 이는 아주 매력적인 것이었고, 논변의 부담도 없애 버리게 되죠. 하지만 이제 가장 중대한 것은, 이것들이 두 분께는 이런 것들이며 기술적으로 고안된 것이어서, 아주 짧은 시간에 누구나 습득하게 된다는 것입니다. 어쨌든 제가 이를 알게 된 것은, 크테시포스가 두 분을 당장에 빨리도 모방할 수 있었다는 걸, 그를 주의해서 보고서였으니까요. 그러니까 두 분 일의 이 지혜로움을 빨리 전수한다는 점에서는 좋은 것입니다만, 사람들 앞에서 대화를 하는 것은 적절치 않거니와, 제 말을 따르시겠다면, 많은 사람들 앞에서는 말씀을 하시지 않도록 조심하십시오. 쉽게 터득하고서는 선생님들께 고마워하지도 않는 일이 없게 하자면 말입니다. 그러나 최대한 두 분끼리만 대화하세요." 뒤이은 크리톤의 평은 다음 것이다. "실은, 소크라테스! 어쨌든 나는 듣기를 좋아하고 뭔가를 즐겁게 배우고 싶어는 하지만, 그렇더라도 나도 에우티데모스를 닮지는 않은 사람들 중의 한 사람인 것 같거니와, 오히려 자네도 말한 바로 그 사람들, 곧 그런 논변들로 논박하는 자들보다는 오히려 논박당하는 것이 기꺼운 자들 중의 한 사람 말일세."

이 대화편의 마지막 부분(304d 이후)에서는 크리톤이 이들의 대화 현장을 떠나 산책하던 중에 만난 사람에게서 들은 말을 소크라테스에게 전한다. 많은 사람들 면전에서 그런 소피스테스들과 대화를 한 소크라테스에 대한 비난과 함께 철학을 쓸모없는 것이라 비방하는 사람으로 논변 작성에 능한 사람이라는 이야길 듣고서, 소크라테스는 그가 이소크라테스일 것으로 확신하고서, 그를 철학자와 정치가 사이의 '경계인'으로 규정한다. "이들 경계인들은 정치와 철학이 존중될 가치가 있는 각각의 그 목표와 관련해서 그 양쪽보다는 열등하며, 사실상 셋째 부류이면서 첫째 부류인 걸로 여겨지기를 추구하고 있네. 따라서 이들에 대해 그런 바람을 용서해야지 가혹하게 대해서는 안 될 것이지만, 이들은 이들 그대로인 그런 사람들로 생각해야만 하네. 누구든 무엇이든 실제적인 지혜를 견지하는 걸 말하며 용감하게 나아가며 진력하는 자는 모두가 반겨야 하니까."

목 차

25

기'를 바란다고 하는데, 그가 어떻게든 '된다(gignesthai)'는 것은 그가 '더 이상 아님(mēketi einai)' 곧 '더 이상 있지 않기'를 바라는 것, 다시 말해 그가 '사라지기'를 바라는 것이라는 '궤변 3'(283b~283d)을 늘어놓음. 이에 크테시포스가 자기가 사랑하는 클레이니아스가 사라지기를 바랐다는 데 화가 나서, 무슨 그런 '거짓'을 말하느냐고 항의함. 이에 '거짓을 말함'은 불가능하다는 '궤변 4'(283e~284a)를 늘어놓는데, 이는 '사실이 아닌 것(to mē on)'은 '있지도 않는 것'이어서임. 이와 연관된 궤변 5, 6(284b~285a). '반박(논박)함'도 같은 성격의 것이라는 '궤변 7'(285d~286e). noein이 '뜻함'과 '의도함'의 두 가지 뜻을 가진 것과 관련된 '궤변 8'(286e~287e). 흥분한 크테시포스를 달래는 한편, 소피스테스 형제가 진지한 모습을 보여 주도록 유도하기 위한 노력을 다짐함(288a~288d).

4. 넷째 장면(288d~290d): 소크라테스의 두 번째 본보임인 권유적인 지혜의 본보임을 하려 함. 철학은 지식의 획득이기는 하나, 이를 활용할 줄 아는 앎이어야 하겠다는 말에, 클레이니아스가 논변 작성 기술과 그 이용 기술, 사냥 기술과 요리 기술, 장군들의 군대 통솔 및 점령과 점령지 통치 기술은 다름을 말함.(290d)

5. 다섯째 장면(290e~293a): 이는 소크라테스가 내레이션 중에 불쑥 끼어든 크리톤과 하게 되는 중간 대화 장면임. 바로 앞에서 한 클레이니아스의 발언에 놀란 크리톤이 그게 정말로 그 젊은이의 발언이었는지 묻자, 소크라테스도 그게 그 아닌 크테시포스의 발언이었던가 하고 당황스러워 하다가, 이 또한 믿기지 않는다는 크리톤의 반응에 소크라테스도 그게 정작 누구의 발언이었는지를 확인하는 건 접고, 마침내 '왕도적 통치술'에 이르게 되었음을 확인함. 이것이야말로 '시민들을 이롭도록 하고 행복하도록 만들 것'이겠지만, 정작 그러려면 "시민들을 지

혜롭게 만들며 지식을 나눠 주어야만 할 것임"을 말함. 그러니까 결국
은 정작 그렇게 되는 '교육'이 문제의 핵심이겠는데, 결국 그런 타령을
하게 된 꼴이 되었는데, 이를 '제우스의 나라 코린토스'를 중절대는 꼴
이라 자조함.

6. 여섯째 장면(293b~304b): 이에 에우티데모스 형제가 그런 지식이라면
자기들이 해결해 주겠다며, 호방하게 나서면서, 이른바 허황한 웃음거리
인 궤변들을 무려 열세 가지나 더 늘어놓음. 그야말로 영락없는 희극 장
면이 펼쳐짐. 두 소피스테스와 동류인 사람들이나 반길, 그런 논변들로
남들을 논박하는 걸 일반적으로 "자신들이 논박당하는 것보다도 더 부
끄러워할" 그런 아무것도 아닌 것들로 "무작스레 사람들의 입들을 꿰매
버리는" 결국엔 자신들의 입마저 꿰매 버리는, 그래서 "아주 짧은 시간
에 누구나 습득하게 될" 그런 궤변이라는 소크라테스의 힐난을 듣게 됨.

III. 바깥 틀 속 끝맺는 대화(304b~307c)

리케이온의 김나시온에서의 모임이 파한 뒤에 산책길에 나섰던 크리톤이
이소크라테스로 추정되는 사람을 만나, 그에게서 듣게 된 말을 소크라테
스에게 전함. 그는 허튼소리나 늘어놓는 그런 사람들과 어울린 소크라테
스의 대화 현장에 있었다면 창피했을 것이라며, 철학은 아무 쓸모도 없는
것이라고 비난하더라고 하며, 그는 '대단한 논변들의 작성자'라고 함. 소
크라테스는 그가 '철학자와 정치가 사이의 경계인'으로 "진실보다는 오히
려 그럴싸함을 더 지니고 있는" 자들 중의 한 사람이라고 말함.

대화자들

이 대화편은 소크라테스가 전날 자신과 함께한 대화 참여자들이 가졌던 대화를 크리톤에게 내레이터로서 들려주면서 또한 크리톤과도 대화를 하는 이중 구조를 갖는다. 그러니까 소크라테스가 크리톤과 갖는 대화가 바깥 틀 대화이고, 그의 내레이션 내용이 되는 대화가 안쪽 것이다.

바깥 틀 속 대화자들

소크라테스(Sōkratēs, 469~399) : 소크라테스 자신이 참여한 본 대화의 장소였던 '리케이온(Lykeion)' 김나시온에는 있었으나, 대화자들과는 너무 멀리 떨어져 있었던 탓으로 대화 내용은 듣지 못했던 친구 크리톤에게 그 대화 내용을 자세히 들려 주는 내레이터 구실을 하면서, 그와 긴 대화도 하게 된다.

크리톤(Kritōn) : 소크라테스와는 동갑에다가 같은 알로페케(Alō-pekē)의 부락민이었던, 막역하고 소크라테스에게 헌신적인 벗이었다.

29

옥에 수감되었던 소크라테스를 탈옥시키려 만반의 준비를 했으나, 그 권유를 따를 수 없는 소신을 밝히는 소크라테스와의 대화 내용이 담긴 대화편이 그의 이름을 달고 있다. 상당한 부농으로 알려져 있다.

안쪽 틀 속 대화자들

에우티데모스(Euthydēmos) : 실존 인물이었으며 그의 이름을 달고 유통되고 있던 '궤변집'도 있었다고 한다.(Hawtrey, p. 181 참조) 그는 히포크라테스가 그 약효를 알아보았다는 '마스틱(mastich : mastic)'의 생산지로 이름난 Khios섬 출신이며, 소크라테스보다 연상인 동시대의 소피스테스로서 논쟁적인 토론의 기술에서 빼어났던 걸로 전한다.

디오니소도로스(Dionysodōros) : 283a5에서 둘 중에서 연장자(ho prebyteros＝the elder)로 밝히고 있으니까, 에우티데모스의 형이다. 이들 형제는 모두가 소크라테스보다 연장자들인 걸로 언급되고 있다.

소크라테스(Sōkratēs : 469~399) : 이 대화편의 설정 시기로 치면, 64세 무렵이다.

클레이니아스(Kleinias) : 에우티데모스 형제 소피스테스들과 문답 형태의 주된 대화자로 지정받고서, 그 역을 훌륭히 수행하는 젊은이다. 이 대화의 장에 모여든 모든 젊은이들의 사랑을 한 몸에 받고 있는 이 잘생긴 젊은이(ta paidika)는 저 유명한 아테네의 풍운아 알키비아데스(Alkibiadēs : 451/0~404)와 친사촌간이다.

크테시포스(Ktēsippos) : 《파이돈》편(59b)에서 소크라테스의 최후의 날을 지켜본 문하생 중에 한 사람으로 언급되며, 《리시스》편에서는 대화자들 중의 한 사람으로 등장한다. 이 대화편 273a에서는 클레이니아스를 사랑하는 청년들 중의 하나로 언급되고 있다.

크리톤: 아, 소크라테스! 어저께 자네가 리케이온[1]에서 대화를 했 271a
던 사람은 누구였는가? 정말로 큰 무리가 자네들을 에워싸고 서 있어
서, 나로서는 들으려고 접근했지만, 아무것도 명확히 들을 수가 없었
네. 하지만 넘어다보고서는, 자네가 대화를 한 상대는 외지 사람인 것
으로 여겨졌네. 누구였는가?

소크라테스: 어느 쪽 사람을 묻고 있는 겐가, 크리톤? 한 사람이 아
니라 둘이 있었으니깐.

크리톤: 내가 말하는 사람은 자네로부터 오른쪽으로 세 번째[2]로 앉

---

1) Lykeion은 훗날 아리스토텔레스가 학원을 세우게 되는 곳의 '김나시온'
   이 있던 곳으로 아테네 도심을 둘러싼 '테미스토클레스 성벽'의 동쪽 외
   곽에 있었다. 그리고 이 성벽에서 서쪽으로 '케라메이코스'에서 가장 크
   게 난 성문인 '두 출입문의 성문(Dipylon)'에서 서북 방향으로 1.5킬로미
   터쯤 거리의 이른바 '횃불 경주로(Dromos)' 끝 지점에 세워졌던 플라톤
   의 '아카데미아 학원(Akadēmeia, Akadēmia)' 자리에 인접한 곳에도 같
   은 이름으로 지칭된 '김나시온'이 또한 있었다. 대화편《리시스》의 첫머
   리에는 이 아카데미아에서 리케이온으로 소크라테스가 이 성벽 아래의
   바깥 길을 가고 있던 장면이 나온다. 두 김나시온 간의 성벽 밖 거리는 약
   10리 길이었던 것으로 짐작된다.

b 아 있던 사람일세. 자네들 사이에는 악시오코스의 청년인 아들[3]이 있었거니와, 아주 많이 성장한 걸로 내게는 여겨졌네, 소크라테스! 우리 크리토불로스와는 나이 차이도 별로 크게 나지도 않는 것 같았고. 그 애는 홀쭉하지만, 그는 조숙하고 용모가 아주 준수하더구먼.

소크라테스: 아, 크리톤, 자네가 묻는 그 사람은 에우티데모스일세만, 내 옆 왼쪽에 앉았던 사람은 그와 형제인 디오니소도로스일세. 이 사람도 논의에 가담했었지.

크리톤: 둘 다 어느 쪽도 나는 모르네, 소크라테스! 또한 이들은 새로운 소피스테스들인 것 같구먼. 어디 출신인고? 그리고 그 지혜는 c 무엇인가?

소크라테스: 이들은 출생으로는 이쪽의[4] 키오스 출신이지만, 투리오이[5]로 이주했었네. 하지만 그곳에서 망명을 하고서는, 이 지역들에서 지내고 있는지가 이미 여러 해일세. 자네가 묻는 이들의 지혜는 놀라운 것일세, 크리톤! 둘은 그야말로 아주 지혜로워서, 전에는 팡크라티온[6] 선수들이 뭘 하는 자들인지를 내가 알지도 못했네. 둘은 정말

---

2) 헬라스인들은 순서를 말할 때, 당사자를 포함해서 말했으니까, 이 경우에 세 번째는, 당사자를 제외하면, 두 번째가 되겠다.

3) 이 청년은 275b에서 Kleinias로 밝혀진다.

4) 여기에서 '이쪽(enteuthen)'이란 이탈리아 쪽이나 그쪽 어딘가가 아니라, '에게해 쪽'이란 뜻이겠다.

5) Thourioi는 아테네가 주축이 되어, 444/3년에 남이탈리아에 세운 식민지였으며 오늘날의 Sibari로 알려져 있다. 이 식민지의 법률제정은 페리클레스의 의뢰로 프로타고라스가 했다고 한다.

6) 팡크라티온(pankration)은 권투와 레슬링이 혼합된 자유형 격투기로, 이들 경기에서 허용되는 온갖 수단을 다(pan) 동원해서 힘을 쓰며(kratein) 겨루기를 하는 일종의 '다 걸기' 격투기였다. 물거나 손가락으로 눈알을 파는 행위를 제외하곤, 발로 차거나 목조르기 그리고 사지 비틀기

만능선수여서야. 이들은 아카르나니아[7]의 팡크라티온 선수 형제 스타
일이 아니었네. 이들은 몸으로만 싸울 수 있을 뿐이었지만, 그들 둘은   d
첫째로 몸으로 싸움에서도 더할 수 없이 능란할 뿐만 아니라, [그 밖
의 싸움으로 해서도 모두를 제압했네.][8] — 왜냐하면 둘은 중무장 상태
로 스스로 싸움에서도 아주 능숙했으며 다른 사람도, 보수를 지불할
경우에는, 그런 사람으로 만들어 줄 수 있기 때문일세. —게다가 법정   272a
들에서의 다툼에서도 더할 수 없이 강력하게 쟁소할 수 있으며, 다른
사람으로 하여금 스스로 법정들에서의 변론도 하고 변론문들의 작성
도 할 수 있게끔 만들어 줄 수도 있네.[9] 그러니까 전에는 그들이 이것
들에서만 능란했지만, 지금은 팡크라티온 기술로 그 정점을 찍었네.
이들에게 있어서 시도되지 않고 남아 있던 이 싸움이 이제 실현을 봄
으로써, 어느 누구도 이들에 맞설 수가 없게 된 걸세. 이처럼 이들은

등은 허용되는 격렬한 경기였던 것 같으며, 상대가 위험을 느끼고 항복할
때까지 진행되는 경기였다. 오늘날의 그리스에서도 동호인들끼리 이 경
기를 부활시켜 수련하고 있다. 《국가(정체)》편 338c에 이 경기의 한 선
수와 관련된 언급이 보이며, 《고르기아스》편 456d 및 《법률》편 795b에
서도 이 경기와 관련된 언급이 보인다.

7) Akarnania는 헬라스 서북부 에피루스(Epirus←Êpeiros: 헬라스 본토
서북지역) 아래쪽의 저 유명한 악티온(Aktion=Actium) 아래 지역 일대
를 가리킨다. 이곳의 형제 팡크라티온 선수들에 대해서는 달리 알려진 것
이 없다.

8) Burnet의 텍스트 읽기에서는 이 부분에 삭제를 뜻하는 [ ] 표시를 했으
나, 굳이 삭제하지는 않은 채로 같은 표시만 한 상태로 함께 옮겼는데, 이
게 오히려 문맥의 연결을 원활하게 하는 것 같아서였다.

9) 이런 언급은 법정에서 피고인이 스스로 제 변론을 하거나 남이 작성해
준 변론문을 읽거나 하는 당시의 관행 때문이다. 소크라테스의 저 유명한
자기 변론이 그런 경우의 것이다. 그의 변론 원고를 리시아스(Lysias)가 써
주었으나, 이를 읽어 본 뒤에, 스스로 자기 변론을 하는 쪽을 택하게 된
것과 관련해서는 역자의 《소크라테스의 변론》편 해제 84쪽을 참조할 것.

b 논쟁을 하거나 언제고 발언하는 것에 대한 반박을 함에 있어서 능란한데, 그게 거짓이건 참이건 마찬가지네. 내가 그래서 이 사람들에게 스스로를 맡길 생각을 하고 있네, 크리톤! 단기간에 다른 누구든 같은 이것들에 있어서 능란하도록 만들어 줄 것이라고 주장하기도 하니까.

크리톤: 하지만 소크라테스, 무슨 말인가? 나이가 두렵지도 않고, 자넨 이미 늙지 않았나?

소크라테스: 전혀 아닐세, 크리톤! 두려워하지 않을 충분한 증거와 격려의 사례도 있네. 말하자면, 바로 이들 둘은 늙어서야, 내가 익히고 싶어 하는, 이 지혜 곧 쟁론술을 익히기 시작했기 때문일세. 작년

c 에도, 그 전해에도 이들은 결코 지혜롭지가 않았으니까. 하지만 내가 두려워하는 단 한 가지는 또 한 차례 두 외지 분들로 하여금 망신당하게 하지나 않을까 하는 것일세. 메트로비오스의 아들로서, 키타라[10]

10) kithara는 대개 기원전 7세기경부터 리라(lyra)와 마찬가지로 7현(弦)을 갖게 된 수직형 현악기로서, 하프 유의 발현 악기와 근본적으로 다른 점은 현들의 길이가 같고, 휴대하기가 상대적으로 간편하다는 것이겠다. 오늘날의 '기타'의 어원이 이에서 유래한다. 키타라도 리라도 연주 방식은 같으나, 리라보다는 키타라가 더 정교하게 만들어진 것이고, 그 울림도 깊은 감을 준다고 한다. 이 둘의 형태상의 두드러진 차이점은 리라가 주로 사발 모양으로 된 공명 상자를 가졌고 그 밑면이 거북의 등으로 만들어졌거나 나무로 만들어졌을 경우에도 그런 모양으로 만들어 칠을 한데 반해, 키타라는 그 공명 상자가 나무이고 전체적으로도 더 정교하게 만들어졌다는 점이다. 따라서 그 울림이나 정교함으로 해서 전문적이고 공적인 연주에는 키타라가 주된 악기로 이용되었던 것 같다. 비슷한 유형의 현악기들로는 사포(Sapphō)나 알카이오스(Alkaios)가 이용했다는 리라보다도 더 길고 많은 현들을 가진 바르비토스(barbitos, barbiton) 그리고 3-5현을 가진 포르밍크스(phorminx)가 있다. 이런 악기들의 제작 형태나 탄주 방식과 관련해서는 역자의 역주서 《플라톤의 국가(정체)》(개정 증보판), 686쪽을, 그 그림들로는 부록으로 실린 것들을 참고하는 게 좋겠다.

36

연주자인 코노스[11]에게 내가 그랬듯 말일세. 이 사람은 지금도 여전히 내게 키타라 연주를 가르치고 있지. 그래서 나와 같이 배우는 아이들이 나를 보고 웃어 대며 코노스를 '노인을 가르치는 선생'으로 일컫지. 따라서 이들 외지 분들에게도 누군가가 이 똑같은 망신을 주게 되지는 않기를. 어쩌면 이 똑같은 일을 두려워해서, 아마도 나를 받아들이고 싶어 하지 않을 수도 있을 것이야. 하지만, 크리톤, 내가 다른 연로자들을 나의 동학들로서 거기로 찾아가도록 설득을 했네만, 이 경우에는 다른 사람들을 설득토록 할 것이네. 자네도 왜 동학으로 함께 가지 않는가? 이들에 대한 미끼로 자네의 아들들을 데리고 갈 것이네. 그들은 그 애들을 목표로 삼고서, 우리도 가르쳐 줄 것이라는 걸 내가 알고 있기 때문이네.

    크리톤: 그리 못 할 게 없지, 소크라테스! 어쨌거나 그리하는 게 좋은 걸로 자네에게 판단된다면 말일세. 하지만, 첫째로, 그 두 사람의 지혜가 무엇인지 내게 말해 주게나. 무엇을 우리가 배우게 될지도 알 겸 해서.

    소크라테스: 곧 듣게 될 것이네. 이들에 대해 내가 유의하지 않았다고 말하려고 하는 것이 아니라, 아주 유의하고 있었으며 기억도 하고

---

11) 《메넥세노스》편 235e~236a에서도 Konnos를 자신의 음악 선생으로 말하고 있다. Konnos의 발음은 '코오노스'로 하는 게 가깝겠다. Hawtrey는, 그의 주석서(46쪽)에서, 코노스와 관련된 플라톤의 이런 언급은 아리스토파네스의 《구름》과 함께 공연되었던 희극 작가 Ameipsias의 Konnos의 관객 또는 독자를 의식한 것일 수도 있겠다고 한다. 곧 코노스가 주인공으로 나오는 이 작품에서 그의 지도를 받은 합창가무단(코로스)의 일원으로 소크라테스가 호명되었거나 한 역을 맡았을 수도 있었을 것이라고 보았을 수도 있어서였을 것이라는 말이다. '나이 든 사람들 중에서도 늦게야 배우게 된 이들'에 대한 언급은 《소피스테스》편(251b)에도 보인다.

있고, 내가 처음부터 모든 걸 자네에게 이야기하도록 애써 볼 것이네.

e 어떤 신의 뜻인지, 자네가 나를 본 바로 그곳에 내가 앉아 있게 되었는데, 혼자 그 탈의장[12]에서였거니와, 진작 일어서려던 참이었지. 그

---

12) 리케이온의 '김나시온'에 있는 탈의장을 뜻한다. '체력 단련장'으로 옮길 수 있겠는 gymnasion은 원래 [웃통을] '벗은 상태로(gymnos)' 체력 단련을 하는 곳을 의미하는 말이다. 김나시온은 청소년들의 신체 단련을 위해 대개 도성 외곽의 냇물이 흐르는 곳에 마련된 공공시설이다. 가까이에 냇물이 흐르고 있으며 신전이나 특정한 성역이 있는 곳에 김나시온이 마련되었다. 5세기(기원전)까지만 해도 대개는 그런 곳의 작은 숲이 그늘을 제공하는 야외 공간을 이용했고, 제대로 된 건조물이 들어선 것은 그 이후의 일인 것 같다. 육상 경기를 위한 트랙, 레슬링 도장(palaistra), 목욕 시설, 탈의실 등을 갖추게도 되었고, 규모가 클 경우에는 승마 연습장, 투창이나 원반던지기, 권투 연습장 등의 시설을 또한 갖추었다. '체육'을 gymnastikē [tekhnē]라 했던 것은 그런 곳에서 하는 교육이라 해서였다. 이 체육 교사를 '김나스테스(gymnastēs)' 또는 '파이도트리베스(paidotribēs)'라 한다. 물론 이런 교육은 사교육이다. 그런데 젊은이들이 많이 모이는 이런 곳에서 일찍이 젊은이들을 상대로 한 이들의 지적·정신적 교육의 필요성에 착안한 사람이 소크라테스였다. 이 대화편의 시작 부분 각주에서 김나시온이 있는 '아카데미아'에서 성벽 안으로 들어오지 않고 곧장 또 다른 김나시온이 있는 '리케이온'으로 소크라테스가 가고 있는 《리시스》편의 첫머리 장면에 대한 언급을 했다. 그는 김나시온이 있던 그런 곳으로 젊은이들을 찾아가, 이들을 상대로 특히 철학적인 논의나 담론으로 소일했는데, 그런 일로 소일하는 걸 헬라스어로는 '디아트리베(diatribē)'라 한다. 이 낱말은 또한 그런 목적으로 '자주 찾는 곳'을 뜻하기도 한다. 물론 이 낱말에는 그 밖에도 시간 보내기, 소일, 소일거리, 오락, 그런 목적으로 자주 찾아가는 곳, 연구, 담화, 담론, 이야기, 강연 등의 뜻들도 있다. 바로 그런 김나시온이 있던 곳, 소크라테스가 젊은이들과의 소일을 위해 자주 찾아갔던 곳들 중의 한 곳에 플라톤이 385년경에 학원을 세우니, 이게 아카데미아 학원이었다. 그리고 이로부터 50년쯤 뒤인 335년에는 이 학원에서 반대 방향인 동쪽으로 10리쯤 떨어진 성 밖의 '리케이온 김나시온'이 있던 곳에 아리스토텔레스가 그의 학원을 세우게 된다. 원래 아카데미아는 영웅 아카데모스(Akadēmos, Hekadēmos)

러나 내가 일어서자, 그 익숙한 영적인 징조(알림)[13]가 일어났네. 그
래서 다시 앉았으며, 조금 뒤에 이들 둘이, 곧 에우티데모스와 디오니
소도로스가 들어왔고, 그리고 다른 제자들도 동시에 들어왔는데, 또
한 많이들 온 걸로 내게는 생각되었네. 그들 둘은 들어와서는 지붕 덮

를 모신 성역으로 가까이에 케피소스(Kēphisos)강이 있으며, 아리스토텔
레스가 역시 그의 학원을 세웠던 곳인 리케이온 김나시온도 아폴론
(Apollōn Lykeios) 신전이 있는 성역이고, 가까이로는 일리소스(Ilisos)강
이 있고, 오늘날의 '국립공원'도 이 일대에 있다. 역자의 이들 두 학원의
유적지들과 관련된 답사기가 『대한민국학술원통신』 303호(2018. 10.) 및
327호(2020. 10.) (www.nas.go.kr)에 실려 있다. 다만 '아카데미아 답사
기'를 썼을 때와 확연히 달라진 현재의 상황은 이곳에 '플라톤의 아카데
미아 디지털박물관'의 시설과 함께 대대적인 공원화가 이루어졌으며, 택
시 기사들도 바로 안내해 주지만, 북쪽의 정문(boreia eisodos : '보리아
이소도스'로 발음)으로 들어가는 것이 제대로 접근하는 길이다.

13) '그 익숙한 영적인 징조(알림)(to eiōthos sēmeion to daimonion)'란
소크라테스가 특유하게 소리의 형태로 느낀다는 징조였다. 영적인 것(to
daimonion)과 그 익숙한 알림(to eiōthos sēmeion)은 소크라테스에게 특
유하게 나타난다는 것인데, 이에 대한 그의 언급은 곳곳에 보인다. '영적
인 것'의 원어 to daimonion에서 '다이모니온(daimonion)'을 '수호신',
'신령' 또는 '영(靈)'을 가리키는 낱말인 다이몬(daimōn)의 축소형 명사
로 잘못 아는 일이 더러 있는데, daimonion은 원래 형용사이고 이를 중
성 정관사 to와 함께 써서 명사화한 것이지, 고전기 헬라스어에서 dai-
monion이 명사로서 쓰인 일은 없다는 게 J. Burnet의 견해이다. 이 '영적
인 것'에 대한 상당히 구체적인 언급이 《소크라테스의 변론》편 31c~d
및 40a~c에 나온다. 31c~d에서는 '일종의 소리'로서 나타나는 '일종의
신적인 것이며 영적인 것(theion ti kai daimonion)'으로, 40b에서는 아
예 '신의 징조(알림)(to tou theou sēmeion)'로 그리고 40c에서는 '그 익
숙한 징조(알림)(to eiōthos sēmeion)'으로 언급되고 있다. 《국가(정체)》
편 496c에서는 '영적인 징조(알림)(to daimonion sēmeion)'으로, 이에
대한 그 밖의 언급들은 《에우티프론》편 3b, 《테아이테토스》편 151a 등
에서도 보인다. Burnet의 *Plato's Euthyphro, Apology of Socrates and Cri-
to*, pp. 16, 128 (Oxford, 1924) 참조.

인 회랑을 걸어 돌았네. 그리고 이들 둘이 두세 바퀴를 미처 돌기도 전에 클레이니아스가 들어왔는데, 자네가 그를 많이 성장했다고 말한 건[14] 정말이었네. 한데 그 뒤로는 그를 사랑하는 아주 많은 다른 사람들도[15] 그리고 파이아니아[16]의 한 젊은이인 크테시포스도 있었는데, 이 사람은 젊음으로 인한 방자함이 없다면, 천성은 퍽 훌륭하네.

b 그런데 입구 쪽에서 클레이니아스가 혼자 앉아 있는 나를 보고서는 곧장 와서는 내 오른쪽 옆에 앉았었네. 자네도 말하듯. 한데, 디오니소도로스와 에우티데모스도 이 사람을 보고서는, 처음엔 멈춰 서서 서로 대화를 하면서, 자꾸 우리 쪽을 바라보았네. ― 나도 이들에게 각별히 주목하고 있었으니까 ― 그러더니 한쪽 곧 에우티데모스는 이 젊은이 곁에 앉았으나, 다른 쪽은 바로 내 왼쪽 곁에 앉았는데, 다른 사람들은 각자 되는 대로 앉았었지.

c 그래서 나는 이들을 반겼는데, 오랜만에 보게 되어서였어. 그러고서 클레이니아스에게 말했네. "아, 클레이니아스, 정말이지 여기 두 분, 에우티데모스 님과 디오니소도로스 님께서는 하찮은 것들 아닌 대단한 것들에 있어서 지혜로우시네. 전쟁과 관련된 일체의 것들을

---

14) 앞의 271b에서 악시오코스의 아들인 그에 대해서 말했던 걸 두고 하는 말이다.

15) 여기에서 Kleinias는 그를 사랑하는 사람들(erastai. 단수는 erastēs임)의 이른바 '소년애(paiderastia)의 대상(ta paidika)'이다. 이처럼 미소년을 둘러싸고 떼를 지어 따라다니는 젊은이들의 장면 그리고 서로 그 옆에 앉겠다고 법석을 떠는 장면과 함께 소크라테스마저 당혹스러워하는 장면 등을《카르미데스》편(153a~155e)에서 접할 수 있다.

16) Paiania는 아테네의 둘째 크기의 부락(dēmos)으로, 히메토스(Hymēt-tos: 오늘날은 Imitos로 일컬음)산 넘어 서쪽에 있었다. 아테네의 부락들과 관련해서는《파이드로스》편 235d의 '아르콘들'에 대한 각주에서 해당 부분을 참조할 것.

40

아시는데, 장차 훌륭한 장군이 될 분이 알아야 할 그런 것들, 곧 전열과 진영 및 중무장 상태로 싸우는 것의 지휘 등을 말이네. 또한 누군가가 자기에게 부당한 짓을 할 경우에는, 법정들에서 제 스스로를 구원해 줄 수 있도록 만들어 줄 수도 있으시네."

실은 내가 이런 말을 하고선 이들에게서 멸시를 당했네. 그러니까   d
이들 둘은 서로 마주 보면서 웃어 대더니, 에우티데모스가 말했네. "소크라테스 선생, 우리는 그것들에 더 이상 열심이지 않고, 그것들은 부업으로 삼고 있소."

이에 내가 놀라서 말했네. "그처럼 큰 일이 선생님들에게는 부업이라면, 선생님들의 일은 아마도 좋은 것이겠습니다. 그러면, 제발, 그 훌륭한 일이 무엇인지 제게 말씀해 주세요."

"아, 소크라테스 선생, 우리는 [사람으로서의] 훌륭함[17]을 그 누구

---

17) 원어는 aretē(아레테)이다. 이를 이 대화편 번역서들에서는 한결같이 virtue(영), vertu(불), Tugend(독)로 옮기고 있다. 다만 Hawtrey만이 그의 주석서에서 eristic virtuosity(논쟁술적 기교)로 옮기고 있다. 여기서는 소피스테스들이 스스로들 그 선생들로 자처하는 것이니까, 실상은 변론술(rhētorikē)과 관련된 '논쟁술적인 빼어남', 곧 그런 '재덕(才德)'을 뜻하는 것으로 보아야겠지만, 플라톤 철학 전체를 관통해서 적용되는 번역어로는 '훌륭함(goodness)'이어야 된다는 게 역자의 생각이어서, 줄곧 그리했다. 그 이유를 밝히면, 다음과 같은 역사적 맥락에 따라서다. 먼저, 이 용어가 본격적으로 등장하는 최초의 중요한 문헌이라 할 호메로스의 《일리아스》의 경우를 보자. '아레테'는 우선적으로 온갖 '빼어남(탁월성: excellence)'을 뜻한다. 다음으로 그것은 전쟁 영웅들의 '용기'(8. 535, 13. 237, 20. 242)를 뜻한다. 그래서 훗날 사람들이 '용기'의 뜻으로 쓰게 되는 andreia라는 말을 그의 경우에는 따로 찾아볼 수 없다. 시대가 바뀌면서 '아레테'는, 전쟁터에서의 관점에서만이 아니라, 사람 자체의 관점에서 '사람다움' 곧 사람으로서의 '훌륭함(goodness)'을 더 많이 뜻하게 되었고, 이를 우리는 곧잘 '덕(virtue)'으로 일컫기도 한다. 그 반대는 '나쁨(나쁜 상태: kakia = badness)'이다. 그런데 헬라스인들은 이에서 더

나아가, 온갖 도구를 비롯한 인위적인 것들이나 생물 등을 포함한 자연적인 것들에도 그리고 인간의 활동이나 직업에 따라서도 그 기능(ergon)이 있겠고, 이에 따른 '훌륭한 상태'가 또한 있다고 보고, 이 '훌륭함'을 '아레테'로 지칭하게 된다. 칼이나 침상 따위의 도구나 가구, 아울로스(aulos) 따위의 악기 또는 공동체, 눈이나 귀 등의 신체적 기관에 따른 기능적 관점에서의 훌륭한 상태 곧 그 '훌륭함', 심지어는 토양 따위에도 그 기능 또는 성능과 연관된 '아레테' 곧 그 '훌륭한 상태'는 있게 마련이다. 따라서 원칙적으로 '아레테'는 독립적인 것이 아니라, 반드시 '[…의] 훌륭한 상태' 또는 '[…(으)로서의] 훌륭함'이라는 말의 기본 틀에서 벗어나지 않는 범위의 것이므로, 사람의 경우에는 이에 '사람'을 대입시켜 '[사람의] 훌륭한 상태' 또는 '[사람으로서의] 훌륭함'이라 함이 논의의 보편성에 부합하는 것이 되겠다. 물론 사람에게 적용되는 '아레테'를 우리말로 번역할 경우에, 의미 전달의 편리함을 위해서라면, 우리에게 익숙한 '덕'으로 옮기는 것도 좋겠다. 그러나 이는 '사람'에만 적용되는 용어가 아니라는 게 문제다. 하기야 에머슨(Emerson)의 어떤 에세이에서던가? 'the virtue of pipe(파이프의 미덕)'라고 한 것이? '무엇 덕에(by virtue of)'도 그런 용법의 확장적인 예들이겠다. 그러나 의미 전달의 정확성과 보편성을 위해서는, 그것이 모든 종류의 사물에 두루 적용되는 것임을 고려해서, 적어도 헬라스 사상의 경우에는 '[…의] 훌륭한 상태' 또는 '[…으로서의] 훌륭함(goodness)'으로 옮기는 것이 옳다. 물론 앞에서 이미 언급했듯, 호메로스의 경우에서처럼, '빼어남(excellence)'을 뜻하는 경우도 많고, 영어권에서는 이를 많이들 그 번역어로서 사용하기도 하지만, 이에는 기본적으로 다른 것들에 비해 '출중함'이나 '탁월함'을 나타내는 뜻이 담겨 있다. 이에 비해 '훌륭함(goodness)'은 상대적인 비교 개념이 아니라, 모든 종류의 것들 나름의 기능 또는 구실과 관련된 그것 자체로서의 '훌륭한 상태' 곧 '훌륭함'이기에 나는 이를 주로 그 주된 번역어로 쓰고 있다. 그리고 '아레테'와 관련된 설명으로는 다른 대화편들에서도 각주를 많은 경우에 달아 놓았으나, 본격적인 설명은 졸저《적도(適度) 또는 중용의 사상》(개정·증보판), 87~92쪽 또는 역자의 편저《플라톤》(개정·증보판. 절판), 44~48쪽에서 더 자세히 했으니, 이를 참조하는 것도 좋겠다. 참고로 덧붙이면, '아레테'는 오늘날의 그리스어에서도 'virtue(덕)' 또는 merit(장점) 등의 뜻들로 그대로 쓰이고 있지만, 요즘 발음은 '아레띠'이다.

보다도 잘 그리고 신속히 전수해 줄 수 있다고 생각하오."

"놀랍습니다, 그런 일을 말씀하시다니!" 하고 내가 말했네. "이 천행 　　e
을 어디서 만나셨나요? 두 분과 관련해서 저는 아직껏, 방금 말했듯,
대체로 이에, 곧 중무장 상태로 싸우는 것에 능란하신 걸로 생각하고
서, 두 분에 대해서는 이를 말해 왔었죠. 전에 오셔서 머무르셨을 때
는, 이를 두 분께서 공언하셨던 걸로 저는 기억하고 있어섭니다. 그러
나 지금은 만약에 두 분께서 정말로 이 지식[18]을 지니셨다면, 너그러
우시길. ―저야말로 두 분을 마치 신들처럼 대하고서 말씀드리오니,
앞서 제가 말한 것들에 대한 용서를 구합니다. 하지만 에우티데모스 　274a
님 그리고 디오니소도로스 님, 두 분께서는 스스로 진실을 말씀하시
는 건지 살피십시오. 그 공언의 중대함으로 해서 믿지 못하는 게 조금
도 놀랄 일이 아니기 때문입니다."

"하지만, 소크라테스 선생! 그건 말한 대로란 걸 잘 알아 두시오."

"그렇다면 저로서는 그 소유에 대해 두 분을 제국의 대왕[19]보다도
더 축복합니다. 그러나 이 정도만큼은 말씀해 주세요. 이 지혜를 본보
이실[20] 의향이 있으신지, 아니면 어떻게 하시겠는지."

---

18) 여기에서 '지식'으로 옮긴 것의 원어는 'epistēmē'이다. 이를 274a,
　　d에서는 '지혜(sophia)'로 지칭했다가, 274e에서는 '기술(tekhnē)'로 지
　　칭하고 있다. 여기에서는 학문적 차원에서 쓰이고 있는 것이 아니고, 그
　　저 소피스테스들의 수준에서 쓰이고 있는 것이므로, 그들 수준의 '지식'
　　이나 '지혜' 또는 '기술'의 뜻으로 말하고 이해하는 것이 옳겠다고 여겨,
　　그냥 그대로 쓰기로 했다.
19) megas basileus 곧 basileus ho megas는 페르시아 제국의 왕 곧 그 황
　　제를 지칭한다.
20) 원어 epideiknynai는 동사 epideiknymi의 부정사(不定詞: infinitive)
　　이고, 이의 순수한 명사형은 epideixis이다. 이는 소피스테스들이 사람들
　　앞에서 자신들의 자칭 '지혜'나 '기술' 또는 '지식'을 '자랑해 보임'을 뜻

"소크라테스 선생, 바로 그 목적으로, 곧 만약에 누군가가 배우기를
b 원한다면, 본보이고서 가르치기 위해서 와 있소."

"하지만 그 지혜를 지니지 못한 사람들[21]은 모두가 원할 것이라는
걸 제가 두 분께 보증합니다. 첫째로는 제가, 다음으로는 여기 이 클
레이니아스가, 또한 우리에 더해서 이 크테시포스 그리고 또 다른 여
기 있는 이들도요." 클레이니아스를 사랑하는 사람들을 그에게 가리키
며, 내가 말했네. 이들은 이미 우리를 둘러싸고 서 있었던 걸세. 이는
크테시포스가 클레이니아스에게서 멀리 떨어져 앉아 있게 된 덕분이었
네. ─또한 내게는 에우티데모스가 나와 대화하느라 앞쪽으로 구부리
게 될 땐, 우리 중간에 클레이니아스가 있어서 크테시포스의 시야를
c 가리게 된 걸로 생각되었네. ─그래서 크테시포스는 제 애인을 바라
보고 싶기도 하고 대화도 듣기를 좋아해서, 맨 먼저 일어나 우리를 마
주한 상태로 섰던 걸세. 이렇게 되니 다른 사람들도 그러는 그를 보고
선 우리를 둘러싸고 섰던 걸세. 클레이니아스를 사랑하는 자들도 에우
티데모스와 디오니소도로스의 추종자들도 말일세. 바로 이들을 내가
가리키며 에우티데모스에게 모두가 배울 준비가 되어 있다고 말했네.
d 그러니까 크테시포스도 몹시 열성적으로 동의했고 다른 사람들도 그

하는 말인데, 이 행위를 통해서 제자들을 모아, 자신의 빼어난 재주, 특히
'말재주' 곧 변론술을 익히게 하고, 수업료를 받아 챙기게도 된다. 그런데
여기서는 소크라테스가 자신보다 연상일뿐더러, 여차하면 그들의 그 '기
술'을 배울 태세인 터에, 이 행위를 원어의 주된 뜻 그대로 '자랑해(과시
해) 보임'으로 지칭하는 것은 무례일 수 있겠다. 따라서 고심 끝에 '본보
임'이란 중립적 용어로 옮겼다.
21) '지혜를 지니지 못한 사람들' 속에 자신을 포함시킨 소크라테스의 생
각은, '참 지혜'에 관한 한, 스스로는 자신의 무지만 겨우 알게 된 '무지
자'일 뿐이라 해서 하는 말이겠다.

랬으며, 모두가 함께 이들이 그 지혜의 힘을 본보여 달라고 했네.

그래서 내가 말했네. "에우티데모스 님 그리고 디오니소도로스 님, 그러니 어떤 방식으로건 이들에게도 아주 흡족하도록 해 주시고 저를 위해서도 본보이기를 해 주십시오. 최대한으로 본보이기를 하신다는 것은 작은 일이 아닐 게 명백합니다. 그러나 이건 제게 말씀해 주세요. 두 분께선 두 분에게서 배워야만 하는 걸로 이미 설득된 자만을 훌륭한 사람으로 만들 수 있습니까, 아니면 훌륭함은 도저히 배울 수 e 있는 것이 아니라고 또는 두 분이 훌륭함의 선생은 아니라고 생각함으로써 결코 설득되지 않은 그 사람도 그런 사람으로 만드실 수 있습니까? 자, 그럼 이 기술의 일과 관련해서 이런 상태에 있는 사람에게 훌륭함은 가르칠 수 있으며 두 분이 누군가가 이를 가장 훌륭하게 배울 수 있도록 해 주는 사람들이라는 걸, 또는 다른 기술의 일임을 설득하실 수 있습니까?"

"그러니까 바로 같은 기술의 일과 관련해서요, 소크라테스 선생!" 디오니소도로스가 말했네.

"그렇다면 디오니소도로스 님, 두 분께서는 요즘 사람들 중에서는 지혜사랑[22]과 훌륭함에 대한 마음 씀[23]을 권유하심에 있어 가장 훌륭   275a

---

22) philosophia를 '철학'이라는 '학문'으로 지칭하지 않고, 많은 경우에 다만 어원 그대로 '지혜사랑'으로 말하는 경우의 용례를 여기서도 만나게 된다.

23) '마음 씀'의 원어는 epimeleia이다. '지혜사랑과 훌륭함에 대한 마음 씀'은 소크라테스의 지론인 'aretē(덕·훌륭함) 곧 epistēmē(앎)'와 직결된 언급이다. 이는 흔히 '지행(知行)합일 설'로도 일컫는 그의 신념을 실현하고자 하는 열의를 나타내는 표현이다. 비근한 예로, 낚시가 무엇을 하는 것인지를 모르는 사람이, 더구나 오늘날의 낚시 기구의 기능을 제대로 알지도 못하는 사람이 훌륭한 낚시꾼일 수는 없는 일이겠다. 마찬가지로 사람으로서 훌륭하려면, 궁극적으로 '사람으로서의 훌륭함(덕)'이 무엇

히 하시고 계신 겁니까?"

"우린 물론 그리 생각하고 있소, 소크라테스 선생!"

"그러면 지금은 다른 것들의 본보임[24]은 차후로 미루어 놓으시고, 바로 이걸 본보이시죠. 이 젊은이가 지혜사랑을 하고[25] 훌륭함에 대해 마음 써야만 한다는 걸 설득하셔서, 저와 이 사람들 모두가 고마워하게 하세요. 이 젊은이의 처지가 이런 것이기 때문입니다. 저도 여기 이들 모두도 그가 최대한 훌륭해지기를 바라고 있죠. 한데 이 사람은 연로하신 알키비아데스의 자식이신 악시오코스의 아들이며 지금의

b 알키비아데스와는 친사촌입니다.[26] 그 이름은 클레이니아스이며 젊습니다. 그래서 저희는 이 젊은이에게 있을 수 있는 일로, 혹시 누군가가 우리보다 먼저 그의 관심을 다른 어떤 일로 돌려서 타락시키지나 않을까 두려워하고 있습니다. 그러니까 두 분께서는 아주 좋은 때에 맞추어 오셨습니다. 하지만 만약에 두 분께 상관이 없으시다면, 우리 면전에서 이 젊은이를 시험해 보시며 대화를 해 주세요."

그래서 내가 대강 이런 말을 하자, 에우티데모스가 동시에 대답하고 자신만만하게 말했네. "전혀 상관없어요, 소크라테스 선생! 이 젊

c 은이가 대답을 하고자만 한다면."

"하지만 실은 그것에도 어쨌든 그는 익숙합니다. 자주 이곳 사람들

인지에 대한 '이해' 곧 그 '앎'을 갖추도록 마음 써야만 함을 강조하고 있는 말이다.

24) 원어는 바로 앞에서 언급한 epideixis이다.

25) '지혜사랑을 함' 또는 '지혜사랑하기'의 원어는 philosophein이다. 전문적인 뜻으로는 '철학함(to philosophize)'을 뜻하기도 한다.

26) 그러니까 이들의 가족 관계는 이렇게 된다.

Alkibiadēs(조부) → Axiokhos → Kleinias
↳ Kleinias → Alkibiadēs

이 접근해서 여러 가지를 묻기도 하고 대화도 해서, 대답하는 데는 상당히 담대하죠." 내가 말했네.

그다음에 일어난 일들을, 크리톤, 내가 자네에게 어떻게 이야기하면 잘 해내게 될까? 그처럼 엄청난 지혜를 상세하게 이야기해서 다시 거론할 수 있다는 것은 작은 일이 아니기 때문이지. 그래서 나로서는, 마치 시인들처럼, 이야기를 시작하면서 무사 여신들과 기억의 여   d 신을 부를 필요가 있네.[27] 그야 어쨌거나 에우티데모스는, 내가 생각하기론, 이 대목 어디선가에서 시작했었지.[28] "클레이니아스여, 어느 쪽 사람들이 배우는(이해하는) 이들[29]인가, 지혜로운(똑똑한) 이들(hoi sophoi) 아니면 못 배운(어리석은) 이들(hoi amatheis)인가?"

---

27) 여기에서 소크라테스는 소피스테스들인 에우티데모스 형제가 클레이니아스를 상대로 여러 사람 앞에서 해 보인 '본보임'의 여러 장면들을 일종의 이야기 형태로 들려줄 참이다. 그래서 이 이야기를 잘 풀어갈 수 있게, 으레 헬라스의 시인들이 시를 지을 때 하듯, 시적 영감(epinoia)을 주는 Mousa 여신들(Mousai)과 이들의 어머니로서 '기억의 신'인 므네모시네(Mnēmosynē)를 불러 그 도움을 청할 참이다.

28) 모두 합해서 스물한 가지나 되는 이른바 궤변[들](sophisma[ta]) 중의 첫째와 둘째 것들이 여기서(275c5) 시작해서 277c7에 이르기까지 다루어진다. 이들 두 궤변은 둘 다가 다음 각주에서 언급하게 되는 manthanō와 관련된 것들이다.

29) 여기에서 '배우는 이들(이해하는 이들: hoi manthanontes)'이라 말할 때의 '배운다(manthanō)'는 헬라스 말에는 기본적으로 두 가지 뜻, 곧 '배우다'와 '이해하다'라는 뜻이 있다. 따라서 이들 소피스테스 형제의 '첫 번째 본보임'은 '배움'과 '이해함'의 이중적인 뜻을 지닌 'manthanein(배움)'의 애매성을 이용한 것이다. 따라서 괄호로 '한 포인트' 낮춘 형태의 '이해하는'을 병기한 것은 에우티데모스는 이 낱말의 이중적인 뜻을 의식하면서 물었지만, 클레이니아스는 미처 이에 생각이 미치지 못하고 있는 상태임을 역자가 나타내고자 해서였다. 그리고 이 낱말에는 그 밖에도 '익히다', '습득하다', '터득하다', '지각하다', '알아차리다' 등의 뜻들도 있다.

이에 이 젊은이는 그 질문이 큰 것이어서, 얼굴이 붉어지더니 당혹해하면서 나를 바라보았네. 그래서 나는 그가 혼란스러워하는 걸 알고서, 말했네. "힘내게, 클레이니아스! 그리고선 용감하게 대답하게.

e   어느 쪽인 걸로 자네에겐 여겨지건 간에. 아마도 선생님께서는 자네에게 아주 큰 혜택을 베푸실 테니까."

그리고 이 순간 디오니소도로스는 내게로 조금 꾸부리고서는 만면에 웃음을 띠고서는 내 귀에다 대고 속삭였네. "하지만, 소크라테스 선생, 당신에게 내 미리 말하는데, 저 젊은이가 어느 쪽 대답을 하게 되든, 논박될 것이오."[30]

그리고 그가 이런 말을 하는 사이에, 클레이니아스가 대답을 해 버

276a   려서, 나로서는 그 젊은이에게 조심하라고 일러 주지도 못했지만, 그는 지혜로운 이들이 배우는 이들이라고 대답했네.

또 에우티데모스가 물었네. "자네는 어떤 사람들을 선생들로 일컫지 않는가?" 그가 동의했네. "그러니까 배우는 이들의 선생들이 선생들이지 않은가? 마치 키타라 연주자와 글을 가르치는 이가 자네의 그리고 다른 아이들의 선생들이었으며 자네들은 배우는 자들(mathētai : 제자들)이었던 게 분명하듯이?" 그가 동의했네. "자네들이 배우고 있었을 때는, 자네들이 배우고 있었던 이것들을 아직은 모르고 있었던 게 아니고 다른 무엇이었겠는가?"

"모르고 있었던 거죠."

b   "그런데도, 이것들을 자네들이 몰랐을 때, 자네들이 지혜로웠을까?"
"그렇지 않았을 게 분명합니다." 그가 대답했네.

---

30) 곧, 어느 쪽 대답을 하건 '딜레마'에 걸려들게 될 것이라는 말을 하고 있는 것이겠다.

"그러니까 만약에 지혜롭지 않다면, 무지한 건가?"

"물론입니다."

"그렇다면 자네들이 모르고 있던 것들을 배우는 중에는, 자네들은 무지한 상태로 있으면서 배웠었네."

젊은이가 수긍했네.

"따라서 무지한 이들이 배우네, 클레이니아스! 자네가 생각하듯, 지혜로운 이들은 아닐세."

그래서 그가 이런 말을 하자, 마치 합창가무단이 지도자의 신호를 받아서 하듯, 디오니소도로스와 에우티데모스와 함께 따라온 추종자들이 동시에 박수갈채를 하며 웃어 댔네. 그리고선 그 젊은이가 충분 c 히 숨을 돌리기도 전에, 디오니소도로스가 그 뒤를 이어받아서는 말했네. "어떤가, 클레이니아스? 글을 가르치는 선생이 자네들에게 [받아쓰기] 구술을 할 때, 그 구술된 것들을 이해한(배운)[31] 아이들은, 양쪽 곧 지혜로운 아이들과 무지한 아이들 중의, 어느 쪽인가?"

"지혜로운 아이들입니다." 클레이니아스가 대답했네.

"그러니까 지혜로운 아이들이 이해하지(배우지), 무지한 아이들은 이해하지 못하네(배우지 않네). 그리고 자네는 방금 에우티데모스에게 대답을 잘 못했네."[32]

---

31) 원어 emanthanon은 이 경우에는 '배운' 아닌 '이해한'으로 알아들어야 할 말이다. 이와 관련해서는 바로 앞의 각주에서 언급했다. 바로 다음 문장의 경우에도 이는 그대로 해당된다.

32) 이 경우에도 '배우지'를 '이해하지'로, '배우지 않네'를 '이해하지 못하네'로 해석하면, 아무런 문제도 되지 않을 일이다. '배우다'와 '이해하다'라는 이중적 뜻을 갖는 말을 그중의 한쪽만 갖고서 말장난을 계속해서 하고 있는 것이다. 그 두 가지 뜻 중의 어느 쪽 것을 갖고서 질문하는지를 사전에 밝힌다면, 아예 웃을 일도 없는 문답이겠다.

d   그래서 이번에도 두 사람의 추종자들은 아주 크게 웃으며 환호성을 지르면서 그들의 지혜에 찬탄을 했네. 하지만 다른 편인 우리는 얼떨떨한 상태로 침묵했네. 반면에 에우티데모스는 얼떨떨한 상태인 우리를 알아채고서는, 자신에 대해 우리가 더욱 놀라도록 하려고, 그 젊은이를 놓아주지 않고, 물었네. 마치 훌륭한 춤꾼들처럼, 동일한 것에 대한 겹치기 질문을 꼬아서 했네.[33] "배우는 이들은 자기들이 아는 것들을 배우는가(이해하는가) 아니면 자기들이 알지 못하는 것들을 배우는가?"[34]

e   디오니소도로스는 또다시 내게 속삭이며 말했네. "이것 또한 먼저 것과 같은 또 다른 그런 것이오, 소크라테스!"

"제발, 앞 질문으로도 실은 훌륭했던 걸로 우리에겐 보였습니다." 내가 말했네.

"소크라테스 선생, 이와 같은 것들 모두를 우리는 도피할 수 없는 것들로 질문한다오." 그가 말했네.

"실은 그게 바로 두 분께서 제자들에게서 명성을 누리시는 이유인 걸로 제게는 생각되는군요." 내가 말했네.

한데 이때 클레이니아스가 에우티데모스에게 대답하길, 배우는 이들은 자신들이 알지 못하는 것들을 배운다고 했네. 그러나 그는 이전과 같은 식으로 이 젊은이에게 질문을 했네.

277a   "어떤가? 자네는 문자들을 알지 않는가?" 그가 물었네.

"네."

"그러니까 모두를?"

---

33) 마치 춤꾼이 단번에 두 바퀴 회전을 했을 경우에 빗댄 표현이겠다.
34) 둘째 궤변이다.

그가 동의했네.

"그런데 누군가가 뭔가 [받아쓰기] 구술을 할 경우, 그는 문자들을 구술하지 않겠는가?"

그가 동의했네.

"자네가 모든 문자를 알진대, 자네가 아는 것들 중에 어떤 것을 그는 구술하지 않겠는가?"

이 또한 그가 동의했네.

"그러니까 뭔가? 자네는 누군가가 무엇을 구술하건 '배우지 않지만(이해하지 못하지만)', 문자들을 모르는 사람은 '배우는가(이해하는가)'?" 그가 물었네.

"그게 아니라, 저는 이해합니다." 그가 대답했네.

"그러니까 자네가 모든 문자를 정말로 안다면, 자네가 아는 걸 자네는 이해하고(배우고) 있는 걸세." 그가 말했네.

b

그가 동의했네.

"따라서 자네는 옳게 대답하지 못했네." 그가 말했네.

그리고서 에우티데모스가 이런 말들을 충분히 하지도 못한 터에, 디오니소도로스가, 마치 공이라도 받듯 말을 받아서는, 다시 이 젊은 이를 겨냥해서 말했네. "에우티데모스가 자넬 완전히 속아 넘어가게 했네, 클레이니아스! 내게 대답해 주게나. 배움은 누군가가 배우는 그것에 대한 앎의 획득이 아닌가?"

클레이니아스가 동의했네.

"한데 알게 된다는 것은 이미 앎을 지니고 있는 것과는 다른 것이겠지?" 그가 물었네.

그가 동의했네.

"그러니까 알지 못함은 아직 앎을 지니지 못함이겠지?"

c

51

그가 그에게 동의했네.

"그렇다면 무엇이건 획득하는 사람들은 이미 가진 이들인가 아니면 그걸 가지지 못한 이들인가?"

"가지지 못한 이들입니다."

"그러니까 알지 못하는 이들도 이들 곧 그걸 갖지 못한 부류에 속한 다는 데 자네는 동의한 게 아닌가?"

그가 수긍했네.

"그러면 배우는 이들은 [그걸] 획득하는 이들에 속하지, 가진 자들 에 속하지는 않겠구먼?"

그가 동의했네.

"그러니 알지 못하는 이들이 배우지, 아는 이들이 그러지는 않네, 클레이니아스!" 그가 말했네.

d　　더 나아가 에우티데모스는 이 젊은이를 마치 레슬링의 세 번째 '폴' 로[35] 짓누르듯 할 참이었네. 나도 이 젊은이가 허우적거릴 것임을 알 아차리고선, 젊은이가 숨을 돌리게 하고자, 우리 앞에서 움츠리지 않 도록, 격려를 하며 말했네.[36] "아, 클레이니아스, 이 주장들이 자네에

---

35) '김나시온'이 있는 곳으로 강물이 가까이에 흐른다면, '레슬링 연습장 (palaistra)'이 함께 있었다고 보아도 될 것이다. 당시의 레슬링(palē) 경 기는 오늘날처럼 통일된 형식을 갖춘 것이 아니었던 것 같다. 시합 전에 어떤 형태의 레슬링을 할 것인지 묻는 경우가 있었다니까. 상대를 번쩍 들어서 내던졌다면, 그걸로 시합은 끝나 버렸다고도 한다. 상대가 항복하 고서야 경기를 끝내는 경우도 있었다고도 한다. 그러나 여기에서 시사하 고 있듯, '올림피아 경기 방식대로(olympikos)' 하는 것은, 다섯 판까지 할 수 있는 두 선수의 경합에서, 세 번째 폴(palaisma=fall)승을 한 쪽이 이기는 걸로 판정함을 뜻한다. 《국가(정체)》편 583b에서도 이 비유가 언 급되고 있다.

36) 소크라테스의 첫 번째 개입. 이 단계에서 소크라테스는 소피스테스 형

게는 익숙지 않은 것 같더라도, 놀라지 말게나. 어쩌면 자네가 두 분 타지 분들께서 자네에 대해서 하려고 하는 짓이 무엇인지를 자네가 감지하지 못하고 있겠기에 말일세. 한데, 두 분께서는 코리반테스의 입교(入敎) 의식을 행하는 사람들이 입교시키려는 사람에 대해서 [화관] 대관의식을 치르는 절차를 진행할 때와 똑같은 것을 행하고 계시네.[37] 그리고 실은, 자네가 입교 의식을 치렀다면, 거기엔 일종의 춤

　　제가 클레이니아스에게 낱말들의 차이를 갖고서, 마치 등 없는 걸상들을 갖다 놓고서 앉힐 듯이 하다간, 빼 버림으로써 꼬꾸라지게 하며 좋아하는 짓궂은 장난을 치듯, '배움의 놀이'를 한바탕 치르게 한 것으로 피차간에 치부하도록 한다. 그렇게 클레이니아스를 달랜 다음, 이들 형제들에게 권유적인 지혜의 본을 보여 주실 것을 부탁한다. 클레이니아스와 같은 젊은 이가 '지혜와 [사람으로서의] 훌륭함에 마음 쓰게 되도록 권유하는' 본보임을 부탁한다고 하면서, 비록 전문적인 것은 못 되지만, 자신이 생각하는 권유적인 그 본보임의 예를 적시한다. 이것이 여기에서부터 282e 끝까지에 걸친 것이다.

37) 코리반테스(Korybantes)는 코리바스(Korybas)의 복수이고, 코리바스는 소아시아 프리기아(Phrygia)의 키벨레(Kybelē) 여신의 제관(祭官)을 가리킨다. 이 여신은 풍요와 자연의 신이며, 질병을 낫게 하는 신으로 알려져 있는데, 이 제례에는 요란스런 춤과 악기들의 연주가 수반되었던 것 같다. 5세기에는 헬라스에도 알려지면서, 특히 밀교의식(密敎儀式, orgia)을 통해 북과 아울로스 연주에 맞춘 열광적인 춤을 추며 신도들은 거의 광란의 경지(Korybantiasmos)에 몰입했던 것 같다. 그런 사람들을 hoi korybantiōntes(코리반테스적인 열광 상태에 빠진 사람들)이라고 했다. 그래서 정신 질환을 앓는 사람들이 이 의식을 통해 일종의 동종 요법(homeopathy)적인 치료를 받았던 것 같은데, 이는 그런 방법으로 지친 상태인 채로 깊은 잠에 빠졌다가 깨어남과 동시에 정신적 정화(Korybantismos)를 얻게 되는 것으로 여겨졌기 때문이다. 여기에서 소크라테스가 언급하고 있는 것은 이들 소피스테스들 형제가 클레이니아스를 상대로 정신 사납게 몰아붙이고 있는 것이 마치 이 비교(秘敎)에 새로 입교하는 자에 대해 그런 신도들이 행하는 의식과 흡사함을 빗대서 하는 것이다. 이 입교 의식(teletē=initiation in the mysteries)은 입교할 사람을 먼저

e   과 놀이도 있네. 그런데 지금 이들 두 분께서는 자네 주변에서 춤을
추는 것과 장난하면서 춤추는 것 말고는 아무것도 하지 않고서, 자
네를 입교시키려 하고 있는 걸세. 그러니 이제 소피스테스적인 의식의
첫 단계의 것들[38]을 자네가 들은 걸로 생각하게. 프로디코스[39]가 말하

'의자(thronos)'에 앉힌 다음 화관(stephanos)을 머리에 얹는, 이른바 '화
관 대관의식(thronōsis)'을 치른 다음, 신도들이 그를 에워싸고 아울로스
(aulos)를 불고 북(tympanos →tympani)을 치며 발뒤꿈치로 요란하게
쿵쾅거리며 춤을 추며 열광 상태에 모두가 빠져들게 하는 행사였던 것 같
다. 이런 상태에 빠져드는 것과 관련해서는《크리톤》편 54d에서도 언급
되고 있으며, 아리스토파네스의《구름》253~258에는 소크라테스의 '사
색의 학원(phrontistērion)'에 입문하는 절차의 일부 장면이 나오는데, 다
만 이 대관 장면에서는 '의자' 대신에 소크라테스가 상용하는 '작은 침상
(skimpous)'이 이용되고 있다.

38) 바로 앞에서 '코리반테스'의 입교 및 그 의식과 관련된 언급을 했다.
당시에 있었던 그 밖의 대표적인 밀교 또는 비교(秘敎)로는 디오니소스
비교 및 오르페우스 비교 또는 엘레우시스 비교 등이 있었다. 특히 Eleu-
sis 비교의 경우에는 처음에 입교할 때와는 달리 소수의 사람들이 받게
되는 '완전한 최종적인 비교 의식(ta telea kai epoptika)'이 있는데, 이를
통해 이 비교의 비전(秘傳: epopteia)에 접하게 되며, 이 비전에 접한 사
람을 epoptēs라 한다. 그 뜻은 이 비교가 간직하고 있는 비밀을 접하게 된
자 곧 그걸 본 사람을 뜻한다.

39) Prodikos는 키클라데스 군도(群島)(Kyklades nēsoi) 중에서는 아테네
에 가장 가까운 섬인 케오스(Keos) 출신이다. 여러 차례에 걸쳐 아테네에
사절로 왔던 탓으로, 아테네에서 소피스테스로서 명성을 얻을 기회를 가
질 수 있었다. 그는 기원전 5세기 후반에 소피스테스로서 활동했다. 특히
'낱말들의 정확성(orthothēs onomatōn)'을, 곧 비슷한 낱말들의 의미를
엄격히 구분하여 정확히 사용할 것을 강조했던 것으로 알려져 있다. 그는
가르침의 대가로 고액의 사례금을 받은 이유로도 유명하다.《프로타고라
스》편에서 실제 대화자로 등장하지만, 그 밖의 대화편들에서도 그는 여
러 번 언급된다.《라케스》편 197d에는 낱말들의 정확한 구별과 관련된
언급이 보이며,《크라틸로스》편 384b에서는 소크라테스가 프로디코스의
50드라크메짜리 강연은 듣지 못하고, 1드라크메짜리 강연만 들어서 아쉬

듯, 맨 먼저 낱말들의 정확성을 배워야만 하니까. 바로 이 점을 두 분께서도 자네에게 지적해 주시고 있는 걸세. 곧, 사람들은 누군가가 처음에는 어떤 사물에 대해서 아무런 앎도 갖지 못하고 있다가, 나중에야 그것에 대한 앎을 취득하게 되었을 때, 바로 그런 것에 대해 '배운다(manthanein)'고 일컫지만, 똑같은 이것을, 이미 그 앎을 갖고 있으면서, 이 앎으로 동일한 이 사물을, 이것이 언행의 어느 쪽 것이건 간에, 고찰을 할 때, 사람들은 이를 '배운다'고 일컫기보다는 오히려 '이해한다(synienai)'고 일컫지만, [이해한다는 뜻의] 'manthanein'으로도 일컬을 때가 있네. 그러나 자네는 이를, 이분들께서 지적하셨듯이, 미처 알아차리지 못했던 걸세. 같은 낱말이 반대되는 처지에 있는 사람들에게, 곧 아는 사람에게도 모르는 사람에게도 적용되었음을 말일세. 한데 이와 비슷한 것이 둘째 질문에도 있은 것인데, 이에서 두 분께서는 사람들이 아는 것을 아니면 알지 못하는 것을 배우는지를 자네에게 물었네. 바로 이것들이 배움들의 놀이일세. ─이 때문에 내가 이들이 놀이를 한다고 자네에게 말하기도 하는 것일세. ─그러나 내가 놀이라 말하는 건 이런 점들 때문일세. 가령 누군가가 비록 이와 같은 많은 것들, 아니 모두를 배운다 하더라도, 사물들이 어떠한지는 조금도 더 알게 되지는 못하면서, 낱말들의 차이를 통해 넘어지고 꼬꾸라지게 함으로써 사람들과 장난이나 할 수 있을 걸세. 마치 앉으려는 사람들의 등 없는 걸상들을 빼내고선, 뒤로 넘어지는 걸 보고서, 재밌어 하며 웃어 대는 사람들처럼. 그러니까 이런 것들은 이들 쪽에서 자네에게 해 보이게 된 놀이로 여기게나. 그러나 이것들 다음 것으

278a

b

c

었던 듯한 말을 하고 있다. 그의 토막글들은 Diels/Kranz의 책에서 찾아볼 수 있다.

로는 어쨌든 이들 두 분께서 진지한 것들을 보여 주실 게 명백하겠거니와, 나는 이분들께서 내게 약속하신 바를 이행해 주시도록 두 분께 안내를 할 걸세. 두 분께서는 권유적인 지혜를 본보여 주시겠다고 말씀하셨기 때문이네. 하지만 방금 이분들께서는 먼저 자넬 상대로 놀이를 해야만 한다고 생각하셨던 걸로 내게는 생각되네. 그러니까 에우티데모스 님 그리고 디오니소도로스 님, 두 분께는 이것들로 놀이

d 는 끝난 걸로 하시죠. 그리고 아마도 이로써 충분할 겁니다. 그렇지만 이다음으로는 이 젊은이가 지혜와 훌륭함에 마음 쓰게 되도록 권유하시는 걸 본보여 주십시오. 하지만 먼저 제가 두 분께 이를 제가 어떤 걸로 이해하고 있는지 적시하고서, 이를 제가 어떤 걸로 듣고 싶은지도 명백히 하겠습니다. 그러니 제가 두 분께 문외한답게 그리고 우스꽝스럽게 하는 걸로 판단되더라도, 저를 비웃지는 마세요. 두 분의 지혜를 들으려는 열의로 해서 두 분 면전에서 즉흥적으로 감히 해 보려

e 고 하는 것이니까요. 그러니 두 분께서도 그리고 제자들도 비웃지 마시고 참고서 들어 주십시오. 악시오코스의 자제여, 자네는 내게 대답해 주게나."

"사실 모든 사람들은 잘하길(잘 지냄을)[40] 원하겠지? 혹여 이 물음

---

40) 여기서 '잘함'의 원어 eu prattein은 '잘(훌륭하게: eu) 행함' '잘 해냄' '잘 지냄'을 뜻하고, 더 나아가서는 《국가(정체)》편 353e~354a에서처럼, '잘 삶(eu zēn)'을 뜻하기도 한다. 더 나아가서 이 대화편은 1권 (352e)부터 10권 끝 마지막 문장 곧 "우리는 잘 지내게 될 것이오(eu prattōmen)"에 이르기까지 놓지 않고 일관되게 다룬 문제가 결국엔 이것인 셈이다. 플라톤의 아카데미아에서 사용한 서신들에서의 공식적인 인사도 'eu prattein(잘 지내심)'이었다고 한다. 〈서한 7〉, 〈서한 8〉 첫머리 참조. 이의 순전한 명사 형태의 낱말이 281b에서 만나게 되는 eupragia (=eupraxia: 잘함, 안녕, 행복, 복지, 성공)이다.

내가 방금 두려워했던 웃음거리들 중의 하나이기라도 한 건지? 실은 이런 것들을 묻는 것조차도 어리석은 걸로 생각되니 말일세. 사람들 중에서 누가 잘하길(잘 지냄을) 원하지 않겠는가?"

"그걸 원하지 않는 이는 아무도 없습니다." 클레이니아스가 대답했네.

그래서 내가 말했네. "됐네. 그다음 것은, 우리는 잘하길 원하니, 어떻게 하면 잘하게 되겠는가? 우리에게 많은 좋은 것들이 있다면, 그러게 되겠는가? 아니면, 이게 저것보다도 한결 더 어리석은 질문인가? 이 또한 아마도 어리석은 질문일 게 명백하니 말이네."

그가 동의했네.

"자, 그러면 사물들[41] 중에서 우리에게 좋은 것들은 어떤 것들인가? 이는 어려운 질문도 아니며, 전혀 존엄한 분이나 답할 수 있는 것도 아닐 것 같지 않은가? 부유함이 좋은 것이라고는 모두가 우리에게 말할 테니. 안 그런가?"

"물론입니다." 그가 대답했네.

"그러니까 건강함도, 아름다움도, 그리고 그 밖에도 몸과 관련된 그 밖의 것들을 충분히 갖추게 되는 것도 그런 게 아닌가?"

그가 동의했네.

"하지만 어쨌거나 가문이 좋은 것도 권력도 그리고 제 나라에서의 명예들도 좋은 것들임이 명백하네."

그가 동의했네.

"그러면 좋은 것들로 아직도 우리에게 남아 있는 것은 무엇인가? 그러니까 절제 있음과 올바름 그리고 용기 있음은 무엇인가? 맹세코,

---

41) 원어는 ta onta인데, '있는 것들' 또는 '사실들'을 뜻할 때도 있다.

클레이니아스, 우리가 이것들을 좋은 것들로 간주한다면, 우리가 옳게 보는 것이라고 자네는 생각하는가, 아니면 그렇지 않은 것들로 보는 게 그렇다고 생각하는가? 왜냐하면 어쩌면 누군가는 우리에게 반론을 제기할 수도 있겠기 때문이네. 하지만 자네에겐 어떻게 생각되는가?"

"좋은 것들로 생각됩니다." 클레이니아스가 대답했네.

c   "됐네. 한데, 지혜는 어느 무리에 속하는 걸로 우리가 배열할 것인지? 좋은 것들 속에 아니면 어떻게 배열할 것으로 말할 것인가?" 내가 물었네.

"좋은 것들 속에요."

"그러면 잘 생각해 보게. 좋은 것들 중에서 역시 언급할 가치가 있는 것으로서 우리가 무언가 빠트리고 있지나 않은지."

"하지만 제게는 우리가 아무것도 빠뜨리지 않는 것으로 생각됩니다." 클레이니아스가 대답했네.

그리고서 생각나는 게 있어서, 내가 말했네. "맹세코, 좋은 것들 중에서도 가장 중대한 것을 우리가 어쨌거나 빠트릴 뻔했어."

"그게 뭔데요?" 그가 물었네.

"행운을 그럴 뻔했어, 클레이니아스! 이는 모두가, 아주 하찮은 사람들조차도 좋은 것들 중에서도 가장 중대한 것이라 말하는 것이지."

"진실을 말씀하십니다." 그가 말했네.

그리고서 내가 다시 고쳐 생각해 보고서 말했네. "하마터면, 악시오
d   코스의 자제여, 나도 자네도 손님들께 웃음거리가 될 뻔했네."

"그건 어째서죠?" 그가 물었네.

"행운을 앞서의 목록에 포함시킴으로써 이제 다시 같은 것에 대해 우리가 말하게 되어서네."

"그러니까 그건 또 어째서죠?"

"방금 전에 제시되었던 것, 이걸 다시 제시하고서는 같은 것들을 두 번이나 말한다는 건 분명히 우스운 일이지."

"그건 어찌 말씀하시는 건지?" 그가 물었네.

"지혜는 행운인 게 틀림없네.[42] 이는 애도 알아." 내가 말했네.

그는 경탄까지 했네. 그는 아직 그토록 어리고 단순하네. 그리고 나는 그가 경탄하는 걸 알아채고서, 말했네. "아, 클레이니아스, 자네는 아울로스 음악의 성공과 관련해서 아울로스 연주자들이 더할 수 없이 행운의 상태임을 모르는가?" e

그가 동의했네.

"그러면 문자들의 씀 그리고 읽음과 관련해서 그걸 가르치는 선생들은?" 내가 물었네.

"그야 물론입니다."

"어떤가? 바다의 위험들에 대응해서, 전반적으로 말해서, 지혜로운 조타수들보다도 더 운이 좋은 어떤 사람들이 있다고는 자네가 생각지는 않겠지?"

"물론 그리 생각지 않습니다."

"어떤가? 출정을 하게 될 때는, 어느 쪽과 함께 위험과 행운에 참여하겠는가, 지혜로운 장군과 함께인가 아니면 무지한 장군과 함께인가?" 280a

"지혜로운 장군과 함께입니다."

"어떤가? 병났을 때는, 자네는 어느 쪽과 기꺼이 함께 위험을 무

---

42) sophia를 279c1에서 이미 '좋은 것들(ta agatha)' 속에 포함시켰고, 이건 또 279c7에서 말하는 '행운(eutykhia)'의 일종이겠기에 하는 말이다.

릅쓰겠는가? 지혜로운 의사와 함께인가 아니면 무지한 의사와 함께
인가?"

"지혜로운 의사와 함께죠."

"그러니까 자네는 무지한 쪽과 함께보다는 지혜로운 쪽과 함께하는
행함을 더 행운으로 생각하는 거겠네?" 내가 물었네.

그가 동의했네.

"그러니까 지혜는 모든 경우에 사람들을 행운이게 만드네. 왜냐하
면 적어도 지혜는 결코 뭔가를 잘못하게 하는 일이 없고, 반드시 옳게
행하고 적중하기 때문이네. 그러지 않고서는 그게 더는 지혜가 아닐
테니까."

b 요컨대 어떻게 해서 그렇게 되었는지는 내가 모르겠으나, 누군가에
게 지혜가 있게 되면, 지혜가 그에게 있으니, 행운이 따로 또 필요하
지 않다[43]는 결론을 내리고서 우리는 동의했네. 이에 동의하고서는,
이에 앞서 우리가 동의한 것들이 어떻게 되는 건지 내가 다시 물었네.
"만약에 우리에게 많은 좋은 것들이 있다면, 우리는 행복할 것이며 잘
할(잘 지낼) 거라고 동의했기 때문이네." 내가 말했네.

그가 동의했네.

"그렇다면 좋은 것들이 우리에게 있음으로 해서 우리가 행복할 수
있는 것은 그것들이 우리를 전혀 이롭게 해 주지 않는데도 그런가 아
니면 이롭게 해 주어서인가?"

"이롭게 해 주면요." 그가 대답했네.

"그것들이 우리에게 있을 뿐, 그것들을 우리가 이용하지는 않는다

---

43) 바로 앞(279d5~6)에서 "지혜는 행운인 게 틀림없네. 이는 애도 알
아."라고 소크라테스는 말했다.

면, 그런데도 우리를 뭔가 이롭게 하는가? 이를테면, 곡물이 우리에 c
게 많이 있지만, 우리가 먹지는 않는다거나, 음료가 그러한데, 우리가
마시지 않는다면, 우리가 이득을 볼 수 있을까?"

"그러지 못할 게 확실합니다." 그가 대답했네.

"어떤가? 모든 장인들이 자신의 일에 필수적인 것들 모두를 저마다
갖추어 갖고 있다고 할지라도, 이것들을 이용하지 않는데도, 장인이
갖고 있어야 할 모든 걸 소유하고 있다는 이유로, 이 소유로 해서 이
들이 잘하겠는가? 이를테면, 목수가 모든 도구와 충분한 목재를 준비
해 갖고 있더라도, 정작 목수 일은 하지 않는다면, 그것들의 소유만으
로 유익할 수 있는가?" d

"결코 그럴 수 없습니다." 그가 대답했네.

"어떤가? 만약에 누군가가 부 그리고 방금 우리가 좋은 것들로 말
한 모든 것들을 소유하고서도, 이것들을 이용하지 않는다면, 이들 좋
은 것들의 소유로 해서 그가 행복할까?"

"그렇지 않을 게 확실합니다, 소크라테스 선생님!"

"그렇다면 행복하게 되고자 하는 사람은 이와 같은 좋은 것들을 소
유할 뿐만 아니라, 이것들을 이용도 해야만 할 것으로 보이는데, 그
러지 않으면, 그것의 소유로 해서는 아무런 이득도 생기지 않을 것이
네." 내가 말했네.

"진실을 말씀하십니다."

"그러면, 클레이니아스여, 이제 이로써, 곧 좋은 것들을 소유하고 e
이것들을 이용하는 걸로 누군가를 행복하도록 만들기에 충분한가?"

"제게는 그리 생각됩니다."

"누군가가 그것들을 옳게 사용하면 그런가 아니면 옳게 사용하지
않아도 그런가?" 내가 물었네.

"옳게 사용한다면, 그렇습니다."

"훌륭히 말하는 걸세. 누군가가 어떤 사물이건 옳지 못하게 다루는 경우는 그냥 내버려두는 경우와는 아마도 크게 다른 것이라고 나는 생각하기 때문일세. 왜냐하면 한쪽은 나쁘지만, 다른 쪽은 나쁘지도 좋지도 않기 때문이지. 아니면, 우리가 이렇게 말하지 않는가?" 내가

말했네.

그가 동의했네.

"어떤가? 목재와 관련된 작업과 이용에 있어서 옳게 이용하는 작업을 해내는 것은 목공술 지식 이외의 다른 어떤 것은 없지 않겠는가?"

"확실히 없습니다." 그가 대답했네.

"하지만 가구와 관련된 작업에 있어서도 옳게 만들어 내는 건 지식일 걸로 생각하네."

그가 동의했네.

"그렇다면 우리가 처음에 좋은 것들로 말했던 부와 건강 그리고 아름다움의 이용과 관련해서도, 이것들 모두를 바르게 이용함을 이끌

b 어 주고 행위를 바로잡아 준 것은 지식이었지, 다른 어떤 것이었겠는가?" 내가 말했네.

"그건 지식이었습니다." 그가 말했네.

"그러니까 행운만이 아니라 잘함[44]도 지식이 인간들에게 제공해 주는데, 이는 모든 소유와 행위에 있어서 그러는 것으로 보이네."

그가 동의했네.

내가 또 물었네. "그렇다면, 맹세코, 사려분별과 지혜 없이도 다른

---

44) 원어는 eupragia이고, 그 뜻들은 잘함, 안녕, 행복, 복지, 성공이다. 이와 관련해서는 278e에서의 eu prattein에 대한 각주와 연관시켜 언급했다.

소유물들의 어떤 이로움은 있는가? 지각은 없이 많은 것을 소유하고 많은 것을 행하는 사람이 지각은 있되 더 적게 소유하고 적게 행하는 사람보다도 더 이로울까? 이렇게 생각해 보게. 적게 행할수록 적게 실수를 하지 않겠으며, 적게 실수를 할수록 적게 잘못할 것이고, 적게 c 잘못할수록 덜 비참하겠지?"

"그야 물론입니다."

"그러면 누군가가 가난하면 더 적게 행하겠는가 아니면 부유하면 그러겠는가?"

"가난하면요." 그가 대답했네.

"반면에 허약하면 그러겠는가 아니면 강하면 그러겠는가?"

"허약하면요."

"명예로운 분이면 그러겠는가 아니면 명예롭지 못한 자면 그러겠는가?"

"명예롭지 못한 자면요."

"용감하며 절제 있는 이가 덜 행하겠는가 아니면 비겁한 자가 그러겠는가?"

"비겁한 자가요."

"그러니까 부지런한 이보다는 게으른 자가 또한 더 그렇겠지?"

그가 동의했네.

"또한 느린 자가 재빠른 자보다, 시력과 청력이 약한 자가 그것들이 d 예민한 자보다도 더 그런가?"

이런 것들 모두를 서로가 동의했네.

"요컨대, 클레이니아스! 우리가 처음에 좋은 것들이라 말한 것들 모두에 대한 논의는 이것들이 어쨌든 그것들 자체로 좋은 것이라는 것과 관련된 것이 아니라, 다음과 같아 보인다는 것이네. 만약에 이것들을 무지가 인도할 경우에는, 그 나쁨이 그것들과 반대되는 것들보다도 더 크며, 나쁜 인도자에 그것이 기여하는 그만큼 그 영향은 강력하네. 하지만 사려분별(phronēsis)과 지혜(sophia)가 그것들을 인도할 경우에는, 더 크게 좋지만, 그것들은 그것들 자체로는 그것들 중의 어

e   느 것도 다른 것보다도 더 값지지 않네." 내가 말했네.

"선생님께서 말씀하시듯, 그리 보입니다."

"그러면 이제껏 말한 것들로 해서 우리가 얻게 된 결론은 무엇인가? 다름 아니라, 다른 것들 중의 그 어떤 것도 좋지도 나쁘지도 않지만, 이들 둘 중에서 지혜는 좋으나, 무지는 나쁘겠지?"

그가 동의했네.

282a   "그러면 더 나아가 남은 걸 고찰하세나. 우리 모두는 행복하기를 열망하지만, 그런 사람으로 되는 것은 사물들을 이용하되, 옳게 이용하여서이고, 그 옳음과 행운은 지식이 제공하는 것임을 우리가 밝혔기에,[45] 따라서 사람은, 그리 보이듯, 모든 걸 모든 방식으로 이를, 곧 최대한 지혜롭게 되도록 준비해야만 되는 거지, 그렇지 않은가?" 내가 말했네.

"네." 그가 대답했네.

"그리고 이를 어쨌든 아버지에게서 돈보다도 훨씬 더 많이 전수받

b   아야만 한다고 생각하는 사람은, 또한 보호자들과 친구들 그리고 그 밖의 사람들로서 저를 사랑하는 사람들이라 자처하는 제 나라 사람들이나 타지 사람들에게 지혜를 나눠 줄 것을 요구하고 간청하는 사람은 부끄러울 것이 아무것도 없네, 클레이니아스! 이 때문에 자신을 사

---

45) [사람으로서의] 훌륭함(덕)이 곧 지혜로서의 앎이 뒷받침되어야 함을 강조한 소크라테스의 주장이 이로써도 입증된 셈이겠다.

랑하는 사람과 모든 사람에게 섬기며 종노릇함은 분개할 일도 아니
네. 지혜롭게 되고자 해서 제공하게 되는 훌륭한 봉사들 중의 어떤 걸
봉사하고자 하는 사람 말일세. 혹시라도 자네에겐 그리 생각되지 않
기라도 하는가?" 내가 말했네.

"물론 훌륭히 말씀하신 걸로 제게는 생각됩니다." 그가 말했네.   c

"클레이니아스! 만약에 지혜가 가르쳐질 수 있고, 사람들에게 절로
생기는 건 아니라면 말일세. 이는 아직도 우리로선 고찰해 보지 못한
것이며 나와 자네 사이에서도 여태껏 합의를 보지 못하고 있는 점이
기도 하네." 내가 말했네.

"하지만, 소크라테스 선생님, 제게는 그게 가르쳐질 수 있는 것이라
고 생각됩니다." 그가 말했네.

그리고 내가 기뻐서 말했네. "정말 훌륭한 말일세, 더할 수 없이 훌
륭한 젊은이여! 또한 자네는 나를 바로 이 문제, 곧 지혜가 가르쳐질
수 있는지 없는지와 관련된 문제에 대한 그 많은 고찰에서 나를 벗어
날 수 있게도 잘해 준 걸세. 그러니까 이제 자네에겐 지혜가 가르쳐질
수 있고 사물들 중에서 이것만이 사람을 행복하고 행운이도록 만들어
주는 것으로 생각되겠으니, 자네로선 지혜사랑을 함(philosophein)이   d
필수적이라고 말할 수밖에 없겠으며 스스로도 이를 할 생각을 하고
있겠네?"

"물론입니다, 소크라테스 선생님! 할 수 있는 한 최대한으로요." 그
가 대답했네.

나도 이 말을 듣고서, 기뻐서 말했네. "디오니소도로스 님 그리
고 에우티데모스 님, 제가 희구하는 그런 권유적인 논의[46]의 제 본보

---

46) 278e3에서 시작해 여기까지에 걸친 '지혜사랑하기(philosophein)'의

기[47]는 이런 것입니다. 어쩌면 문외한적인[48] 것이고 길고 힘들게 말한 그런 것이죠. 그러면, 두 분 중에 어느 쪽이 원하시든, 똑같은 이것을 전문적인 방식으로 하셔서 우리에게 본보여 주십시오. 하지만 만약에

e 이를 하고 싶지 않으시다면, 제가 멈춘 데서부터 그다음 것을 이 젊은이에게 본보여 주십시오. 그가 모든 지식을 획득해야만 하는지, 아니면 그가 취득해서 행복하고 훌륭한 사람으로 되어야만 하는 하나의 어떤 지식이 있는지 그리고 그게 무엇인지를요. 제가 처음에 말했듯, 이 젊은이가 지혜롭고 훌륭하게 되는 것이 우리에게는 크게 중요합니다."

283a 실상 내가 말한 건 이런 것이었네, 크리톤! 그다음에 일어날 일에 대해 내가 각별히 신경을 쓰고선, 그들이 도대체 어떤 식으로 논의를 붙들고서, 어디서부터 시작해서 그 젊은이에게 지혜와 훌륭함을 수련토록 권고할 것인지 지켜보았네. 그래서 둘 중에서 나이 많은 쪽인 디오니소도로스가 논의를 먼저 시작했고, 우리 모두는 그를 바라보았네. 곧 몹시 놀라운 어떤 말들을 듣게 될 것이라 해서였지. 그러자 바

b 로 이 일이 역시 우리에게 일어났네. 크리톤, 실은 그 사람이 놀라운

'권유적인 논의(hoi protreptikoi logoi)'는 이것 자체가 전범적인 것이다. 오늘날 부분적인 '토막글들(Fragmenta)'의 형태로 전하는 아리스토텔레스의 *Protreptikos*는 키프로스의 테미손(Themisōn) 왕을 위한 것으로 썬 것인데, '지혜사랑(철학)을 해야 함(philosophēteon)'과 철학적인 '관상(theōria)' 활동의 권유로 일관하는 것이다.

47) 원어는 paradeigma로서 '본' 또는 '예' 등을 뜻하는 말이다.

48) 여기에 '문외한적인(idiōtikon)'은 바로 다음 문장에서 만나는 '전문적인 방식으로(tekhnēi, τέχνη)'와 대비되는 표현이다. 여기서 소크라테스가 자신을 '문외한(idiōtēs)'에 빗대는 투로 말하는 것은 '무지자'를 자처한 소크라테스에 어울리는 표현이겠거니와 이는 전문가들로 자처하는 소피스테스들과 대비되는 표현이이기도 하다.

주장을 하기 시작했는데, 이는 자네로선 들을 가치가 있는 것이네. 그 주장은 훌륭함에 대한 고무적인 것이어서야.

"소크라테스 선생, 그리고 여기 이 젊은이가 지혜롭게 '되기를(ge-nesthai)' 바란다고 말씀하시는 그 밖의 여러분! 이 말씀을 하시면서, 여러분은 농담으로 하시는 건가요 아니면 정말로 원하시고 진지하게 그러시는 건가요?"[49] 그가 물었네.

그래서 나는 이들이 이 젊은이와 대화하도록 우리가 요구했을 때, 이들은 우리가 먼저 농담을 한 것이라고 생각하고선, 이 때문에 이들이 이에 대해 농담으로 받고, 진지하지도 않은 것이라는 데 생각이 미치었네. 따라서 이런 생각을 하게 되고서는, 우리는 놀라우리만큼 진지한 셈이라고 더욱 강조해서 말했네.

또한 디오니소도로스가 말했네. "하지만 생각해 보세요, 소크라테스 선생, 지금 말씀하시는 바를 부인하는 일이 없도록 말입니다."

"생각해 보았습니다. 부인하는 일은 결코 없을 테니까요." 내가 말했네.

"그러니까 여러분은 이 젊은이가 지혜롭게 '되기(genesthai)'를 바란다고 말씀하시는 거죠?" 그가 물었네.

"그야 물론입니다."

"지금은 클레이니아스가 지혜로운가요 아니면 그렇지 못한가요?" 그가 물었네.

"어쨌거나 아직은 아니라고 그는 말하고 있습니다. 허세 부리는 아이가 아니기도 하고요." 내가 말했네.

"그러나 당신들은 그가 지혜롭게 '되되(genesthai)', 무지하지는 '않

---

49) 이 물음과 함께 '세 번째 궤변'(283b4~283d8)이 시작된다.

d 기(mē einai)'를 바라고 있죠?" 그가 물었네.

우리는 동의했네.

"그러니까 그가 아닌 사람, 곧 지금의 그는 '더 이상 아닌(mēketi einai : →더 이상 있지 않는)' 사람으로 그가 되기를 여러분은 바라고 있소."

이를 듣고서 나는 혼란스러워졌네. 그러나 그는 혼란스러워하는 나를 알아보고서는, 말했네. "그러니까 당신들은 다름 아니라 이 젊은 이가 지금의 그가 '더 이상 아니길' 바라고 있기에, 그리 보이듯, 그가 '사라지길'[50] 바라는가요? 소중한 그런 친구들이며 사랑하는 사람들이면서도, 그런 사람들이 누구보다도 사랑하는 소년이 완전히 소멸토록 하려 하다니!"

e 특히 크테시포스가 이를 듣고서는 제가 사랑하는 소년 때문에도 화

---

50) 여기에서 두 개의 '작은따옴표'로 표시된 '더 이상 아니길(mēketi ein-ai)'과 '사라지길(=죽길: apolōlenai)' 사이의 의미상의 황당한 연결은 이렇게 된다. einai(=be)에는 여기에서처럼 기본적인 두 가지 뜻 곧 '있음'(존재 여부: existential) 및 '…임'(서술적인 뜻에서의: predicative)의 뜻들이 있다. 그러니까 '더 이상 아니길'은 '더는 존재하지 않기를' 또는 '더 이상 있지 않기를' '더는 없기를'의 뜻으로 바뀔 수 있는 표현이기도 하다. 또한 einai에는 더 나아가 또 사실(진실) 여부(veridical)를 나타내는 뜻도 있다. 그래서 곧 이어지는 바로 다음 대목에서는 '있는 것'을 뜻하는 to on 및 이의 복수 형태인 ta onta는 '사실[인 것]들'을, 따라서 to mē on 및 ta mē onta는 '사실이 아닌 것[들]'을 뜻하기도 한다. 그래서 훗날의 《소피스테스》 편에서 'to on'은 '있는 것' · '…인 것' · '사실인 것' 그리고 더 나아가 auto to on(실재 자체)으로서는 '형상'을 뜻하며, 'to mē on'은 '있지 않는 것' · '…이지 않은 것' · '사실이 아닌 것(거짓)' 그리고 형상으로선 '타자성(θάτερον)'을 뜻하는데, '실재 자체'와 '타자성'은 '동일성(tauton)' · '정지(stasis)' · '운동(kinēsis)'과 함께 '가장 중요한 유적(類的) 형상들(megista tōn genōn)'로 언급되기도 한다.

283e

가 나서 말했네. "아, 투리오이 손님들이시여! 표현이 다소 거친 편이 아니라면,[51] 말씀드리리다. '그런 일은 당신에게나!' 저와 그리고 다른 분들을 모함하는 그런 거짓말을 하셔서 하는 말인데요, 이는 입에 올리는 것조차 불경한 것으로 생각합니다. 이 젊은이가 아주 사라져 버리길 제가 바라다니요!"

"무슨 소린가, 크테시포스! '거짓을 말한다(pseudesthai)'는 게 자네에겐 가능한 걸로 생각하는가?"[52] 에우티데모스가 물었네.

"맹세코, 적어도 제가 미치지 않았다면요." 그가 말했네.

"논의의 대상인 그것[53]을 말할 땐가, 아니면 말하지 않을 땐가?"

"그걸 말할 땝니다." 그가 대답했네. 284a

"그러니까 그가 이를 말할 경우에, 그는 있는 것들(…인 것들: ta onta) 중에서 그가 말하는 바로 그것 이외의 다른 어떤 걸 말하고 있지는 않겠네?"

"어찌 그럴 수 있겠습니까?" 크테시포스가 말했네.

"실은 그가 말하는 그것도 어쨌거나 있는(…인) 것들 중의 하나이지, 다른 것들[인 것들]과는 구별되네."

"물론입니다."

"그러니까 그걸 말하는 사람은 있는(…인) 걸 말하지 않겠는가?" 그가 물었네.

"네."

"하지만 있는 것(…인 것: to on) 그리고 있는 것들(…인 것들 →사

---

51) 똑같은 표현이 《소크라테스의 변론》 32d에도 보인다.

52) 여기에서(283e7)부터 284a8까지가 '궤변 4'인 셈이다.

53) 여기서 '대상인 그것'으로 지칭된 것의 원어 [to] pragma는 대상, 일, 행위, 사물, 사태, 골칫거리 등을 뜻하는 말이다.

실[인 것들]: ta onta)을 말하는 자는 진실(t'alēthē)을 말하고 있네. 따라서 디오니소도로스가 정작 있는 것들(…인 것들→사실[인 것들]: ta onta)을 말한다면, 그는 자네에 대해서 진실을 말하고 있지, 아무런 거짓도 말하고 있지 않네."

b   "네. 하지만 이를 말씀하시는 분은 있는 것들(사실인 것들)을 말씀하시고 있지 않습니다, 에우티데모스 님!"[54] 크테시포스가 말했네.

그리고 에우티데모스가 물었네. "있지 않은 것들은 있지 않을 따름이겠지?"

"있지 않죠."

"그러니까 있지 않은 것들은 어디에도 있지 않을 따름이겠고?"

"어디에도요."

"그러니까 이것들 곧 있지 않은 것들과 관련해서 누군가가 무엇인가를 할 수 있어서, 누구든 어디에도 있지 않은 것들을 있게까지도[55] 만들 수 있는가?"

"제게는 그리 생각되지 않습니다." 크테시포스가 대답했네.

"왠가? 변론가들이 민중 속에서 말할 때, 그들은 아무것도 하지 않는가?"

"그야 하죠." 그가 대답했네.

"그러니까 그들이 정녕 할진대, 만들 수도 있겠네?"

"네."

c   "그러면 말하는 것은 하는 것이며 만드는 것이기도 한가?"

그가 동의했네.

---

54) 여기서(284b)부터 284c6까지는 '궤변 5'에 해당한다.
55) 텍스트 읽기에서, Hermann의 읽기를 따라, ὥστ' ἐκεῖνα를 ὥστε καὶ εἶναι로 읽음.

70

"그러니까 어쨌든 있지 않는 것들은 아무도 말하지 않네. 그럴 경우엔 이미 무언가를 만들고 있을 테니까. 하지만 자넨 있지 않는 것은 아무도 만들 수도 없다고 동의했네. 따라서 자네의 주장에 따르면, 아무도 거짓을 말할 수 없고, 디오니소도로스가 정녕 말한다면, 그는 진실을 그리고 있는 것들을 말하네." 그가 말했네.

"네, 에우티데모스 님! 그러나 이 분께선 어떤 식으론 있는 것들을 말씀하십니다만, 어쨌든 사실대로는 말씀하시지 않으십니다."[56] 크테시포스가 말했네.

"어떤 뜻으로 말하는 겐가, 크테시포스? 사물들을 있는 그대로 말하는 사람들이 누군가 있기는 한가?" 디오니소도로스가 물었네.

"물론 있습니다. 훌륭하디훌륭하신 분들이 그리고 진실을 말씀하시는 분들이요." 그가 대답했네.   d

"왠가? 좋은 것들은 좋게, 나쁜 것들은 나쁘게 말해서가 아니겠는가?" 그가 물었네.

그가 동의했네.

"그러나 자네는 훌륭하디훌륭한 분들은 사물들을 있는 그대로 말씀하신다는 데 동의하는가?"

"동의합니다."

"그렇다면 크테시포스여, 훌륭한 분들이 정녕 사물들을 있는 그대로 말씀하신다면, 나쁜 것들은 나쁘게 말씀하시네." 그가 말했네.

"맹세코, 틀림없이 그럴 것입니다. 적어도 나쁜 사람들은요. 제 말을 들으시겠다면, 이들에 대해 조심하세요. 선생님을 훌륭하신 분들이 나쁘게 말씀하시지 않게요. 훌륭한 분들은 나쁜 사람들을 나쁘게   e

---

56) 여기서(284c7)부터 285a1까지가 '궤변6'에 해당한다.

말씀하신다는 사실을 명심하시길." 그가 말했네.

"그들은 또한 위대한 사람들을 위대하게 말하며 화끈한 사람들을 화끈하게 말하는가?" 에우티데모스가 물었네.

"물론 그럴 게 명백합니다. 차가운 사람들을 차갑게 말하며 그렇게 대화하는 걸로 말합니다." 크테시포스가 말했네.

"자네는 욕을 해 대는구먼, 크테시포스!" 디오니소도로스가 말했네.

"맹세코, 저로선 욕을 하는 게 아닙니다, 디오니소도로스 님! 저로선 선생님을 좋아하니까요. 하지만 동지로서 선생님께 권고하고 있거니와, 저의 의사와는 반대로, 제가 가장 귀히 여기는 이 사람들을 제가 아주 사라지기를 바라고 있다고 이처럼 거칠게 말씀하시는 일이 없도록 설득하려 하고 있는 것입니다." 그가 말했네.

그래서 나는, 이들이 서로에 대해서 더 거칠어지는 걸로 생각되었기에, 크테시포스에게 농담을 하며 이런 말을 했네.[57] "크테시포스여, 내게는 손님들께서 해 주시겠다면, 말씀하시는 것들을 경청하고, 낱말을 갖고 다투지는 말아야만 하는 걸로 생각되네. 왜냐하면 만약에 이분들이 사람들을 이처럼 아주 망가뜨려서는, 딱하고 분별없는 상태에서 착실하고 슬기로운 사람들로 만들 줄을 알고 있다면, 그리고 이를 두 분께서 몸소 알아내셨건 또는 다른 누군가에게서 배웠건 간에, 일종의 몰락과 그런 파멸을 겪게 함으로써 딱한 처지의 사람이 착실한 사람으로 변모해서 나타나게 한다면, 만약에 이럴 줄을 두 분께서 아신다면, ─아니, 두 분께서는 알고 계신 게 명백하지. 두 분께선 어쨌든 최근에 알아낸 자신들의 기술이 딱한 사람들을 훌륭한 사람들로 만드는 것이라고 말씀하셨네. ─따라서 우리도 이를 그들의 기술

b

---

57) 소크라테스의 두 번째 개입과 대화(285a~d6)

로 동의하세. 우리로선 두 분께서 이 젊은이를 슬기롭도록 만들게 하
고, 또한 다른 우리 모두도 그리하도록 하세나. 그러나 자네들 젊은
이들이 두려워한다면, 그 위험은, 카르(카리아)인의 경우처럼,[58] 내가   c
감내케 하게. 나는 노인이기도 하니, 모험을 할 준비가 되어 있고, 여
기 계신 디오니소도로스 님께 내 자신을 넘기네. 마치 콜키스의 메데
이아[59]에게 넘기듯 말일세. 나를 파멸시키도록 하게, 그리고서 원한다

---

58) Kar(Caria)는 남서쪽 소아시아 지역의 마이안드로스(Maiandros)강
   아래쪽, 밀레토스(Milētos)의 오른쪽 내륙의 산악지대로서 카르(카리아)
   인들이 거주하던 곳이다. 카르인들은 용병으로 참전하는 경우가 많았던
   모양이다. '위험(모험)이 카르인에게 있어서 감행된다(en tōi Kari kindy-
   neuein)'는 것은 어떤 일을 결행했다가 실패할 경우를 심각하게 고려할
   필요까지는 없다는 뜻으로 하는 속담 성격의 표현이었는데, 이들 용병
   은 죽어도 별로 손해 볼 일이 아니라는 뜻이었던 같다. 카르인 용병들은
   필요에 의해 쉽게 모병할 수도 있는데다, 이들이 사망하면 그만이고 더
   돈 들어갈 일도 없어지는 것이라 여겼던 탓이었던 것 같다. 그러니까 당
   시의 아테네인들의 관점에서 보면, 이들 용병은 위험한 경우에 대한 부
   담이 노예(doulos)의 경우보다도 훨씬 덜한 셈이었다. 왜냐하면 노예는
   재물(khrēmata)의 일종으로서, 매매도 가능해서, 그 손실 면에서는 그만
   큼이 위험 부담으로 컸기 때문이다. 《라케스》편 187b에 같은 표현이 보
   인다.
59) Kolkhis의 마녀 Mēdeia와 함께 귀향하게 된 이아손(Iasōn)은 자신의
   부재 동안 너무 노쇠해 버린 아버지 아이손(Aisōn)을 보고, 슬퍼하던 끝
   에 자신의 수명을 덜어서 아버지의 수명에 보태는 마법을 써 줄 것을 부
   탁한다. 아버지의 회춘을 위해 그런 식의 마법 이용을 그녀에게 간청한
   것이다. 그 효성에 감동한 메데이아는 온갖 신들을 불러 도움을 청하니,
   용들이 이끄는 수레가 나타나, 이를 몰고 온 명산을 돌며, 온갖 약초들을
   캐어 와서는, 이를 청동 솥에 넣어 끓이다가 또 다른 온갖 약재들과 함께
   끓인다. 한참 뒤에 마른 올리브나뭇가지로 휘저으니, 이 마른 나뭇가지에
   서 잎이 돋아나더니 열매까지 열린다. 게다가 솥에서 끓어 넘친 액체들이
   땅바닥에 떨어지니, 땅에서는 새 생명들이 돋아 올랐다. 이를 확인한 그
   녀는 아무도 접근 못 하게 한 다음, 노인의 목을 따고서 늙은 피를 죄다

면, 뜨거운 물에 삶도록 하게거나. 또한 무엇이든 원하는 걸 하도록 하게나. 다만 쓸모 있는 사람으로 만들어 내놓게 하게."

　그리고 크테시포스가 말했네. "제 자신도 스스로를 외지 손님들께 제공할 준비가 되어 있습니다, 소크라테스 선생님! 또한 지금 살가죽을 벗기고 있는 것보다 한층 더 벗기기를 원하신다면, 그래서 그것이 마르시아스의 가죽부대처럼,[60] 마지막에 그것으로 되는 일은 내게 일어나지 않고, 훌륭함의 변신으로 된다면 말입니다. 하지만 여기 계신 디오니소도로스 님은 제가 당신께 화가 나 있는 걸로 생각하십니다. 그러나 저는 화가 난 것이 아니라, 저를 상대로 제대로 말씀하시지 않는 걸로 제게 여겨지는 것들에 대해 반박을 하고 있는 것입니다. 하지

d

쏟아져 나오게 한 다음, 솥에서 끓여 만든 영액을 혈관과 입 등으로 흘려넣으니, 40년 전의 그로 회춘을 하게 되었단다. 그 뒤에 이 일을 메데이아는 펠리아스(Pelias)의 딸들이 믿게 한 다음에, 제 호의도 믿게 하여, 그의 딸들로 하여금 같은 방법으로 회춘토록 한다며, 늙은 피를 뽑아내도록 하고, 저들의 아버지를 난도질까지 하게 한 뒤에, 토막 내서 끓는 솥물 속에 넣고서는 회춘과 함께 소생할 것이라 믿게 해서 죽였다. 이는 오비디우스의 《변신(*Metamorphoses*)》 7권의 내용 요약이다.

60) Marsyas는 Satyros(디오니소스의 시종이며, 상반신은 사람의 형상을 하고 있고, 하반신은 염소 형상을 했으나, 나중엔 망측스레 발기된 큰 남근과 꼬리를 가진 정도의 괴물로 묘사됨)들 중의 하나로, 2개의 아울로스 (aulos)를 함께 쓰는 음악의 창시자라 한다. 원래는 아테나 여신이 아울로스를 발명했으나, 그것을 불 때 여신의 얼굴이 일그러지게 되는 걸 알고서, 이를 버렸는데, 마르시아스가 이걸 집어서 그 부는 법을 익히게 되었다 한다. 한데, 이것으로써 아름다운 음악을 연주할 수 있게 된 마르시아스는 아폴론의 리라(아폴론의 악기) 연주에 도전한다. 이 연주 경합에서 이긴 아폴론은, 승자가 마음대로 벌주기로 한 조건대로, 그를 나무에 묶어 산 채로 그 살가죽을 벗겨, 이로써 가죽부대를 만들었다고 한다. 《국가(정체)》편 399e에 이 일에 대한 언급이 나오며, 당시의 온갖 악기들에 대한 언급도 함께 하고 있다.

만 고귀하신 디오니소도로스 님, 선생님께서는 반박하는 걸 욕하는
걸로 일컫진 마세요. 욕을 하는 것은 다른 것이니까요."

그리고 디오니소도로스가 말했네. "크테시포스여, 자네는 반박함
(antilegein)이 성립하는 걸로 주장하고 있는 건가?"[61]

"물론 전적으로요. 또한 성립하는 게 틀림없기도 하고요. 혹시 디오   e
니소도로스님, 선생님께서는 반박이란 것이 성립하지 않는 것으로 생
각하십니까?" 그가 말했네.

"그러니까 자네는 결코 아무도 다른 사람에게 반박하는 걸 들었음
을 증명해 보일 수가 없을 거네." 그가 말했네.

"진실을 말씀하시는 겁니까? 하지만 지금 들어 보시죠.[62] 크테시포
스가 디오니소도로스 님께 반박하고 있음을 제가 선생님께 입증해 보
여 드리고 있는지요." 그가 말했네.

"이 주장을 자넨 진정으로 유지하려는 것이고?"

"물론입니다." 그가 대답했네.

"어떤가? 있는 것들 각각에는 그걸 말하는 말들이 있겠지?" 그가
물었네.

"물론입니다."

"그러니까 그 각각을 '…[이]다'든가 '…이 아니다' 또는 '…지 않
다'고 하는 말들이?"

"'…[이]다'라고 하는 말이요."

"크테시포스! 자네가 기억한다면, '있지 않다'고는 아무도 말하지   286a
않는다는 건 방금도 우리가 천명했으니까. '있지 않는 것(to mē on)'

---

61) 여기서(285d)부터 286b6까지에 걸친 것이 '궤변 7'이다.
62) e5의 텍스트 읽기에서, ἀκούων μὲν νυνί를 T텍스트의 읽기를 따라
ἀκούωμεν νῦν εἴ로 읽음.

은 아무도 말하지 않는 걸로 밝혀졌기 때문이지."[63] 그가 말했네.

"그러면 이건 뭡니까? 저와 선생님께서 좀 덜 반박하고 있는 건가요?" 크테시포스가 물었네.

"그러니까 우리 양쪽은 같은 사물에 대한 말[64]을 하면서 반박을 하려고 하고 있는 것일까, 아니면 어쩌면 이처럼 같은 말을 하려고 하고 있는 것이겠지?" 그가 되물었네.

그가 동의했네.

b   "그러나 어느 쪽도 사물에 대한 말을 하지 않을 경우에, 그때도 우리가 반박을 하게 되겠는가? 아니, 우리들 중에서 어느 쪽도 그 사물에 대해 전혀 이처럼 기억하고 있지도 못하겠지?" 그가 말했네.

이 또한 그가 동의했네.

"하지만 내가 사물에 대한 설명의 말을 하고, 자네는 자네대로 다른 어떤 사물에 대한 설명을 할 경우, 그때 우리는 반박을 하는가? 또는 내가 사물에 대한 말을 하지만, 자네는 전혀 말을 하지 않는다면? 그러나 말을 하지 않는 사람이 말하는 사람에게 어떻게 반박을 하겠는가?"

이에 크테시포스는 침묵했네. 그러나 나는 그 주장에 놀라서, 말했네. "디오니소도로스 님, 어떻게 하시는 말씀인지? 하지만 실은 이 주
c 장이야말로 바로 많은 사람들에게서 여러 번이나 듣고서 언제나 놀라는 것이죠. ─ 프로타고라스의 추종자들과 더 이전 사람들[65]이 이 주장을 아주 많이 이용했으니까요. 다른 주장들뿐만 아니라 제 주장 자

---

63) 284c2 및 283d의 해당 각주를 참조할 것.

64) 텍스트 읽기에서 an tou를 an ton tou로 읽음.

65) 이들을 Hawtrey는 파르메니데스와 그 추종자들로 지칭하고 있다. 그의 책 110쪽 참조.

체도 뒤엎어 버리는 주장이 제게는 언제나 놀라운 것으로 여겨지기 때문입니다.[66] — 그러나 저는 그것의 진실을 선생님에게서 아주 훌륭하게 듣게 될 것으로 생각하고 있습니다. 거짓을 말하는 게 불가능하다는 게 아니고 무엇이겠습니까? — 이게 그 주장의 취지일 테니까요. — 말하는 사람은 진실을 말하거나 말을 하지 않거나 해서겠죠?"[67]

그가 동의했네.

"그러면 거짓을 말할 수는 없지만, 의견을 가질 수는 있는가요?"   d

"의견도 가질 수 없소." 그가 말했네.

"그러니까 거짓 의견[68]도 전혀 없겠네요." 내가 말했네.

---

66) 프로타고라스의 주장을 압축적으로 표현하는 것이 이른바 '인간 척도(homo mensura)'의 명제이다. 곧 '만물의 척도(pantōn khrēmatōn metron)'는 인간이란 것인데, 이때 말하는 '인간'은 정확히 말해서 '인간인 각자'를 뜻하고 '만물'은 각자의 감각에 그때마다 지각되는 대로의 대상들이다. 이런 주장의 내용과 관련해서는 《테아이테토스》 편(151e~152c)에 잘 요약되어 있는데, 이를 다시 요약해서 정리하면, 이렇다. 뭔가를 알게 되는 자는 그가 알게 되는 이것을 지각하게 되며, 앎(epistēmē)은 [감각적] 지각(aisthēsis) 이외의 다른 것이 아니다. 만물의 척도는 그것들을 그때마다 지각하게 되는 인간이다. 그러니까 이런 말이다. 각각의 것들은 각자에게 그때마다 보이는 또는 여겨지는 대로의 것이라는 주장이다. 이를테면, 같은 바람이 불어오지만, 그 바람이 어떤 바람인가는 저마다 그때마다 느끼기 나름의 것이다. 이 주장은 같은 사람에게 있어서도 그대로 적용된다. 같은 대상도 같은 사람에게 몸 상태나 기분에 따라, 그때마다 달리 느껴지거나 여겨지기 때문이다. 따라서 자신이 자신의 주장을 때 따라 스스로 뒤엎어 버리는 자기 반박도 가능한 일이겠다. "그러니까 언제나 지각은 있는 것(…인 것: to on)에 대한 것이며 앎인 것으로서 거짓되지 않은 것이다."

67) 284b에서 '사실이 아닌 것들(=거짓)'로서의 ta mē onta는 문자 그대로 '있지[도] 않은 것들'을 뜻하기도 하니까, '거짓'도 근원적으로 성립하지 않는다고 해서 이런 말을 하고 있다.

68) '의견을 가짐'은 doxazein이고, '의견'은 doxa이다.

없다고 그가 대답했네.

"그렇다면 무지도 무지한 사람들도 없겠습니다. 아니면, 만약에 무지라는 게 있다면, 이는 사물들에 대해 속는 것이 아니겠습니까?"

"물론이오." 그가 말했네.

"그러나 이런 건 없습니다." 내가 말했네.

없다고 그가 말했네.

"디오니소도로스 님, 선생님께서 이 말씀을 하시는 건 논의를 위해서, 그야말로 범상치 않은 걸 말씀하시느라 하시는 건지, 아니면 진정으로 사람은 그 누구도 무지하지 않은 걸로 선생님께는 생각되시는가요?"

"선생은 논박이나 하시오." 그가 말했네.

"실로 선생님의 주장에 따를진대, 아무도 거짓을 말할 수 없는 터에, 논박이 가능하겠습니까?"

"그건 불가능하오." 에우티데모스가 말했네.

"그렇게 되면 방금 디오니소도로스 님께서 논박하라고 하신 것은 지시한 것이 아닌 게죠?" 내가 말했네.

"실인즉 있지도 않은 것을 어떻게 지시하겠소? 그런데도 선생은 지시를 하오?"

"에우티데모스 님, 이들 재치 넘치는 것들과 세련된 것들을 저는 그다지 알지 못하지만, 무디게나마 이해는 하니까요. 그래서 어쩌면 다소 거친 질문을 하겠지만, 용서하세요. 보십시오. 만약에 속는 것도
거짓된 생각을 하는 것도 무지함도 없다면, 누군가가 뭔가를 할 경우에, 실수함도 없을 수밖에 없지 않겠습니까? 행하는 사람이 행하는 것에서 실수를 하는 게 불가능할 테니까요. 두 분께서는 이런 말씀을 하시는 게 아닙니까?" 내가 말했네.

"물론이오." 그가 말했네.

"이것이 진작 하려던 거친 질문입니다. 만약에 우리가 행하면서도 말하면서도 생각하면서도 실수를 하지 않는다면, 맹세코, 이것들이 이러하다면, 두 분께서는 누구의 스승들로 오셨습니까? 혹여 두 분께서는 훌륭함을 습득하길 원하는 사람에게 누구보다도 더 훌륭하게 전할 것이라 방금[69] 말씀하시지 않았던가요?" 내가 말했네.

이에 디오니소도로스가 받아서 말했네. "소크라테스 선생, 그대는 이리도 구닥다린[70] 게요? 처음에 우리가 말했던 걸 지금 상기케 할 정도로 말이오. 그래서 만약에 내가 지난해 뭔가를 말했다면, 지금 상기

b

---

69) 273d 마지막 문장에서.

70) 여기서 '구닥다리'라는 지칭의 원어는 Kronos인데, '크로노스'가 제우스 이전의 구세대를 지칭하는 대명사로 아테네에선 사용되었다고 한다. '망령 난 늙은이'의 뜻이기도 하다. 3대째의 Zeus를 정점으로 한 올림포스 신들의 위계질서가 확립되기 이전의 2대 주신(主神)이 크로노스였고, 1대 주신은 우라노스(Ouranos)였다. '크로노스'가 '망령 난 늙은이'를 지칭하는 대명사로 쓰이게 된 것은, 아마도 바로 다음에서 말하는 제 주신 자리를 지키려던 미련했던 처사와도 관계가 있겠다. 헤시오도스의 《신들의 계보》(453-506)에 따르면, 우라노스에게서 주신의 자리를 탈취한 크로노스는 자기와 아내 Rhea 사이에서 난 자식이 언젠가는 자신의 자리를 빼앗게 될 것이라는 예언을 듣고서, 레아가 아이를 낳는 족족 삼켜 버린다. 그러나 레아는 한 아이를 낳는 길로 몰래 크레테섬의 아이가이온(=이다)산에 숨기고, 대신 배내옷으로 싼 돌을 삼키게 한다. 이렇게 해서 살아남게 된 제우스가 성장해서, Mētis 여신의 도움으로 얻은 약을 크로노스가 먹게 함으로써, 이전에 삼킨 아들과 딸들을 다 토해 내게 하여, 이들과 힘을 합해 크로노스와 그의 형들(Titanes. 이들 중에서 맏이인 Ōkeanos만이 동조하지 않음)을 내몰아, 지하 세계의 제일 밑바닥인 Tartaros에 가두어 버리는데, 십 년이 걸린 이 싸움이 이른바 '티탄(Titan)들과의 싸움(Titanomakhia)'이다. 이리하여 제우스를 주신으로 한 올림포스 신들의 시대가 열린다.

시키겠지만, 당장에 언급된 것들을 무엇 때문에 다뤄야 하는지를 모르고 있지 않소?"

"실상 몹시 어렵기도 하죠. ─그게 합당하죠. 지혜로운 분들이 말씀하신 것들이니까요. ─선생님께서 말씀하시는 이 마지막 것도 다루기가 아주 어렵기 때문이고요. '무엇 때문에 다루는지를 제가 모르고 있다'고 말씀하시는 것은 도대체 왜죠, 디오니소도로스 님? 혹시 제가

c 그 주장을 논박할 수 없다는 뜻으로 하신 게 명백한지요? 아니면, '제가 그 주장들을 무엇 때문에 다룰 것인지를 모를 것이라'는 이 말씀이 선생님께는 다른 걸 뜻하나요?"[71] 내가 말했네.

"하지만 선생이 말하는 것, 곧 '이는 다루기가 아주 어렵다'는 말[72]은 따로 대답해 주시오." 그가 말했네.

"선생님께서 대답하시기 전에요, 디오니소도로스 님?" 내가 물었네.

"대답 않으시겠다는 건가요?" 그가 말했네.

"그게 정당하기도 하겠죠?"

"물론 정당하오." 그가 말했네.

"무슨 근거로 해서죠? 이런 근거로 해선 게 명백한가요? 곧, 선생님께선 지금 논변과 관련해서 아주 지혜로우신 분으로서 저희에게 오셨으며, 언제 대답을 하고 언제 하지 않아야 하는지도 알고 계신다는

d 걸 근거로 해서인 게 명백하겠죠? 그리고 지금은 대답을 해서는 안 된다는 걸 알고 계시기 때문에, 아무런 대답도 하지 않으시는 거겠

---

71) 여기에서 '뜻한다(noei)'는 말은 이어지는 d7의 noei 및 e1의 nooi와 관련지어 '궤변 8'의 내용을 이룬다.

72) 텍스트 읽기에서 [ ]로 묶인 이 표현은, 지칭하는 것을 분명히 한다는 점에서, 버리지 않고 살려서 읽었다.

죠?" 내가 말했네.

"대답하는 건 아랑곳하지 않으면서, 수다를 떠시는군. 하지만 여보시오, 승복하고, 대답하시오. 선생은 내가 지혜롭다고 동의한 터이기도 하니까." 그가 말했네.

"이제 승복해야죠. 그래야만 할 것 같기도 하고요. 선생님께서 주도하시는 터이니까요. 그럼, 물으세요." 내가 말했네.

"그러니까 뜻하는 것들(ta noounta)은 혼을 지닌 것들을 뜻하오(noei),[73] 아니면 혼을 지니지 않은 것들도 그러오?"

"혼을 지닌 것들을 그렇습니다."

"그러면 선생은 혼을 지니고 있는 [그것 나름의] 어떤 '지칭 표현'[74]을 알고 있소?" 그가 물었네.

"단연코, 저는 모릅니다."

"그러면 방금 그 말이 내게 무엇을 뜻하는지를 왜 물었소?"[75]   e

그래서 내가 말했네. "우둔함으로 인해서 제가 실수한 것 이외의 다른 무엇이겠습니까? 아니면 제가 실수를 한 게 아니라, 그 말이 무엇을 뜻하는지를 말함에 있어서 이 또한 제가 옳게 말했거나? 선생님께선 제가 실수한 걸로 아니면 실수하지 않은 걸로 말씀하십니까? 만약

---

73) 바로 앞의 각주에서 언급했듯, noein에는, 우리말에서 '뜻한다'는 말이 '의미한다'와 '의도한다'는 두 가지 뜻이 있듯, 똑같은 뜻들이 있다. '궤변 8'은 이와 관련된 것이다. 이 헬라스어에는 '지각함', '생각함', '지성(nous)에 의해 알게 됨' 등의 뜻들도 있다. 특히 플라톤의 경우에 이 낱말은 '지성(nous)'의 활동과 관련되는 중요한 용어이기도 하다.

74) 여기서 '지칭 표현'으로 옮긴 것의 원어는 rhēma인데, 이는 문법용어로는 명사(onoma)에 대한 '동사'를 뜻하지만, 여기서는 '의미규정'까진 아니지만, 이를 뜻하는 지칭적인 표현을 뜻한다.

75) 앞서 c1~2에서 "제가 그 주장들을 무엇 때문에 다룰 것인지를 모를 것이라'는 이 말씀이 선생님께는 다른 걸 뜻하나요?"

에 제가 실수를 한 것이 아니라면, 선생님께서 비록 지혜로우시지만, 논박을 하시지 않으실 것이며, 이 논의를 무슨 목적으로도 다룰 수도 없을 것입니다. 반면에 만약에 제가 실수를 했더라도, 실수한 것이 아니라고 주장하며, 이처럼 옳게 말하지도 않을 것입니다. 또한 이는 지난해에 선생님께서 말씀하신 것에 대해서 말하고 있는 것도 아닙니다." 이어서 내가 말했네. "하지만 디오니소도로스 님 그리고 에우티데모스 님, 이 논의는 여전히 제자리에 머물러 있거니와, 마치 옛말처럼 남을 넘어뜨리려다가 제가 넘어지는 꼴인 것 같군요. 그래서 이런 일들에 있어서는 논의의 정확성에 있어서는 이처럼 놀라운 두 분의 기술로 그런 일을 당하지 않을 방도를 찾아내시게 되셨으면."

그리고 크테시포스가 말했네. "어쨌거나 두 분께서 하시는 말씀은 놀랍습니다. 투리오이 분들이시든 키오스 분들이시든, 어디서 오셨건 그리고 어떻게 호칭되든 반갑습니다. 두 분으로선 어떤 식으로 말씀하셔도 상관이 없죠."

나로선 욕된 소리라도 나지 않을까 두려워서, 다시 크테시포스를 진정시키고선 말했네. "크테시포스여, 방금 클레이니아스에게 내가 말했던 같은 이 말을 자네에게도 하네. 두 분 손님들의 지혜가 얼마나 놀라운지 자네는 알지 못하고 있다는 걸세. 그러나 두 분께서는 우리에게 진지한 마음으로 그 본보이기를 해 주시려 하지는 않고, 우리를 호리면서 이집트의 소피스테스 프로테우스[76]를 흉내 내고 계시네.

---

76) Proteus는 '바다 노인(gerōn halios)'으로 종종 불리는 해신으로, 포세이돈의 바다표범들을 지키는 목자이며 그 아들인 걸로 말한다. 이 해신은 그 예언 능력이 틀림이 없어(nēmertēs), 그를 찾는 자들을 피하느라 온갖 변신술을 부리는 것으로 알려져 있다. 사자로, 뱀으로, 표범으로, 멧돼지로, 더 나아가서는 물로, 나무로 연신 그 모습을 바꿀 수 있었다는 것이

그러니 우리는 메넬라오스를 흉내 내서, 두 분께서 우리에게 자신들 c
이 열의를 갖는 일로 그 모습을 우리에게 드러낼 때까지는 보내 드리
지 마세나. 왜냐하면 이 분들께서 진지해지기 시작할 때는, 아주 훌륭
한 어떤 면모가 보이는 것으로 내가 생각하기 때문이네. 그러나 우리
로선 이 분들께서 그런 모습을 드러내 보이시도록 요청도 하고 권유
도 하며 간청도 하세나. 따라서 나로선 이 분들께서 어떤 모습을 내게
보이시길 내가 간청하는지를 다시금 내가 안내해야만[77] 될 것으로 판
단되네. 왜냐하면 앞서 내가 일탈했던 데서 시작해서, 그 후속의 것을 d
할 수 있는 대로 이행토록 할 것이기 때문일세. 어떻게든 두 분을 불
러 모셔서, 진력하며 열성을 쏟는 나를 가엽게 여기시고 동정하셔서
본인들도 열의를 보이신다면 말일세."

"그럼, 클레이니아스여, 그때 우리가 어디서 일탈했는지 상기시켜
주게나. 그러니까 내가 생각하듯, 이곳 어디쯤에서부터였을 걸세. 우
리가 마침내 지혜사랑 곧 철학을 해야만 한다고 합의한 대목,[78] 안 그

다. 말하자면, 변환자재였다는 이야기다. 트로이아 전쟁이 끝나고 귀향길
에 올랐던 스파르타의 왕 메넬라오스(Menelaos)가 이집트의 파로스섬
(Paros) 해변에 표류해서, 20일 동안이나 어찌해 볼 수도 없는 난감한 상
황에서 실의에 빠져 있는 그의 딱한 사정을 듣게 된 프로테우스 딸의 도
움으로, 이 바다 노인을 꼼짝 못 하게 붙들고서는, 마침내 귀향할 수 있는
방법을 알아내게 된다. 그건 신들에게 헤카톰베(hekatombē)의 제물을
바치는 제례를 올리는 것임을 알게 되었던 것이다. 이 이야기는《오디세
이아》4권(363~570행)에서 메넬라오스가, 그를 찾아와 아버지 오디세우
스의 생사를 알고자 하는 텔레마코스(Tēlemakhos)에게, 아버지의 가까
운 시일 내의 무사 귀향 추정과 함께 들려주는 이야기 내용이다.
77) 278c에서처럼 '권유적인 지혜(hē protreptikē sophia)'의 본보임을 보
여 주도록 재차 유도하겠다는 뜻으로 하는 말이다.
78) 282d에서였다. 그리고 여기에서 philosophia를 '지혜사랑'보다 '철학'
으로 번역한 것은 논의가 이제 '지식의 추구'로서의 학문적 성격을 말하

런가?" 내가 말했네.

"네." 그가 말했네.

"적어도 철학은 지식의 획득일세. 그렇지 않은가?" 내가 물었네.

"네!" 그가 대답했네.

e "그러면 도대체 무슨 지식을 획득함으로써 그 획득을 우리가 옳게 하겠는지? 그건 단순하게 무슨 지식이건 우리를 이롭게 하는 지식이라는 게 아니겠는가?"

"그야 물론입니다." 그가 말했네.

"그러면 가령 우리가 돌아다니면서 땅 속 어디에 금이 가장 많이 매장되어 있는지를 알아낼 줄을 우리가 알고 있다면, 그게 우리를 어떤 점에서는 이롭게 하겠는가?"

"아마도요." 그가 말했네.

"그러나 앞서[79] 이 점은 어쨌든 우리가 충분히 증명했었네. 수고도 땅을 파는 일도 없이는, 그 모든 금이 우리 것이 된들, 아무것도 더 나을 게 없다는 것을. 따라서 바위를 금으로 우리가 만들 줄 안다 한들,

289a 그 지식은 아무런 가치가 없을 것이야. 우리가 금을 이용할 줄도 모른다면, 그것의 유익함은 전혀 보이지 않는 법이니까. 기억나지 않는가?" 내가 말했네.

"물론 기억합니다." 그가 대답했네.

"뭔가를 만들 줄 아는 그 어떤 지식이라 할지라도, 그것이 만드는 걸 이용할 줄을 모른다면, 실로 다른 어떤 지식의 경우에도, 그 유용함은 전혀 없을 것으로 여겨지네. 돈벌이 기술도 의술도 그 밖의 어떤

는 대목으로 이행하고 있어서다.

79) 280d~e에서.

기술도 말일세. 그렇지 않은가?"

그가 동의했네.

"또한 사람들을 영생하도록 만드는 어떤 지식이 정작 있다 한들, 그   b
영생을 이용할 줄 아는 앎이 없이는 아무런 그 유익함도 없을 것으로
보이네. 앞서 동의한 것들을 논거로 뭔가 추단할진대 말일세."

이 모두에 대해 우리는 동의했네.

"그러니까 여보게, 우리에게는 이런 어떤 지식이 필요하네. 만듦과
만들게 되는 이것을 이용할 줄 아는 앎이 함께 합치게 되는 그런 지식
말일세." 내가 말했네.

"그리 보입니다." 그가 말했네.

"물론 우리가 리라 제작자들이면서 그런 어떤 지식에 조예가 깊은
사람들이어야 할 필요는 없어 보이네. 이 경우에야말로 제작기술과   c
그 이용 기술이 동일한 것과 관련해서 서로 별개의 것이기 때문일세.
실은 리라 제작기술과 키타라를 타는 기술이 서로 아주 다르지.[80] 그
렇지 않은가?"

그가 동의했네.

"또한 아울로스 제작기술을 우리가 들먹거릴 필요도 더는 없는 게
명백하네. 이것 또한 그런 류의 다른 것이니까."

그가 동의했네.

---

80) 리라 제작기술(lyropoiikē)에 대응하는 것으로 리라(lyra)를 연주하는
'연주자(lyristēs)의 연주 기술' 자체를 지칭하는 헬라스어로 lyrikē tekhnē
가 따로 있기는 하지만, 정작 플라톤은 이를 쓰지 않고, '키타라를 타는
기술(kitharistikē)'로 대응시키고 있다. 아마도 '리라'와 '키타라'가 같은
유형의 악기였기 때문인 것 같다. 물론 형태상으로는 약간의 차이가 있으
나, 똑같이 7현에다 성능도 비슷했으니까. 두 악기의 구체적이고 세부적
인 차이에 대해서는 272c의 해당 각주를 참조할 것.

"하지만 단연코, 만약에 우리가 논변 작성 기술을 배운다면, 이게 우리가 행복하려면 갖게 되어야만 하는 것인 기술인가?" 내가 물었네.

"저는 그리 생각지 않습니다." 클레이니아스가 말을 받아서 대답했네.

d   "무슨 근거로 해선가?" 내가 물었네.

"스스로 개인적인 논변들을 작성하고서도, 이것들을 이용할 줄 모르는 어떤 논변 작성자들을 제가 봅니다. 마치 리라 제작자들이 리라를 이용할 줄 모르듯이. 이 경우에도 논변 작성자들이 쓴 것들을 다른 사람들이, 스스로는 논변 작성을 할 수 없으면서도, 이용할 수는 있죠. 그러니까 논변들의 경우에도 그 작성 기술과 그 이용 기술은 별개의 것입니다."[81] 그가 말했네.

그리곤 내가 말했네. "논변 작성자들의 기술이, 누군가가 획득하면 행복할 그런 것은 아니라는 충분한 증거를 자네가 말하는 것으로 내게는 생각되네. 하지만 나는 어쩌면 여기에서 우리가 오래도록 찾고

---

81)《디오게네스 라에르티오스》II. 40에 의하면, 소크라테스의 경우에도 논변 작성자로 유명했던 리시아스(Lysias)가 그를 위한 변론 원고를 써 주었으나, 그는 이를 읽은 뒤에 이렇게 말했다고 한다. "리시아스여, 논변문은 훌륭하오. 그렇지만 내게는 어쨌든 어울리지 않소." 이는 리시아스가 쓴 논변이 뭣보다도 소크라테스 자신의 철학적 소신과 행각에 대한 소명과 시민들에 대한 도덕성의 각성을 촉구하는 새삼스런 호소와는 거리가 먼 것이었을뿐더러, 어쩌면 배심원들을 향해 무죄 평결을 유도하는 어떤 유형의 호소였을 수도 있겠다. 왜냐하면 바로 다음(e)에서 언급하듯, 법정 논변은 배심원들을 호리는 일종의 주술적 성격의 것일 수도 있겠기 때문이다.《국가(정체)》편 첫머리에서 아테네의 외항 피레우스로 축제 구경을 갔던 소크라테스가 아테네로 돌아오려다가, 폴레마르코스를 만나 그의 집으로 가게 되었는데, 그곳에서 그의 춘부장 케팔로스와 그의 아우 리시아스를 만나게 되는 장면이 나온다.

있던 바로 그 지식이 그 모습을 드러내게 될 것으로 생각했네. 왜냐하   e
면 내게도 논변 작성자들 자신들이 나와 함께 있을 때는, 클레이니아
스여, 굉장히 지혜롭게 여겨지고, 이들의 기술 자체가 놀랍고 고상한
것으로 여겨지네. 하지만 아무것도 놀랄 게 없다네. 왜냐하면 이건 주
술의 일부분이고 그것에는 약간 못 미치는 것이기도 하니까. 주술사
들의 일부 기술은 살무사들과 독거미들 그리고 전갈들과 그 밖의 짐   290a
승들의 호림 기술이고 질병들의 완화 기술이지만, 다른 일부의 기술
은 배심원들과 민회의 구성원들 그리고 그 밖의 다른 군중들의 호림
과 회유이기 때문이네. 아니면 자네에겐 그게 달리 어떻게 생각되는
가?" 내가 물었네.

"아뇨, 선생님께서 말씀하시는 대로 제게는 그리 보입니다." 그가
말했네.

"그러면 다음으론 우리가 어느 쪽으로 방향을 잡을까? 어떤 기술
쪽으로 할까?" 내가 물었네.

"저는 갈피를 잘 잡지 못하겠는걸요." 그가 대답했네.

"하지만 내가 찾은 걸로 생각하네." 내가 말했네.

"어느 것인가요?" 클레이니아스가 물었네.

"내게는 장군의 통솔 기술이 뭣보다도 누군가가 갖게 되면 행복할   b
기술일 것으로 생각되네." 내가 말했네.

"제겐 그리 생각되지 않는데요." 그가 말했네.

"어째선지?" 내가 물었네.

"그거야말로 일종의 인간 사냥 기술이죠."

"그러니까 뭔가?" 내가 물었네.

"사냥 기술 자체에서는 그 어떤 것도 사냥하고 포획하는 것 이상으
로 뻗치는 것은 없습니다. 사냥하게 되는 것들을 포획하게 될 때에도,

사냥하는 사람들은 이것을 이용할 수가 없고, 이들과 어부들은 이것

c 들을 요리하는 사람들에게 넘겨주거니와, 또한 기하학자들과 천문학
자들 그리고 계산가들, 이들 또한 사냥하는 쪽이죠. 이들 각자도 도형
이나 도식을 만들지 않고, 있는 것들(진실로: ta onta)을 발견할 뿐이
니까요. 따라서 이들 자신들은 이것들을 이용할 줄은 모르고, 사냥할
줄만 알 뿐이어서, 자신들의 발견들을 '변증술에 능한 이들(hoi diale-
ktikoi)'에게 이용토록 넘겨주는 게 분명합니다.[82] 적어도 그들 중에서
상당수는 아주 지각없는 이들이 아닌 거죠." 그가 말했네.

"잘 말했네, 아주 훌륭하고 지혜로운 클레이니아스여! 이건 그런 거
지?" 내가 말했네.

"그야 물론입니다." 그가 대꾸하고선 말했네. "장군들도 같은 식으

d 로 그럽니다. 이들은 어떤 나라나 군영을 함락하게 되면, 정치가들에
게 넘겨줍니다. 자신들이 사냥한 것들을 이용할 줄을 모르기 때문이
죠. 바로 제가 생각하듯, 메추라기 사냥꾼들이 그것들을 메추라기 사

---

82) 이 발언을 하고 있는 클레이니아스는 바로 다음(290e1)에서 크리톤이
그를 meirakion으로 지칭하고 있다. 이 낱말은 14~21세의 청소년을 지
칭하는 것이고, 18세에 이른 성년이 된 젊은이를 지칭하는 용어는
ephēbos이다. 어쨌거나 그런 나이의 그가 이런 높은 수준의 발언을 하고
있다는 것은 놀라울 일이다. 어쩌면 그 사이에 상당한 대화 능력의 익숙
함과 향상이 그의 명민함과 어우러진 결과로 가능하게 된 면일 수도 있다
고 볼 수도 있겠다. 그렇더라도 소크라테스 스스로도 그게 믿기지 않은
터라, 실은 그 말을 한 청년이 혹시 크테시포스가 아니었나 하고 제 기억
을 더듬고 있는 장면이다. 그건 어쨌건, 이런 내용은 바로 《국가(정체)》
편 525a~534d에서의 소크라테스의 발언과도 정확하게 일치하고 있다.
산술과 수론, 기하학, 천문학 등의 학문적 편력이 변증술적 탐구로 이행
해 가다가, 마침내 변증술(dialektikē)이 이들 교과들 위에 놓이는 '갓돌
(thrinkos)' 구실을 하게 된다는 내용이 그것이다.

육자들에게 넘겨주듯이 말입니다. 그러니까 우리가 그런 기술, 곧 그게 무슨 기술이든, 만들거나 사냥해서 소유하게 된 것을 그것 자체가 이용할 줄 알게 되기도 하는 기술이 필요하다면, 그리고 그런 기술이 우리를 복되게도 한다면, 물론 우리는 장군의 통솔 기술 대신에 다른 어떤 기술을 찾아야만 합니다." 그가 말했네.

크리톤: 자네가 무슨 말을 하는 겐가, 소크라테스? 그 청년이 그런 걸 똑똑히 말했다는 건가?　　　　　　　　　　　　　　　　e

소크라테스: 믿기지 않는가, 크리톤?

크리톤: 단연코, 정말 믿기지가 않아. 그런 말을 그가 했다면, 내가 생각하기론, 그는 교육을 위해서는 에우티데모스도 다른 어떤 사람도 더는 필요하지 않네.

소크라테스: 하지만, 아뿔싸, 실은 그 말을 한 사람이 크테시포스가 아니었던가, 내가 기억을 제대로 못 하고 있는 건가?

크리톤: 크테시포스가 무슨?[83]　　　　　　　　　　　　　291a

소크라테스: 하지만, 맹세코, 적어도 이것들을 말한 사람은 에우티데모스도 디오니소도로스도 아니었다는 것, 이건 내가 잘 알고 있네. 허나, 크리톤! 출중한 분들 중의 누군가가 그 자리에 있어서 이 말을 똑똑히 하지 않았겠는가? 왜냐하면 이런 말을 어쨌든 내가 들었다는 건 내가 잘 알고 있기에 하는 말일세.

크리톤: 단연코, 그렇구먼, 소크라테스! 정말로 출중한 분들 중의 누군가였던 걸로 내게는 생각되는데, 그것도 어쨌든 아주 출중한 분인 걸로.[84] 한데 그다음에 더 나아가 그게 어떤 기술인지를 계속해서

---

83) 크테시포스도 그런 말을 할 수 있는 청년은 단연코 아니라는 뜻으로 그를 얕잡아 하는 말투이겠다.
84) Sprague도 Hawtrey도 현장의 그런 인물은 단연코 소크라테스 자신인

찾기는 했고? 찾던 바의 그 기술을 찾은 겐가 아니면 찾지 못한 것인가?

b   소크라테스: 이 사람아, 그걸 우리가 어떻게 찾았겠나? 그러고 보면 우리가 아주 우스운 꼴이었지. 마치 볏을 가진 종달새들을 쫓는 아이들처럼, 각각의 지식을 당장 붙잡게 될 것으로 우리들이 줄곧 생각했지만, 그것들은 언제나 빠져 달아나 버린 거지. 그러니 그 많은 것들을 내가 왜 자네에게 다 말해야만 하겠는가? 하지만 왕도적 통치술[85]에 우리가 이르러, 이것이 행복을 가져다주고 이루어 주는 것일지를 고찰하다가, 이 대목에서 마치 미궁에 빠진 꼴이 되어서는, 이미 그 끝에 이른 것으로 생각되어, 되돌아서, 마치 탐구의 시발점에 있는

c 것 같은 형국이었네. 처음 우리가 이 탐구를 시작했을 때와 똑같은 상황에 처하여서였던 걸세.

크리톤: 어쩌다가 이 상황이 되었는가, 소크라테스?

소크라테스: 내가 말할 것이네. 그야 [통]치술(hē politikē [tekhnē])과 왕도적 [통]치술(hē basilikē tekhnē)이 동일한 것으로 우리에게는 생각되기 때문이네.

크리톤: 그러니까 뭔가?

소크라테스: 이 기술에 장군의 통솔 기술도 그 밖의 다른 기술들도,

걸로 단정했다. 어쩌면 크리톤도 그런 단정을 하고 있었을 것 같다는 분위기다. 그렇다면 소크라테스가 자신이 그런 생각을 무의식중에 품고 있었으면서 무심결에 말해 놓고선, 정작 누가 한 말인지는 기억 못 하고 있다는 이야기가 되겠다.

85) 원어로는 hē basilikē tekhnē인데, 바로 이어지는 c4~5에서 보듯, 이는 '참된 [통]치술'과도 동일한 것으로 간주되는 것이다. 이는 《국가(정체)》편 및 〈서한 7〉에서 본격적으로 피력된 '철인 왕' 또는 '철인 [통]치자' 사상이 이때부터 보이기 시작했음을 확인하게 되는 대목이기도 하다.

이것들이 제 제작물들인 것들을 통할토록 넘기는데, 이 기술만이 그
것들을 이용할 줄 알기 때문이네. 그러니까 이것이 우리가 찾고 있던
것이며, 또한 나라에 있어서 옳게 행함의 원인임도, 그리고 또 영락없   d
이 아이스킬로스의 이암보스 운율 시 그대로[86] 홀로 나라의 고물에 앉
아서, 모든 걸 조종하며 모든 걸 통할함으로써 모든 걸 쓸모 있도록
만드는 원인임도 명확한 것으로 우리에게 여겨졌네.

크리톤: 그러니까 자네들에게 그리 여겨졌다는 건 잘된 것이었겠
지, 소크라테스?

소크라테스: 크리톤, 그다음에 우리에게 일어난 일들도 자네가 듣
기를 원한다면, 자네가 판단할 것이야. 왜냐하면 실은 우리가 대강 이
렇게 다시 고찰했기 때문이네: "자, 모든 걸 통할하는 왕도적 [통]치
술은 우리를 위해 무슨 일을 해내는가 아니면 아무것도 해내지 않는
가?" "그야 아주 확실하다."고 우리는 서로에게 말했네. 자네 역시 그   e
리 말하지 않겠나, 크리톤?

크리톤: 나로서야 그러지.

소크라테스: 그러면 그것이 해내는 일이 무엇이라고 자네는 말하
겠나? 가령 내가 자네에게 이렇게 물을 경우처럼 말일세. 의술이 관

---

86) 여기서 말하는 '아이스킬로스의 이암보스 운율 시'는 아이스킬로스의
《테베를 공격하는 일곱 장수》1~3행 가운데 일부 내용을 원용한 표현이
란 뜻으로 하는 말인데, 해당 석 줄은 이러하다. "카드모스의 시민들이여,
그는 적절한 것들을 말해야만 하오./ 나라의 고물에서 나랏일들을 지키
며/ 키를 조종하는 자는." 아리스토텔레스는 《시학》4. 1449^{a}24~25에서
"모든 운율(metron) 중에서도 가장 대화적인 것(malista lektikon)이 이
암보스 운율(to iambeion metron)이다"라고 말하고 있는데, 비극시의 대
화(dialektos)에는 주로 이 운율이 동원된다. 이암보스 시각(詩脚: pous)
은 ﹀— (단·장)의 것이다. 운율 및 시각과 관련한 좀 더 자세한 언급은
《국가(정체)》편 400a~c에 걸친 해당 각주들을 참조할 것.

할하는 모든 것을 관할함으로써, 그것은 무슨 일을 해내는가? 자네는 건강이라고 말하지 않겠나?

크리톤: 나야 그러지.

소크라테스: 그럼 자네 집안의 농경 기술은 어떤가?[87] 그것이 관할

292a 하는 모든 것을 관할함으로써 무엇을 생산해 내는가? 흙에서 나는 양식거리를 우리에게 제공한다고 말하지 않겠는가?

크리톤: 나야 그러겠지.

소크라테스: 하지만 왕도적 [통]치술이 관할하는 모든 걸 관할함으로써는 무엇을? 그건 무엇을 이루는가? 아마도 아주 쉽게 대답하지는 못할 게야.

크리톤: 단연코, 소크라테스!

소크라테스: 실은 우리도야, 크리톤! 하지만 적어도 이만큼은 자네가 알고 있지. 이게 정녕 우리가 찾고 있는 것이라면, 이것은 유익한 것이어야만 한다는 정도는.

크리톤: 그야 물론이지.

소크라테스: 그러니까 이건 우리에게 어쨌거나 유익한 뭔가를 제공해야만 하겠지?

크리톤: 그야 필연적이지, 소크라테스.

b 소크라테스: 한데 나와 클레이니아스가 아마도 서로 동의한 바는 어떤 지식 이외에 다른 좋은 것은 아무것도 없다는 것이었어.[88]

크리톤: 그래, 그렇게 자네가 말했지.

---

87) 소크라테스와 같은 부락의 동갑내기 죽마고우였던 그가 부농이었기에 묻는 말이겠다.
88) 282e에서 클레이니아스가 지혜롭고 훌륭하게 되도록 해 주는 지식의 취득이 중요함에 대해 서로 의견을 같이했다.

소크라테스: 그러니까 누군가가 [통]치술의 것들로 말할 법한 다른 일들이 — 이를테면, 시민들을 부유하고 자유롭고 분쟁이 없는 상태로 있도록 해 주는 것과 같은, 이런 일들이 어쩌면 많겠지만, — 이것들 모두는 [그것들 자체로는] 나쁜 것들로도 좋은 것들로도 드러나 보이지 않았지만,[89] [통]치술이 정녕 시민들을 이롭도록 하고 행복하도록 만드는 것이 되려면, 시민들을 지혜롭게 만들며 지식을 나눠 주어야만 하네.

c

크리톤: 그건 그러하네. 자네가 그 논의를 우리에게 이야기해 주었듯, 그땐 어쨌든 자네들끼리는 그렇게 동의를 했네.

소크라테스: 그렇다면 왕도적 [통]치술은 사람들을 지혜롭고 훌륭하도록 만드는가?

크리톤: 실상 왜 막겠는가, 소크라테스!

소크라테스: 그러면 그게 모두를 모든 면에서 훌륭하게 만드는가? 그리고 그것이 모든 지식을, 제화 기술도 목수 기술도 그리고 그 밖의 다른 모든 기술도 전수하는 것인가?

크리톤: 나로서는 그리 생각지 않네, 소크라테스.

소크라테스: 그럼 바로 무슨 지식을? 그걸 무엇에 우리가 이용할 것인지? 그것은 나쁜 것들도 좋은 것들도 아닌 일들 중의 그 어떤 것의 일을 해내는 것도 아니나, 제 자체 이외의 다른 어떤 지식도 제공하지 않네. 그렇다면 도대체 이게 무엇인지, 이를 무엇에 이용할 것인지? 크리톤, 그것으로 우리가 남들을 훌륭한 사람들로 만들 것이라고 말했으면 싶은가?

d

크리톤: 물론이네.

---

89) 281d~e에서 이런 점들과 관련된 언급이 있었다.

e

소크라테스: 우리의 관점에서 그들은 어떤 점에서 훌륭하게 되며 또한 어떤 점에서 유익하게 되겠는가? 혹시 여전히 우리는 그들이 다른 사람들을 그리 만들고, 그들 다른 사람들은 또 다른 사람들을 그리 만든다고 말하겠는가? 그러나 도대체 어떤 점에서 그들이 훌륭한지는 어디에서도 우리에겐 밝혀지지 않은 채로네. 이는 이른바 [통]치술의 역할들을 우리가 시답잖게 보아 왔기 때문이겠는데, 영락없이 속담 그대로 '제우스의 나라 코린토스' 꼴이 되어서네.[90] 바로 내가 말

---

90) 이 문장의 앞뒤 맥락 연결을 위해서는 아무래도 보충적 설명이 필요하겠다. 헤라클레스의 자손 히포테스(Hippotēs)의 아들 알레테스(Alētēs)에게는 신탁의 예언이 있었다고 한다. 한 코린토스 사람이 그에게 흙덩이를 줄 때, '코린토스'를 줄 것이라고. 실제로 그가 빵을 청했더니, 한 고약한 농부가 흙덩이를 그에게 주었단다. 그렇게 되어 그가 얻게 된 땅, 아니 '나라'를 '제우스의 코린토스(Dios Korinthos)'라 했으니, '제우스의 나라 코린토스'라 옮기는 게 제격일 것 같다. 그런데 정작 "영락없이 속담 그대로 '제우스의 나라 코린토스' 꼴이 되어서네."라는 건 또 무슨 뜻인지도 이것대로 따로 설명이 필요하겠다. 속담(to legomenon)의 원어는 [ho] Dios Korinthos인데, 이에 관련된 언급이 핀다로스의 《네메아 송가》 7. 104~5행에 보이는데, 그건 다음과 같다.

똑같은 것들을 세 차례 네 차례나 찾아간다는 것은 궁지에 처함이다.
아기들에게 "제우스의 코린토스!"라 중절대는 꼴인지라.

코린토스와 아테네 사이의 해안 쪽으로 메가라(Megara)가 있었다. 원래 이 나라는 코린토스가 식민해서 세운 나라였는데, 언젠가부터 메가라인들이 코린토스에 반기를 들었다. 이에 코린토스의 사절이 메가라로 번질나게 찾아가서는 '제우스의 나라 코린토스'는 메가라의 이 뻔뻔스러움을 참지 못할 것이라고 으르기도 하고 달래기도 하니, 메가라인들은 그들대로 전쟁도 불사할 것임을 외쳤다 한다. 그게 마치 위의 시에서처럼 "아기들에게 "제우스의 코린토스!"라 달래며 중절대는 꼴"이라 빗대고 있다. 우리를 행복하게 만들 그 지식이 도대체 무엇인지를 알려고 하는 소크라테스의 애타는 대화도 그 꼴이 되고 있다는 말을 빗대어 하느라 이런 속

했던 바로서, 우리를 행복하게 만들 그 지식이 도대체 무엇인지를 아
는 것과 관련해서 우리로서는 마냥 같은 처지에 있거나 한결 더 못한
처지에 있는 거겠지?

크리톤: 맹세코, 소크라테스! 아무튼 자네가 아주 단단히 곤경에
처하게 된 것 같네.

소크라테스: 어쨌거나, 크리톤, 나로선 자신도 이런 곤경에 처하게
된 터라, 어느새 힘껏 소리를 내지르고 있었네. 두 분 손님들께, 마치 293a
신과도 같은 쌍둥이[91]처럼, 불러서, 우리를, 곧 나와 이 청년을 논의의
세 차례 파도[92]에서 모든 방식으로 열의를 다해서 구원해 달라고 말일
세. 또한 우리가 얻음으로써 여생을 훌륭하게 보낼 수 있게 될 그 지
식이 도대체 무엇인지를 제시해 보여 주는 데 열의를 가져 달라고 말
일세.

크리톤: 그래서? 에우티데모스가 자네들에게 뭔가 제시해 보여 주
려고 하던가?

소크라테스: 왜 안 그랬겠는가? 게다가, 여보게! 어쨌든 그는 다음

담을 인용하고 있다.

91) '신과도 같은 쌍둥이(Dioskouroi 또는 Attikē에서는 Dioskorō)'는 옛
날부터 4세기까지 온 헬라스에서 지역마다 다른 이름으로 불리는, 의협심
있고 갖가지 어려움에 처한 이들을 돕는 쌍둥이 형제 같은 짝을 일컫는
것이었다고 한다. 이를테면, 스파르타에선 Kastōr와 Polydeukēs(Pollux),
보이오티아에서는 Amphiōn과 Zēthos, 메세니아에서는 Idas와 Lynkeus
였다고 한다.(K. Ziegler & W. Sontheimer, Der Kleine Pauly 참조.) 그
러니까 소크라테스도, 일종의 곤경에 처한 터라, 에우티데모스와 디오니
소도로스 형제에게 구원 요청을 하게 되었다는 말을 하고 있는 것이다.

92) '세 차례 파도(trikymia)'는 세 번 연달아 밀려오는 파도로, 그중에서
세 번째 것이 가장 크다. 《국가(정체)》편 472a에서는 다루는 문제들의
난이도에 따른 비유로 이를 이용하고 있다.

과 같이 아주 호방하게 말하기를 시작했네.[93]

b "그러니까, 소크라테스 선생! 여러분을 진작부터 곤경에 처하게 한 이 지식을 내가 선생께 가르쳐 드릴까요, 아니면 선생께서 지니고 계신 것으로 증명해 보여 드릴까요?"[94] 그가 물었네.

"아, 복 받으신 분이시여, 그게 선생님께 달려 있는가요?" 내가 물었네.

"그야 물론이오." 그가 말했네.

"그러면, 단연코, 제가 지니고 있는 것으로 증명해 보여 주세요. 이만큼 나이를 먹은 사람이 배우는 것보다는 그게 훨씬 쉬울 테니까요." 내가 말했네.

"자, 그러면 내게 대답하시오." 그가 말하고선, 내게 물었네. "선생께서 아시는 게 있소?"

"물론이오. 그리고 많이요, 적어도 사소한 것들은." 내가 대답했네.

"족하오." 그가 말했네. "그러면 있는 것들 중의 어떤 것이 있는 이것, 바로 이것이 아닐 수가 있소?"

c "저로서는 단연코 그럴 수는 없겠네요."

"그러면 선생께선 뭔가를 아시오?" 그가 물었네.

"저로서는."

"정녕 선생께서 아신다면, 그러니까 선생께선 알고 계신 게 아니겠소?"

"그야 물론이죠. 적어도 바로 그것에 대해서는."

"그건 전혀 상관없소. 그러나 어쨌든 선생께서 알고 계신다 해서,

---

93) 이 다섯째 장면은 여기서 시작해서 304b5에까지 이어진다. 그 사이에 열세 가지의 궤변들을 접하게 된다.

94) 여기서(391b)부터 d1까지가 '궤변 9'이다.

선생께서 모든 걸 아시는 게 필연적이진 않겠죠?"

"단연코 아닙니다. 다른 많은 것들은 제가 모르니까요." 내가 말했네.

"그러니까 만약에 선생께서 어떤 걸 알지 못하신다면, 선생께선 모르고 계신 거죠."

"어쨌든 그것에 대해서는 그렇죠, 친애하는 분이시여!" 내가 말했네.

"그렇다고 해서 선생께서 조금이라도 덜 모르시는 건가요?[95] 하지만 방금 선생께선 알고 있다고 말씀하셨소. 그래서 이처럼 선생께선 같은 것들과 관련해서 자신인 이 사람이면서, 또한 다시 자신이 아니기도 하오."[96] 그가 말했네.

d

"좋습니다, 에우티데모스 님!" 하고 내가 말했네. "속담 그대로, 그러니까 말씀하시는 것들마다 모두가[97] 훌륭합니다. 그러면 우리가 찾고 있던 그 지식을 제가 어떻게 압니까? 이것은, 곧 '동일한 것이 이기도 하고 아니기도 하기(to auto einai te kai mē)'는, 실로 불가능하기에, 내가 정녕 하나를 알면, 모두를 아는 것이니, —내가 알면서 동시에 모르지는 않을 테니까—내가 모든 걸 알기에, 바로 그 지식 또한 갖고 있는 거죠. 그러니까 이런 말씀을 하시는 것이며, 이게 선생님들의 지혜인 것이기도 한가요?"[98]

---

95) 곧 "모르는 건 마찬가지"란 뜻으로 하는 말이겠다.

96) 여기에서 '같은 것들과 관련해서'는 '앎과 관련해서'를 말한다.

97) 텍스트 읽기에서 d3의 patageis는 BTW에 따라 panta legeis로 읽었다.

98) "같은 사람이 동시에 아는 사람이기도 하고 모르는 사람이기도 할 수는 없다"는 이른바 '무모순의 원리'에 입각한 주장인 궤변이다. 이는 어떤 걸 알면, [모두를] 아는 것이고, 어떤 걸 모르면, [모두를] 모르는 것이라는 주장이기도 하다. 소크라테스가 자신이 아는 것에 대해서 '바로 이것에 대해서(toutou ge autou)'라고(293c3) 그리고 모르는 것에 대해서도

e "선생께선 어쨌거나 스스로를 논박하고 계시오, 소크라테스 선생!"
그가 말했네.

"하지만, 어떻습니까, 에우티데모스 님, 선생님께서는 이 똑같은 처지에 처하신 게 아닌가요? 실은 제가 선생님과 그리고 친애하는 분이신 여기 이 디오니소도로스 님과 함께 무슨 일이든 겪고 있다면, 전혀 화날 것이 없겠기 때문입니다. 제게 말씀해 주세요. 두 분께서는 있는 것들 중에서 어떤 것들은 아시지만, 어떤 것들은 모르시지 않나요?"
내가 물었네.

"전혀 그렇지 않소, 소크라테스 선생!" 디오니소도로스가 대답했네.

"어떻게 하시는 말씀인지? 그러면 아무것도 모르시는 건가요?" 내가 물었네.

"오히려 많이 알고 있소." 그가 대답했네.

294a "그러시면 죄다 아시겠네요, 무엇이건 아실 테니까요?" 내가 물었네.

"죄다 알죠. 또한 선생께서도, 정작 하나라도 아신다면, 모두를 아

'어쨌든 그것에 대해서는(ekeinou ge)' 하고(293c6) 단서를 붙여 말했는데도, 그런 단언을 한 것이다. '하나를 알면, 모두를 아는 것'이 성립하려면, 그 '하나'가 '일반적인 것' 곧 '보편적인 것'이어야만 하지, '어떤 하나의 사례에 따른(secundum quid)' 것이어서는 안 될 것인데도 말이다. 그래서 아리스토텔레스는 그의 《소피스테스적인 논박들에 관하여》166b 38~167a3에서, 이런 오류는 어떤 특정한 사례를 절대적인(일반적인) 것으로 착각하는 데서 생기는 것으로 언급하고 있다. 다시 말해서, '어떤 하나의 사례에 따라 말한 것을 절대적으로 말한 것으로(a dicto secundum quid ad dictum simpliciter)' 간주하는 오류이다. 그리고 이 각주에서 처음에 언급한 엉성한 '무모순의 원리'와 달리 플라톤의 《국가(정체)》편, 436b~c에서 모순율에 대한 명쾌하고 정확한 의미규정을 만나게 되겠는데, 그건 이러하다. "동일한 것이 동일한 부분에 있어서 그리고 동일한 것에 대해서 상반된 것들(tânantia)을 동시에 행하거나 겪는 일은 없다."

시는 것이오." 그가 말했네.

"정말이지, 얼마나 놀라운 말씀을 하시는지! 얼마나 굉장한 일이 일어났는지! 다른 사람들 모두도 모든 걸 알거나, 아니면 아무것도 모른다는 게 아닌가요?" 내가 말했네.

"사람들이 어떤 것들은 알지만, 어떤 것들은 모른다고도, 그리고 또 동시에 알기도 하고 모르기도 하는 거라고도 나는 생각지 않기 때문이오." 그가 말했네.

"그러면 뭔가요?"[99] 내가 물었네.

"정녕 한 가지를 안다면, 모두가 모든 걸 알죠." 그가 말했네.

"신들께 맹세코, 디오니소도로스 님! ─두 분께서 이제는 진지하신   b
게 제게는 명백하니까, 저 또한 두 분께서 진지하시길 애써 청한 터라, [여쭙는데] ─두 분께서는 진실로 모든 걸 아십니까? 이를테면, 목공 기술과 갖바치 기술도요?" 내가 물었네.

"물론이오." 그가 대답했네.

"두 분께서는 신발 바느질도 할 수 있으신가요?"

"또한, 맹세코, 꿰맬 수도 있소." 그가 말했네.

"실로 이런 것들까지도, 곧 별들과 모래가 얼마나 많은지도 아시는지?"

"물론이오. 선생은 우리가 그 동의는 안 할 걸로 생각하신 거요?" 그가 물었네.

그러자 크테시포스가 받아서 말했네. "맹세코, 디오니소도로스 님, 이것들에 대한 이런 어떤 증거를 제게 보여 주십시오. 그것으로써 두   c
분께서 진실을 말씀하신다는 걸 제가 알게 될 증거 말씀입니다."

---

99) Alla ti;는 "하지만 왜죠?"로 옮겨도 되겠다.

"무엇을 내가 보여 드릴까?" 그가 물었네.

"선생님께서는 에우티데모스 님이 몇 개의 치아를 가지셨는지 아시며, 또한 에우티데모스 님께서도 선생님이 몇 개를 가지셨는지 아시는지요?"

"자네에겐 우리가 모든 걸 알고 있다는 걸 듣는 것으로는 만족하지 못한 건가?" 그가 물었네.

"전혀요. 하지만 이것만은 덧보태어 말씀해 주셔서 두 분께서는 진실을 말씀하신다는 걸 증명해 주십시오. 그리고 두 분 각자가 몇 개씩 가지셨는지 두 분께서 말씀해 주시고, 우리가 그 수를 세고서 두 분께서 제대로 아신 걸로 판명된다면, 그땐 저희가 다른 것들에 대해서도 승복할 것입니다." 그가 말했네.

d   실상 두 사람은 놀림을 당하고 있다는 생각을 하고서는, 그러려 하지는 않고, 크테시포스에게서 질문받은 것 하나하나와 관련해서 죄다 안다고 했네. 왜냐하면 크테시포스는 아주 까놓고 끝내주게 무엇이나 질문해 대지 않는 것이 없었는데, 심지어는 지극히 부끄러운 것들까지도 그들이 아는지 물었네. 두 사람은 질문들에 대해 지극히 대담하게 정면 대응을 했네. 자신들이 알고 있다고 하면서 말일세. 마치 멧돼지들이 자신들에 대한 두들겨 팸에 맞서 돌진하듯이. 그래서, 아크리톤, 나 자신조차도 믿기지가 않아서, 마침내 묻지 않을 수가 없었

e   네. 디오니소도로스께서 춤출 줄은 아시는지를.

"물론이오." 그가 대답했네.

"그 연세로, 칼들이 세워진 바퀴 위로 재주넘기를 하시며 도신다고는[100] 생각지 못하겠네요. 그렇듯 멀리 지혜의 경지에 이르신 건가

---

100) 크세노폰의 《향연》 II, 11에 무희의 이런 재주를 소크라테스가 구경

요?" 내가 물었네.

"못할 것은 아무것도 없소." 그가 말했네.

"그러면 두 분께서는 모든 것을 지금만 아시는 건가요 아니면 항상 알고 계시기도 하는 건가요?" 내가 물었네.

"항상 알고 있기도 하오." 그가 대답했네.

"두 분께서 아이였을 때도 또한 태어났을 때부터도 곧장 모든 걸 아셨던가요?"[101]

그들 둘이 동시에 그렇다고 대답했네.

그리고 우리에게는 그 일이 신뢰가 가지 않는 것으로 여겨졌네. 그런 터에 에우티데모스가 물었네. "소크라테스 선생, 믿기지가 않소?"

"두 분께서 지혜로우실 것 같다는 점을 제외하고는요." 내가 말했네.

"그러나 만약에 선생께서 내게 대답을 하고자 하신다면, 선생께서도 이 놀라운 것들에 대해 동의할 것임을 내가 증명해 보일 것이오." 그가 말했네.

"좋습니다. 실은 이것들에서 제가 논박당한다는 건 더할 수 없이 즐거운 일일 테니까요. 제 자신이 지혜롭다는 걸 알지 못하고 있는 터에, 선생님께서 제가 모든 것을, 그것도 늘 알고 있음을 입증해 보여 주신다면, 이보다 더 큰 무슨 천행을 일생을 통해 제가 만날 수 있겠습니까?" 내가 말했네.

"그러면 대답하시오." 그가 말했네.

하는 장면이 나온다. 플라톤의 《향연》편 190a에도 재주넘기 곡예를 하는 사람들에 대한 비슷한 표현이 보인다.

101) 이른바 플라톤의 상기(anamnēsis)설을 연상케 하는 주장이다. 이와 관련된 제대로 된 언급을 296c에서 만나게 되니, 이와 관련되는 《메논》 편에서의 언급 내용은 그때 각주로 다루겠다.

b　"대답할 참이니, 물으세요."

"그러면, 소크라테스 선생, 선생께서 알고 있음은 어떤 것에 대해선 가요 그렇지 않은가요?" 그가 물었네.[102]

"저로서는 그렇죠."

"그러면 선생께서 알고 있음은 어떤 것에 의해서고, 이것에 의해서 또한 아는가요, 아니면 다른 어떤 것에 의해선가요?"

"그것에 의해서 안다 하시는데. 저는 선생님께서 실은 혼[103]을 말씀 하시는 걸로 생각합니다. 혹시 이를 말씀하시는 게 아닌가요?"

"부끄러워하지 않으시네요, 소크라테스 선생? 질문을 받을 처지에 서 되레 질문을 하시는 게요?" 그가 말했네.

"좋습니다. 하지만 제가 어떻게 할까요? 선생님께서 하라는 대로 할 테니까요. 선생님께서 물으시는 걸 제가 모를 때, 그럴 때라도 저 는 대답을 할 것이지, 질문을 하지는 말라는 건가요?" 내가 물었네.

c　"내가 말하는 바를 선생께선 뭔가 이해는 하실 게 분명하니까요."

"저야 그렇죠." 내가 말했네.

"그러면 선생께서 이해하시는 바, 그 관점에서 대답하시오."

"그렇다면 가령 선생님께서 뭔가를 달리 생각하시고서 질문을 하시 는데, 저는 [저대로] 달리 이해하고서는, 이에 대해 대답을 할 경우에, 제가 전혀 적절히 대답을 하지 않더라도, 선생님께 만족스러울까요?"

---

102) 295b부터 296d4는 '궤변 10'이다.

103) 앞의 물음에서 '어떤 것에 의해서(hộ)고, 이것에 의해서(toutộ)'에는 그 수단이 명시되지 않은 공허한 것이고, 소크라테스가 그걸 명시적으로 '혼(psykhē)'으로 밝히고 있다. 그런 소크라테스를 앞서가며, 자기의 물 음에 조건을 달고 있다고 나무라고 있는 셈이다. 같은 나무람은 296a1~2 에서도 계속되고 있다.

내가 물었네.

"적어도 내게는 그럴 것이오. 하지만, 내가 생각하듯, 어쨌든 선생으로서는 그러지 않을 것이오." 그가 대답했네.

"그러니까, 맹세코, 제가 이해하기 전에는 대답하지 않을 겁니다." 내가 말했네.

"선생은 자신이 늘 이해하고 있는 것과 관련해서 대답을 하지 않고 있소. 계속해서 허튼소리를 하며 정도 이상으로 늙다리 짓을 하고 있어서요." 그가 말했네.

나 또한 그가 말한 걸 판별하는 내게 대해 화를 내고 있다는 걸 알았는데, 그는 나를 낱말들로 포위해서 포획하고자 했던 것이네.[104] 그래서 나는 코노스를 상기하게 되었네. 그분은 내가 자신에게 순종하지 않을 때마다 화를 내시다가, 나중에는 무식하다며 내게 마음을 덜 쓰게 되셨지. 그렇더라도 나는 그분 수업에는 참여할 결심을 하고서, 복종해야만 한다고 생각했어. 나를 짓궂다고 여기고서 학생으로서 받아들이지 않지는 않았으면 해서였지. 그래서 내가 말했네. "하지만 에우티데모스 님, 만약에 그러는 게 좋을 것으로 선생님께 여겨지신다면, 그리해야죠. 선생님께서는 문외한의 [대화] 기술을 가졌을 뿐인 저보다는 전적으로 더 훌륭하게 대화하실 줄을 아마도 아시겠기 때문입니다. 그러니 처음부터[105] 다시 물으세요."

"그러면 다시 대답하시오. 선생께선 선생이 아는 것들을 무엇인가에 의해서 아는가요 아니면 그렇지 않은가요?" 그가 물었네.

"저로서야 어쨌든 혼에 의해서 압니다." 내가 대답했네.

---

104) 이 대목에서 Hawtrey는 소피스테스가 말재주를 부리지, 진실성에는 관심이 없음을 독자에게 환기시키고 있다.

105) 여기서 말하는 '처음부터'의 '처음'은 '295b2'를 말한다.

"이분이 질문받은 것들에 또 덧붙여서 대답을 하시누만. 나로서는 무엇에 의해서 아는지를 물은 것이 아니고, 뭔가에 의해서 아는지를 물은 것이기 때문이오." 그가 말했네.

"또다시 필요 이상으로 더 대답을 했는데, 교육 부족으로 인해섭니다. 하지만 용서해 주세요. 제가 아는 것들은 뭔가에 의해서 안다고 이미 단순하게 대답하고 있으니까요." 내가 말했네.

"어쨌거나 언제나 동일한 이것에 의해선가요, 아니면 때로는 이것에 의해서지만, 때로는 다른 것에 의해선가요?" 그가 물었네.

"제가 알 때는, 언제나 이것에 의해섭니다." 내가 대답했네.

"조건 달기를 또 멈추지 않는군요?" 그가 말했네.

"하지만 이는 이 '언제나(aei)'가 우리를 걸려 넘어지게 하는 것이 아니도록 하느라 해섭니다."

b   "어쨌든 우리를 그러지는 못할 것이나, 만약에 그게 그런다면, 선생을 그럴 것이오. 하지만 대답하시오. 실로 언제나 이것에 의해서 선생은 아시오?" 그가 물었네.

"언제나요. '[알] 때는(hotan)'을 떼어내야만 한다 하시니." 내가 말했네.

"그러니까 언제나 이것에 의해서 선생은 아시오. 언제나 아시는데, 어떤 것들은 선생께서 아시게끔 해 주는 이것에 의해서 아시나, 어떤 것들은 다른 것에 의해서 아시는지, 또는 이것에 의해서 모든 것을 아시는지?"

"적어도 제가 아는 것들 모두는 이것에 의해섭니다." 내가 말했네.

"이게 그것이네요. 같은 조건이 달렸소그려."

"하지만 '적어도 제가 아는 것들 모두'는 취소합니다." 내가 말했네.

"그러나 하나도 취소하지 마시오. 아무것도 선생께 내가 요구하지

않으니까. 그러나 대답해 주시오. 선생께서는 모든 걸 아시진 못하는 c
데, 모든 걸 아실 수 있겠소?" 그가 물었네.

"실상 그건 기이한 일일 것입니다." 내가 말했네.

또한 그가 말했네. "그러면 이제는 선생이 원하는 걸 무엇이든 덧붙
이시오. 모든 걸 안다고 동의하는 터이니."

"그런 것 같습니다. '제가 아는 것들'이란 표현은 어쨌거나 아무런
효능도 없으니, 모든 것을 제가 아는 거죠." 내가 말했네.

"그러니까 선생께선 선생이 그것으로써 아는 이것으로써 언제나
안다고 동의하셨소. 선생께서 아실 때나 또는 원하시는 식으로 말이
오. 선생께서 언제나 알고 동시에 모든 것을 안다고 동의하셨기 때문
이오. 그러니까 선생께서 아이였을 때도, 태어났을 때도, 잉태되었을
때도, 아셨던 게 명백하오.[106] 자신이 존재하게 되기 전에도, 하늘과 d
땅이 생기기 전에도, 선생께선 모든 것을 아셨소. 정녕 선생께서 언
제나 알고 있었다면 말이오. 또한 맹세코, 선생 자신이 언제나 아실
것이며 모든 것을 아실 것이오. 내가 그리 원한다면 말이오." 그가 말

---

106) 에우티데모스는 자신도 모르는 사이에 플라톤의 이른바 상기설을 연
상케 하는 발언을 하고 있다. 《메논》편의 81b~86b에서는 탐구하고 배
우는 걸 상기함(anamnēsis)이라 말하고 있는데(81d), 옛날에 종교에 밝
은 사람들이 인간의 혼(psykhē)은 죽지 않으며(athanatos) 다시 태어나
기(palin genesthai)를 거듭하기에, 무엇이나 배우지 못한 것이 없다고 한
다. "온 자연이 동족 관계에 있고 또한 혼은 모든 것을 배웠으므로, 하나
만이라도 상기하게 된 —바로 이걸 사람들이 배움(mathēsis)이라 일컫는
데 —이 사람이 다른 모든 것을 알아내는 걸 막을 것은 아무것도 없다."
고. 이를 입증하기 위해 소크라테스는 메논이 데리고 온 노예 소년을 상
대로 한 변이 2피트인 정사각형의 면적을 구하게 한 다음, 이의 두 배가
되는 면적을 갖는 도형(한 변이 2√2인 정사각형)을 알아내게 하는 데 성
공한다.

했네.

허나 내가 말했네. "아, 드높이 경배할[107] 에우티데모스 선생님이시여! 참으로 진실을 말씀하시는 거라면, 원해 보시죠. 그러나 저는 선생님께서 능히 그러실 수 있으리라고는 썩 믿기지가 않네요. 여기 계신 당신의 형님께서 조언을 당신께 해 주시지 않는다면 말씀입니다. 그렇게라면, 어쩌면." 또한 내가 말했네. "말씀들 해 주세요. 다른 것

e 들은 제가 두 분과 어떻게 말다툼을 할 수 있겠어요. 제가 모든 걸 알지는 못한다고 하자, 두 분께서는 제가 모든 걸 안다고 말씀하셨으니, 그처럼 지혜에 있어서 경이로운 분들인 터라. 그러나 에우티데모스 선생님이시여, 이런 것들을, 곧 선한(훌륭한) 사람들이 불의하다(올바르지 못하다)는 걸[108] 제가 안다고 어떻게 말하겠습니까? 자, 말씀해 주세요. 이를 제가 아는가요 아니면 알지 못하는가요?"

"물론 선생은 아시오." 그가 말했네.

"무엇을 안다는 것인지?" 내가 물었네.

"훌륭한 사람들은 올바르지 않다는 걸."

297a "그야 물론 오래전부터죠. 하지만 이걸 제가 묻고 있는 게 아닙니다. 제가 묻는 것은 선한 사람들이 불의하다는 것, 이걸 제가 어디서 배웠느냐는 겁니다." 내가 말했네.

"어디에서도 배우지 않았소." 디오니소도로스가 말했네.

---

107) 여기에서 '드높이 경배할'로 옮긴 polytimēte는 신에 대해서나 쓰는 표현이고, 사람에게 쓴 건 빈정대는 뜻으로 한 것이라고 Liddell & Scott 의 대사전에서도 밝히고 있다. 신이 아니고서도, 자기가 원한다면, 상대가 모든 것을 알 것이라니! 듣기에도 참으로 황당할 일이고 발언이 아닐 수 없겠다.

108) 《국가(정체)》편 1권 348e~349a에서 소크라테스가 트라시마코스의 주장의 요지를 정리해서 말하는 대목이 바로 이런 주장이다.

"그렇다면 이를 저는 알지 못하고 있는 것이네요."[109] 내가 말했네.

"형님은 논의를 망치고 있어요. 여기 이 사람은 알지 못하는 사람으로, 또한 아는 사람이면서 동시에 알지 못하는 사람으로 판명될 것입니다." 에우티데모스가 디오니소도로스를 향해 말했네. 그래서 디오니소도로스의 얼굴이 붉어졌네.

"하지만 무슨 말씀을 하시는 겁니까, 에우티데모스 님? 모든 걸 아시는 형님께서 옳지 못하게 말씀하시는 것으로 생각되십니까?" 내가 물었네.

"내가 에우티데모스의 형이기 때문인가요?" 디오니소도로스가 재빨리 말허리를 자르고서 말했네.

그리고 내가 말했네. "그건 그냥 두세요, 친애하는 분이시여! 에우티데모스가 선한 사람들이 불의하다는 걸 제가 알고 있음을 제게 가르쳐 주셔서, 제게 대해 이 배움에 인색해하지 않으실 때까지는."

"도망하시네요, 소크라테스 선생! 그러고서 대답하지 않으시려 하고." 디오니소도로스가 말했네.

"어쨌든 그럴 만도 하죠. 두 분 중의 어느 쪽에 비해서도 제가 약한 탓으로, 어쨌든 두 분을 피하지 않을 도리가 없네요. 아마도 저는 헤라클레스보다는 훨씬 변변찮을 테니까요. 이 사람도 히드라를 상대로는 싸워 낼 수가 없었죠.[110] 이 히드라는 여성 소피스테스여서, 누군

---

109) 결국 동일한 사람이 알기도 하고 모르기도 할 수는 없다고 한 두 형제가 자신들이 내세운 주장의 함정에 스스로들 빠지게 된 꼴이다.

110) 헤라클레스(Hēraklēs)가 치르게 되어 있던 열두 노역(勞役) 가운데 하나로 히드라(Hydra)의 처치가 꼽힌다. 히드라는 독 있는 물뱀이었는데, 여러 개의 머리를 갖고 있는데다가, 이건 하나를 베면, 둘이 새로 난다. 게다가 이 히드라 처치도 힘겨워하는 판에 바다에서 온 커다란 게가 물어 대는 공격까지 받게 된다. 이에 헤라클레스는 조카 이올라오스

가가 그 논변(logos)의 머리 하나를 베어내면, 그 지혜로 해서 그 하나 대신에 여럿을 돋아나게 하고, 또한 바다에서 막 이른 또 다른 소피스테스인 게까지 상대해서라고 제게는 생각되는군요. 이 자가 그를 이처럼 왼쪽에서 주절거리며 물어 대고 괴롭히니, 조카 이올라오스를 도와달라고 불렀더니, 이 조카가 그를 족히 도왔던 거죠. 그러나 저의 이올라오스[111]가 온다면, 오히려 그가 역효과를 낼 것입니다." 내가 말했네.

"선생의 그 노래가 끝나면, 대답하시오. 이올라오스는 선생의 조카이기보다는 헤라클레스의 조카인가요?" 디오니소도로스가 물었네.

"아, 디오니소도로스 님! 이제 저로선 선생님께 대답을 하는 것이 더없이 좋겠네요. 질문하시길 멈추지 않으실 테니까요. 이 점은 제가 대충은 잘 알겠네요, 에우티데모스 님께서 저 지혜로운 걸[112] 제게 가르쳐 주시는 걸 못 하게끔 시기하고 방해하시느라 해서인 걸." 내가 말했네.

"그러면 대답하시오." 그가 말했네.

"그러니까 제 대답은 이올라오스는 헤라클레스의 조카였지만, 제

(Iolaos)의 도움을 청해, 히드라의 머리를 하나씩 베는 족족, 이를 이올라오스가 불로 지지게 하여, 다시 새로운 머리가 생겨나지 못하도록 처치한 뒤에, 가운데 남은 하나의 불사의 머리는 바위 아래 묻어 버림으로써, 마침내 이 괴물이 처치되었다 한다. 그런데 Hydra가 헬라스어로는 여성이기 때문에 원문에서는 '여성 소피스테스(sophistria)'로 비유되어 지칭되고 있다. 히드라에 대한 비유는 《파이돈》편 89c 및 《국가(정체)》편 426e에도 보인다.

111) 텍스트 읽기에서 이곳의 [Πατροκλῆς]는 표시 그대로 삭제했다. 본문의 난 밖에 적힌 방주가 필사 과정에서 본문 속으로 들어온 것으로 간주된다.

112) 이는 '선한 사람들이 불의하다는 것'이다.

게 그리 생각되듯, 저의 경우에는 어떤 식으로든 전혀 그게 아니라는 겁니다. 왜냐하면 저와 형제간인 파트로클레스는 그의 아버지도 아니 었지만,[113] 헤라클레스와 형제간이었던 이피클레스는 이름이 비슷했 기[114] 때문입니다." 내가 말했네.   e

"한데 파트로클레스는 선생과 형제간이시오?" 그가 물었네.

"물론입니다. 어쨌든 어머니는 같지만, 아버지는 같지가 않습니다." 내가 말했네.

"그러니까 그는 선생과 형제이기도 하고 형제가 아니기도 하네 요."[115]

"어쨌든 아버지는 같지 않죠, 선생님! 그의 선대인은 카이레데모스 이셨으나, 저의 선대인은 소프로니스코스이셨죠." 내가 말했네.

"소프로니스코스와 카이레데모스가 아버지들이셨네요."

"물론입니다. 한 분은 저의 선대인이셨고, 다른 분은 그의 선대인이 셨죠." 내가 말했네.

"그러니까 카이레데모스는 선대인과는 다른 분이 아니었소?" 그가   298a 물었네.

"어쨌든 저의 선대인과는." 내가 말했네.

"그러니까 그분은 아버지와 다른 분이면서 아버지였소? 혹시 선생

---

113) 파트로클레스는 소크라테스와 친형제도 아닌 반쪽 형제일 뿐이고, 따라서 이올라오스와 같은 조카가 있어서 그의 도움을 받을 처지도 아니 라는 뜻으로 이런 복잡한 관계의 말을 하고 있는 것으로 짐작된다.

114) Hēraklēs와 친형제이고 Iolaos의 아버지인 Iphiklēs 사이에는 -klēs라 는 공통된 이름자도 있었다는 말이다.

115) 여기서부터 디오니소도로스는 소크라테스의 "아버지[소프로니스코 스]와 다른 카이레데모스는 아버지가 아니다"라는 궤변 추론(궤변 11)을 이끌어 내려 한다. 역시 개별적인 특정 사례를 일반화하는 주장이겠다.

은 돌과도 같은 분¹¹⁶이시오?"

"저로서는 선생님으로 해서 제가 그 같은 사람으로 보이지 않을까 두렵습니다. 하지만 저로선 그리 생각되지 않습니다." 내가 말했네.

"그렇다면 선생은 돌과는 다른가요?" 그가 물었네.

"물론 다릅니다."

"그러니까 돌과는 다르다면, 선생은 돌이 아닌 게 아니고 무엇이겠소? 또한 금과 다르다면, 선생은 금이 아니겠고?"

"그것들은 그렇습니다."

"그러니까 카이레데모스 또한 아버지와는 다르기에, 아버지가 아니오."¹¹⁷ 그가 말했네.

"아버지가 아닌 것 같네요." 내가 말했네.

b　"왜냐하면 만약에 카이레데모스가 아버지인 게 틀림없어서, 이번에는 다시 소프로니스코스가 아버지와는 다른 분이고 아버지가 아니라면, 소크라테스 선생, 그대는 아버지가 없게 되는 것이니까요." 에우티데모스가 말허리를 자르고서 말했네.

또한 크테시포스가 받아서 말했네. "이번에는 두 분의 선대인께서도 이와 똑같은 처지를 겪게 되신 게 아닌가요? 그분께서도 저의 대인과는 다른 분이시죠?"

"천만에." 에우티데모스가 말했네.

116) 헬라스어에서 누군가를 돌(lithos)에 빗대어 말함은, '어리석다'든가 '무감각하다'는 뜻으로 하는 말이다. 우리말에도 돌에 빗댄 표현으로 '바보' 곧 '돌대가리'의 뜻과 '무감각하다'는 뜻의 '돌부처'의 비유가 있다. 뒤의 경우에 대한 비유는 《고르기아스》편 494a에 보이며, 앞의 경우에 대한 비유가 여기에서의 것이겠다.

117) 텍스트 읽기에서 Burnet 판 298a8의 οὔκουν … [οὐκ ἄν]을 Budé 판 등의 읽기에 따라 οὐκοῦν … οὐκ ἄν으로 읽음.

"그러면 같은 분이신가요?" 그가 물었네.

"물론 같은 분이시오."

"저는 동의할 수 없겠네요. 그러면 에우티데모스님, 저의 아버지이   c
시기만 한 건가요, 아니면 다른 모든 사람들의 아버지이시기도 한가
요?"

"다른 사람들의 아버지이시기도 하오. 혹시 선생은 같은 분이 아버
지이시기도 하고 아버지가 아니시기도 하다고 생각하오?"[118] 그가 말
했네.

"물론 저는 그런 생각이었습니다." 크테시포스가 말했네.

"어떻소? 금이면서 금이 아닐 수 있소? 또는 사람이면서 사람이 아
닐 수는?" 그가 물었네.

"에우티데모스 님, 혹시 속담 그대로 아마를 아마와 결합하시고 있
지 않는 게 아니신지. 선생님의 아버지를 모두의 아버지로 말씀하신
다면, 놀라운 일을 말씀하시는 거니까요." 크테시포스가 말했네.

"하지만 그러하시네." 그가 대답했네.

"사람들의 아버지이시라는 건지요? 또는 말들과 그 밖의 다른 모든
동물들의 아버지이시기도 하다는 건가요?" 크테시포스가 물었네.

"그들 모두의." 그가 대답했네.   d

"실로 어머니께서도 모두의 어머니이신가요?"

"물론 어머니께서도."

"또한 그러니까 성게들의, 선생님의 어머니께서는 성게들의 어머니
이시기도 하네요." 그가 말했네.

"자네의 어머니께서도." 그가 말했네.

---

118) 궤변 12이다. 앞뒤 같은 궤변들의 요약인 셈이다.

"그러니까 선생님께서는 모샘치들과 강아지들 그리고 새끼 돼지들의 형제이시네요."

"자네 또한 그러하니까." 그가 말했네.

"그러고 보니 자네 아버지는 멧돼지이고 개인 게야."[119]

"선생님의 경우에도 그러하니까요." 그가 대꾸했네.

"크테시포스여, 자네가 내게 대답하는 즉시, 자네는 이에 동의할 것이네. 내게 대답하게나. 자네에게는 개가 있는가?" 디오니소도로스가 물었네.

"그것도 몹시 사나운 것입니다." 크테시포스가 대답했네.

e "그러면 그 새끼들도 있고?"

"그걸 또한 닮은 그런 것들이죠." 그가 말했네.

"그러니까 그 개가 그것들의 애비가 아니겠나?"

"그 개가 암캐를 올라타는 걸 제가 확실히 보았죠." 그가 말했네.

"그러니까, 어떤가? 그 개는 자네 것이 아닌가?"

"그야 물론이죠." 그가 대답했네.

"그렇다면 그건 아비이고 자네 것이어서, 그 개는 자네 아버지가 되고 자네는 강아지들의 형제가 되지 않겠는가?"

다시 또 디오니소도로스는, 크테시포스가 무슨 말을 먼저 말하지 못하게 하느라, 잽싸게 말을 가로채고서는 말했네. "그리고 작은 걸 더 내게 대답해 주게나. 자네는 이 개를 때리는가?"

그래서 크테시포스가 웃고서는 말했네. "신들에 맹세코, 선생님을 때릴 순 없으니까요."

"그러면 자네는 자네 춘장을 때리는가?" 그가 물었네.

---

119) 298d7~e5가 궤변 13에 해당한다.

"정말이지 제가 선생님의 선대인을 때리는 게 훨씬 더 온당하겠네 299a
요. 이처럼 지혜로우신 자제분들을 무슨 생각을 하시고서 낳으셨는지
해섭니다. 에우티데모스님, 어쩌면 두 분의 이 지혜로 해서 두 분의
선대인과, 또한 강아지들의 애비는 많은 좋은 것들의 혜택을 입으셨
을 것으로 생각합니다만." 그가 말했네.

"그분께서는 많은 좋은 것들이 전혀 필요치 않으시네,[120] 크테시포
스! 그분도 자네도 말일세."

"에우티데모스님, 선생님 자신도 필요치 않으신가요?" 그가 물었네.

"다른 누구도. 크테시포스여, 대답해 주게나. 아픈 사람에겐 약을
복용하는 것이, 그게 필요할 경우에는, 좋은 것이라고 생각하는지 아 b
니면 좋지 않은 것으로 자네에겐 생각되는지. 또는 전쟁에 출정할 때,
무장을 갖추지 않고 가는 것보다는 무장을 갖추고 가는 것이 더 좋은
것인지."

"제게는 그리 생각됩니다. 하지만 저는 선생님께서 무슨 교묘한 걸
말씀하시려는지 생각하고 있습니다." 그가 말했네.

"자네가 아주 잘 알게 될 걸세. 대답이나 하게. 필요할 경우에는, 사

---

120) 아무래도 빈정대는 말로 여겨지기에 하는 대답이겠다. 어쨌거나 에
우티데모스의 이 대답이 '궤변 14'가 된다. 흔히 우리가 좋은 것들로 일컫
는 것들은 그것들 자체로 좋은 것들이 아니다. 때로는 얼마든지 나쁜 것
들로 되기도 하는 것이겠기 때문이다. 이를테면, '힘셈'은 좋은 일을 할
수 있게 하는 것이기도 하지만, 마음먹기에 따라 살인의 수단이 될 수도
있겠기 때문이다. 참으로 좋은 것은 그것들을 선용할 수 있는 지혜일 것
이고, 따라서 지혜야말로 그 자체로 좋은 것일 것이다. 수단들일 뿐인, 그
래서 지혜가 수반되지 않을 때의 이른바 좋은 것들은 오히려 얼마든지 나
쁜 것들로 될 수도 있으니, 행위의 수단일 뿐인 것들을 갖고, 더구나 그
많고 적음을 갖고 시비할 일이 아니겠다. 그 행위의 성격에 따른 어떤 것
의 '적정함'이 있겠기 때문이다.

람이 약을 복용하는 게 좋다는 데 자네가 동의하고 있는 터이니, 이 좋은 것을 복용해야만 하는 게 아니고 뭐겠으며, 그 경우에 누군가가 그 환자에게 마차 한 대 분량의 '헬레보로스'를 갈아서 타 주는 게 좋지 않겠는가?"[121] 그가 말했네.

c 그리고 크테시포스가 말했네. "에우티데모스 님, 그야 그걸 마시는 자가 델피에 있는 조각상[122] 정도의 크기라면, 아주 거뜬히 감당하겠죠."

"그러니까 전쟁에서도 중무장을 갖추는 것이 좋으므로, 창과 방패들을 최대한으로 많이 가져야만 하는가?" 그가 물었네.

"아마도 많이 가지는 게. 하지만, 에우티데모스님, 선생님께서는 그리 생각지 않으시고, 하나의 방패와 하나의 창을[123] 생각하시겠죠?"

---

121) 이런 추론을 Sprague는, 293d의 각주에서 언급했던 경우, 곧 '어떤 하나의 사례에 따라 말한 것을 절대적으로 말한(a dicto secundum quid ad dictum simpliciter)' 경우와 정반대가 되는 추론(a dicto simpliciter ad dictum secundum quid)으로 말하고 있다. 그러나 이는 어떤 조건하에서, 곧 해당되는 환자에게 알맞은 때에 알맞은 양의 약을 투약한다는 전문적인 일반적 지식이 전제된 때의 추론이어야 할 것이다. 그리고 helleboros(텍스트에서의 elleboros는 오식임)는 영어로 hellebore로 그대로 음역되고 있는 것으로, 유럽산 미나리아재비과 Helleborus속 식물 또는 백합과 Veratrum속 식물을 지칭하며, 그 뿌리를 말려 갈아서 미친 사람에게 투약했다고 하는데, 일종의 살충제로도 사용되었다고 한다.

122) 이 조각상인지는 확실치 않으나, 살라미스 해전 뒤에 페르시아 침략군한테서 탈취한 전리품들로 만든 12완척이나 되는 조상이 델피에 세워져 있었는데, 손에는 뱃머리 모양의 것을 들고 있었다 한다. 그야 물론 아폴론 상이었을 것이다. 헤로도토스 《역사》 VIII. 121 참조. *1완척(pēkhys=cubit)은 팔꿈치에서 가운뎃손가락 끝까지의 길이를 지칭한다.

123) 당시의 중장비보병(hoplitēs)의 무장이 그랬다. 당시의 아테네에서는 기병대를 동반하는 중장비보병들(hoplitai)의 밀집횡대를 이룬 전열이 기본이었다.

크테시포스가 물었네.

"나로서는."

"그러면 선생님께서는 게리온[124]도 브리아레오스[125]도 이런 식으로 무장시키겠습니까? 저는 선생님께서 중무장 상태로 싸우시는 분이시라, 여기 계신 동지 또한 그러신 터라,[126] 남달리 능란하실 걸로 생각했으니까요." 그가 말했네.

한데 에우티데모스는 침묵했네. 그러나 디오니소도로스는 앞서 크테시포스가 했던 대답들에 대해 그에게 물었네. "그러니까 금 또한 갖   d
는 게 좋은 걸로 자네에겐 생각되지 않는가?" 하고.

"전적으로 그렇습니다. 이것들도 어쨌든 많이요." 크테시포스가 대답했네.

"어떤가? 좋은 것들은 언제나 그리고 어디에서나 가져야만 하는 걸로 자네에겐 생각되지 않는가?"

"확실히 그렇습니다." 그가 대답했네.

---

124) 헤라클레스의 노역들(erga)로는 흔히 12가지를 꼽는데, 이것들 가운데 하나가 여기에서 언급되고 있는 Gēryōn(또는 Gēryonēs)의 소를 가져오는 것이었다. 그는 이 세상 서쪽 끝 오케아노스의 에리테이아(Erytheia: '홍도'라는 뜻)섬으로 가서 허리 부분에서 셋으로 나뉜 몸통과 머리를 가졌고 날개까지 달렸다는 식인 괴물인 거인 게리온을 처치하고 그의 소유물인 이 소를 데리고 온다.

125) Briareōs는 우라노스와 가이아의 세 소생들 중의 하나로서, 50개의 머리와 100개의 손을 가진 괴물이었다고 한다. 그 때문에 티탄들(Titanes)과의 싸움(Titanomakhia)에서 제우스를 도울 수도 있었다고 한다. 이 괴물과 게리온에 대한 비유가 《법률》편 795c에서 여기에서처럼 함께 언급되고 있다.

126) 이들 형제가 온갖 경기에서뿐만 아니라, 중무장 상태로 싸우는 것에서도 능란했다는 언급은 271d에서 이미 했다.

"그러니까 금 또한 좋은 것이라고 동의하는가?"

"물론 동의했습니다." 그가 대답했네.

"그러면 이건 언제나 어디서나 그리고 특히 제 속에 지녀야만 하는
e 가? 그래서 그 위 속에는 금 3탈란톤을, 두골 안에는 1탈란톤을, 반
면에 각각의 눈 속에는 금 1스타테르를 갖는다면,[127] 더없이 행복하겠
는가?"

"에우티데모스 님, 그래서 스키테스인들 중에서 가장 행복하고 가
장 훌륭한 사람들을 이런 사람들이라 말한답니다. 자신들의 [것들로
소유한] 두골 안에 많은 금을 가진 자들을요. 마치 방금 선생님께서
개가 저의 아버지라 말씀하신 것처럼. 게다가 한결 더 놀라운 것은 금
을 입힌 [자신들이 다듬어 가진] 두골에 술을 부어 이를 마시기까지
하는데, 자신들의 손 안에 그 정수리를 쥐고서는 그 속을 들여다보면
서 말입니다."[128] 크테시포스가 말했네.

300a "스키테스인들도 다른 사람들도 볼 수 있는 것들을 보는가 또는 볼
수 없는 것들을 보는가?"[129] 에우티데모스가 물었네.

"볼 수 있는(보이는) 것들이겠죠."

"그러니까 자네도?" 그가 물었네.[130]

---

127) 1 talanton=25.86kg이며, 1 statēr=8.62g이다. 화폐 단위로는 앞 것
은 6,000드라크메(drakhmē)이고, 뒤의 것은 2드라크메이다.

128) 헤로도토스 《역사》 IV. 65d에 스키테스(Skythēs: 스키타이)인들의
이런 관습에 대한 기록이 보인다.

129) '궤변 15'에 해당하는 것이다. '볼 수 있는 것들(ta dynata horan)'을
봄'에서 '사람들이 볼 수 있는(곧 보이는) 것들을 봄'과 '사물들 자체가
볼 수 있음'을 뜻하는 두 경우를 뜻할 수 있다 해서다.

130) 300a 3행의 텍스트 읽기들이 잘못된 것 같아, 고쳐 옮겼다. … καὶ
σύ, ἔφη;를 … καὶ σύ; ἔφη.로 읽음.

"저도요."

"그러면 자네는 우리의 두름겉옷들[131]을 보는가?"

"네."

"그러니까 이것들은 볼 수 있는 것들이네."[132]

"놀랍습니다." 크테시포스가 말했네.

"왠가?" 그가 물었네.

"아무것도 아닙니다. 그러나 선생님께선 그것들이 볼 수 있다고는

---

131) himation의 번역어이다. 이 옷에 대해서는 《카르미데스》편 155d의 해당 각주에서 긴 설명을 했지만, 그걸 찾아보는 수고를 덜기 위해, 그대로 옮겨 놓겠다. 망토(manteau) 또는 cloak로도 번역하는 것이지만, 이것들은 단순히 소매 없이 어깨 위로 걸쳐서 둘러 입는 옷이겠다. 반면에 '히마티온'은 큰 장방형의 통짜 옷감(기본은 모직) 한쪽 끝을 손으로 접어 모아 쥔 다음, 이를 왼쪽 어깨 뒤쪽으로 해서 당겨 넘기는데, 이때 옷감은 잔뜩 주름이 잡힌 상태가 된다. 계속해서 이런 상태의 이 옷감을 단단히 쥔 상태로 몸과 왼팔 윗부분 사이로 해서 갈비뼈에 압박을 가하듯 당겨 내린다. 그리고선 오른손으로 이를 몸 뒤쪽으로 손끝까지 당겨서 처음 시작된 곳과 만나게 하면, 이 옷단은 낮은 끝이 장딴지 중간쯤에 매달리게 된다. 이렇게 해서 일단 몸의 오른쪽까지를 둘러싸는 겉옷 차림이 마무리 되는 셈이다. 그러나 오른쪽 끝마무리를 정작 어떻게 할 것인지가 선택사항이 된다. 이를테면, 오른손과 팔이 자유롭도록 하려면, 그 옷감을 오른쪽 어깨 아래로, 심장을 지나도록 끌어당겨서 그 끝을 왼쪽 어깨 너머로 던진다. 또 다른 유형은 이 옷감을 오른팔과 어깨 너머로 가져와서, 이 끝을 왼쪽 어깨 너머로 던진다. 이렇게 되면, 오른쪽 팔이 팔꿈치에서 접히게 되어, 마치 투석하기 위한 자세처럼 보이게 된다. 이런 방식의 히마티온 걸치기는 존경받는 사람이 취함 직한 것으로 여겨진 것 같다고 한다. 여기에서 소개된 히마티온과 관련된 설명은 L. Whibley, *A Companion to Greek Studies*, (Cambridge, 1905), 530~532쪽의 내용을 거의 그대로 옮긴 것이다.

132) 300a2에 대한 각주를 참조할 것. '볼 수 있는 것'에 대한 적절한 적용의 절묘한 예를 다시 든 셈이라 해서 하는 감탄이겠다.

아마도 생각지 않으시겠죠. 이렇게도 재미있으십니다. 하지만 에우티데모스 님, 잠자리에 들고서도 잠들지 못하고 있는 것, 그리고 말하는 사람이 헛소리를 하는 것,[133] 이걸 선생님께서도 하실 것으로 제겐 생각됩니다."

b   "말 없는 자는 말할 수 없는가?"[134] 디오니소도로스가 물었네.

"어떻게도 할 수가 없습니다." 크테시포스가 말했네.

"그러면 말을 하는 자가 말이 없을 수도 없겠네?"

"더더욱 없죠." 그가 대답했네.

"그러니까 자네는 돌과 나무 그리고 쇠를 말할 때, 말 못 하는 것들로 말하지 않는가?"

"만약에 대장간에 간다면, 그건 그렇지가 않고, 누군가가 철물들을 다룰 경우, 그것들은 큰 소리를 내며 아주 크게 소리 지르며 말할 것입니다. 그래서 이 경우에 [그나마] 지혜로 해서 자신도 모르는 결에 아무 말씀도 못 하시고 계신 겁니다.[135] 그러나 말하는 자가 말 없는 것이 또한 어떻게 가능한지 다른 사례를 예시해 보여 주십시오." 그가 말했네.

c   그리고 내게는 크테시포스가 자기가 사랑하는 소년으로 해서 몹시 신경을 쓰고 있는 것으로 보였네.

"자네가 말 없는 상태로 있을 때는,[136] 자네는 모든 것에 있어서 말

---

133) 여기에서 '헛소리를 하는 것'으로 옮긴 mēden(=naught) legein은 내용상으론 되지도 않은 헛소리를 하는 것이지만, 문자 그대로는 '아무 말도 하지 않은 것'을 뜻하기에, 이런 말을 하고 있다.

134) 궤변 16이다.

135) 이 경우가 어쩌면 '말을 하는 자가 말 못 하는' 경우의 한 사례가 될 수도 있을 것이라고 Hawtrey는 말하고 있다. 그래서 정식으로 그런 사례를 상대가 보여 줄 것을 요구하고 있다.

없는 상태로 있는 게 아닌가?" 에우티데모스가 물었네.

"저로서는 그렇죠." 그가 대답했네.

"그러니까 말하는 것들에 대해서도 자네는 말 없는 상태로 있는 걸세. 그것들도 그 모든 것들에 포함될진대 말일세."

"그럼 뭐죠? 모두가 말 없는 상태로 있지 않나요?" 크테시포스가 물었네.

"아마도 그렇지는 않을 걸세." 에우티데모스가 말했네.

"그러면, 선생님이시여, 모든 것이 말을 하나요?"

"적어도 말을 하는 것들은 틀림없이."

"그러나 제가 여쭙는 것은 그게 아니라, 모든 것이 말을 하지 않거나 또는 말을 하는가 하는 것입니다." 그가 말했네.

"그 어느 쪽도 아니며 양쪽 다네. 그 대답에 대해 뭘 어떻게 해야 할지를 모를 것이라는 걸 내가 잘 알고 있기 때문이지." 디오니소도로스가 잽싸게 끼어들며 말했네.   d

그래서 크테시포스가, 그의 버릇대로, 아주 크게 웃음보를 터뜨리고서는 말했네. "에우티데모스 님, 선생님의 형제분께서 논의를 양단간에 모순으로 몰고 가서,[137] 망치고 두 손 들게 만들어 버린 거죠." 또

---

136) 궤변 17이다. 궤변 16과는 반대되는 경우의 것이다.

137) 여기서 논의를 '양단간에 모순으로 몰고 갔다'로 옮긴 것의 원어인 exēmphoteriken의 원형 examphoterizō는 '양쪽 다를 부인하거나 양쪽 다를 긍정할 수밖에 없도록 논의를 몰고 감'을 뜻하는데, 이는《국가(정체)》편 479b10 epamphoterizō의 경우와 비슷한 것이겠고, 그건 다음과 같은 것이다. 남자 아닌 남자(거세된 남자)가 나무 아닌 나무(갈대)에 앉은 새 아닌 새(박쥐)를 겨냥해 돌 아닌 돌(부석)로 팔매질을 했는데, 맞았겠는지 맞지 않았겠는지 물은 아이들의 수수께끼의 경우와 비슷하다는 이야기다.

한 클레이니아스도 아주 기뻐서 웃었네. 그래서 크테시포스는 열 배도 더 들떠 있었지. 그러나 이 사람 크테시포스는 장난꾼이어서 바로 이것들을 이들 당사자들한테서 주워들은 것으로 내게는 생각되네. 이런 지혜는 다른 요즘 사람들의 것이 아니기 때문이네.

e   그리고 내가 말했네. "클레이니아스, 이처럼 진지하고 아름다운 것들에 대해 자네는 왜 웃고 있는가?"

"소크라테스 선생, 선생은 일찍이 아름다운 어떤 것(ti kalon pragma)을 실상 본 적이 있소?"[138] 디오니소도로스가 물었네.

"저야 보았죠. 그것도 많이요, 디오니소도로스 님!" 내가 말했네.

301a   "그러면 그것들은 아름다움(to kalon)과는 다른 것들인가요, 아니면 그것들은 아름다움과 같은 것들인가요?"[139] 그가 물었네.

나는 아주 당혹스러워져서 투덜거리게 되었어도 마땅하다고 생각했지만, 그런데도 그것들은 아름다움 자체(auto to kalon)와는 다른 것들이라 대답했네. 하지만 그것들 각각에는 어떤 아름다움(kallos ti)이 나타나 있다(parestin)고도.

"그러니까 가령 소가 선생에게 나타나 있게 되면(paragenētai), 선생은 소이며, 또한 지금은 내가 선생에게 나타나 있으니, 선생은 디오니소도로스인가요?"[140] 그가 물었네.

---

138) 궤변 18의 시작이다.

139) 플라톤의 이데아 또는 형상 이론이 내비치기 시작한다.

140) 여기서 예를 들어 말하고 있는 '소'나 '디오니소도로스'는 황당하게도 구체적인 개체들이다. 그러니 플라톤의 형상 또는 이데아가 사물 속에 그 특성으로서 나타나 있게 되겠는 경우와는 전혀 다른 이야기다. 그나마 다행히도 '아름다움 자체'와 아름다운 사물들의 관계가 언급되고도 있으니, 그런 관계를 본격적으로 언급한 《파이돈》편의 이야기를 들어 보기로 하자. 이 대화편 80b에서 처음으로 감각(aisthēsis)에는 지각되지 않고,

"최소한 그 말씀은 삼가시죠." 내가 말했네.

"그러나 어떤 식으로 다른 어떤 것이 다른 것에 나타나 있게 될 경우, 이 다른 것이 [그 이전과] 다르겠소?"[141] 그가 물었네.

"이에 당혹스러워하시는 겁니까?" 내가 말했네. 어느새 내가 그들   b
둘의 지혜를 흉내 내려 하고 있었네. 그걸 욕심내고 있었으니까.

"어찌 당혹스러워하지 않겠소? 나도 다른 사람들 모두도 아닌 것에

'지성(nous)에 의해서나 접할 수 있는(noēton)' 것으로 이데아 또는 형상(eidos)을 본격적으로 언급하기 시작하면서, 이것들과 사물들의 관계 맺음에 대해 여러 가지의 비유적 표현들을 쓰게 되거니와, 이를 우리는 같은 대화편 100c~e에서 만나게 되는데, 그 내용은 이러하다. "만약에 아름다움 자체(auto to kalon) 이외에 다른 아름다운 것이 있다면, 이것이 아름다운 것은, 이것이 그 아름다움 자체에 관여하기(metekhei) 때문이지. … 나는 그 밖의 다른 저들 지혜로운 원인들은 아직껏 이해도 못 하며 또 알게 될 수도 없으이. … 그것을 아름답도록 만드는 것은 다른 것이 아니라 저 아름다움의 나타나 있게 됨(parousia←pareinai)이거나 결합(koinōnia)이거나 또는 그것이 어떤 방식으로 어떻게 이루어지는 것이건 간에 말일세. 왜냐하면 내가 아직은 이것이다 하고 자신 있게 단언하지는 못하지만, 모든 아름다운 것이 아름다운 것은 아름다움(to kalon)으로 해서라는 건 자신 있게 단언하는 바이기 때문일세. 이것이야말로 내 자신에게 그리고 다른 사람에게도 대답해 주기에 가장 안전한 것으로 내게는 생각되기 때문이야. 또한 이를 고수한다면, 결코 넘어지는 일이 없을 것이고, 아름다운 것들이 아름답게 되는 것은 아름다움으로 해서라고 대답하는 것이 내 자신에게도 그리고 다른 누구에게든 안전하다고 나는 생각하고 있네. 혹시 자네에게도 그렇게 생각되지 않는가?" 그리고 앞에서 '지성에 의해서나 접할 수 있는(noēton) 것'과 관련해서도 훗날 《국가(정체)》편 (509d, 532b)에서는 아예 '지성에 의해서[라야] 알 수 있는 부류(to noēton genos)'로 그리고 그런 대상들의 영역을 '지성에 의해서[라야] 알 수 있는 영역(ho noētos topos)'이라고 일컫기까지 한다.

141) 이 문장을 이렇게 옮긴 Gifford는 그 예로서 "어떤 한 돌이 아름답게 되려면, 아름다움이 어떻게 그것에 나타나 있게 되어야만 하는가?"를 묻고 있는 것이라 설명하고 있다.

대해서는?" 그가 말했네.

"무슨 말씀을 하시는 겁니까, 디오니소도로스 님? 아름다운 것은 아름답고 추한 것은 추하지 않나요?" 내가 말했네.

"내게 그렇게 여겨진다면야."[142] 그가 말했네.

"그러니까 그렇게 여겨지지 않나요?"

"물론 그렇소." 그가 대답했네.

"그러니까 동일한 것은 동일하고 다른 것은 다르지 않습니까? 왜냐

c 하면 다른 것이 어쨌든 동일하지는 않음이 틀림없기 때문이지만, 아이조차도 다른 것이 다르지 않지 않을까 하고 어리둥절해할 것이라고는 저로선 생각지 않으니까요. 그러나 디오니소도로스 님, 선생님께서는 이 점을 고의로 간과해 버렸습니다. 두 분 선생님들께서는 다른 점들에서는, 마치 각각의 적절한 일들을 해내는 장인들처럼, 논의를 함에 있어서 아주 훌륭하게[143] 수행해 내시는 걸로 제게는 여겨지니까요."

"그러고 보니 각각의 장인에게는 적절한 일이 있음을 선생께선 아시오? 맨 먼저, 누가 놋쇠를 다루는 데 적절한지를 아시오?" 그가 물었네.

"저야 알죠. 놋갓장이입니다."

"어떻소, 도기를 만드는 데는?"

"도공입니다."

"어떻소, 도살하고 가죽을 벗기며 작은 고깃덩이들로 조각낸 것들

---

142) 인간 척도(homo mensura)의 명제로 표현되는 주장을 한 프로타고라스에게 있어서는 모든 것은 각자에게 여겨지는(dokei) 대로 곧 보이는(phainetai) 대로의 것이다.

143) 이에는 빈정대는 투가 섞여 있다고 볼 것이겠다.

을 삶거나 굽는 데는?"

"요리삽니다." 내가 대답했네.

"그러니까 만약에 누군가가 적절한 것들을 한다면, 그는 옳게 하지   d
않겠소?" 그가 물었네.

"물론입니다."

"한데, 선생이 말씀하듯, 요리사는(요리사를) 조각으로 자르고 껍
질을 벗기는 게[144] 적절하지 않소? 그것에 선생은 동의했소, 안 했
소?" 그가 물었네.

"동의는 했습니다만, 저를 용서해 주세요." 내가 말했네.

"그러니까 누군가가 요리사를 살육하고 조각으로 잘라서 삶고 굽는
다면, 그는 적절한 일들을 할 것임이 명백하오. 또한 누군가가 놋갖장
이 자신을 주조하고, 도공을 도기 만들듯 다룬다면, 이 사람도 적절한
일들을 하게 되는 것일 것이오." 그가 말했네.

"맹세코, 마침내 지혜에 끝마무리를 하셨습니다![145] 이런 지혜가 언   e
제 제게 '나타나 있게 되어'[146] 제 자신의 것이 될까요?" 내가 말했네.

"소크라테스 선생, 그게 자신의 것이 되면, 이는 알아보시게 될 거
요" 그가 말했네.

"선생님께서 바라신다면, 그럴 게 분명하겠죠." 내가 말했네.

---

144) '요리사는(를) 조각으로 자르고 껍질을 벗기는 게(ton mageiron
katakoptein kai ekderein)'에서 '대격(accusative)'으로 되어 있는 ton
mageiron(요리사)은 문법적으로 그 뒤의 부정사(不定詞=infinitive)들
(katakoptein kai ekderein)의 '주어'도 될 수 있고 '목적어'로도 될 수 있
다. 301c6~d8(끝)이 '궤변 19'에 해당된다.

145) 끝마무리를 함에 대한 같은 표현이 《법률》편 673d10~e1에도 보
인다.

146) 이의 원어 paragenēsetai는 301a5에서의 paragenētai의 미래형이다.

"무슨 말씀이오? 선생의 것들을 알고 있다고 생각하시는 건가요?"[147] 그가 물었네.

"선생님께서 다른 말씀을 안 하신다면. 선생님께서 시작해서 여기 계신 에우티데모스 님에게서 끝나게 되어야 할 테니까요."[148]

"그러니까 선생이 통제하고 선생이 하고 싶은 대로 처리할 수 있는 것들을 선생은 자신의 것들이라 생각하죠? 이를테면, 소와 양, 이것들은 선생의 것들이라 생각하겠죠? 이것들을 선생으로선 팔아 버릴 수도 주어 버릴 수도 그리고 선생이 그러고 싶은 어떤 신에게고 제물로 바칠 수도 있는 것들이라 해서 말이오. 이것들을 이렇게 할 수 없다면, 이것들은 선생의 것들이 아니겠죠?" 그가 말했네.

그리고 나는 이 질문들에서 놀라운 어떤 것이 튀어나올 수도 있다는 걸 알고 있기도 하고 동시에 가급적 얼른 듣고 싶어서 말했네. "그건 분명히 그렇습니다. 이런 것들만은 제 것입니다."

"어떻소? 혼을 지닌 이것들을 선생은 생물들[149]로 일컫지 않소?" 그가 물었네.

"예." 내가 대답했네.

"그러니까 생물들 중에서 이것들만이 선생의 것이며, 이것들과 관

---

147) 301e7~303a3이 궤변 20에 해당한다.

148) 이들 두 소피스테스들의 위세를 제우스의 권위에다 빗대어 말하고 있는 셈이다. 이를테면, 헤시오도스의 《신들의 계보》 36~48에서는 먼저 무사 여신들로 하여금 신들의 탄생과 그 계보를 노래케 하는데, 맨 먼저 천지 창조, 곧 가이아(Gaia: 땅)와 우라노스(Ouranos: 하늘)의 탄생을 말한 다음, '신들과 사람들의 아버지인 제우스'를 찬미하는 노래를 제우스에서 시작해서 제우스에서 끝나게 한다.

149) 원어 [ta] zôa는 복수 형태이고, to zôon이 그 단수 형태인데, 생물, 동물 그리고 인물 및 동물 등의 그림도 뜻한다.

련해서는 방금 내가 말한 그런 모든 행위들을 할 수 있는 힘이 선생에게 있다는 데 동의하고 있지요?"

"동의합니다."

그리고 그는 정색을 하고서는 뭔가 대단한 걸 검토하고 있기라도 하는 듯이 숨을 멈췄다가는 말했네. "소크라테스 선생, 내게 말씀해 주시오. 선생께는 제우스가 조상 전래의 신인가요?"[150]

나는 나대로 논의가 귀착할 곳으로 가게 되지나 않을까 의심하고서는, 일종의 난감한 상태로 꼬인 줄을 피해서, 마치 이미 그물에 잡히기라도 한 것처럼 뒤틀었네.

"그건 아닙니다. 디오니소도로스 님!" 내가 말했네.

"그렇다면 선생은 불쌍한 사람이며 아테네인도 아니시오. 조상 전래의 신들도 없고 신전도 없으며 그 밖의 다른 아름답고 좋은 아무것도 없는 이이니." c

"그만 하세요, 디오니소도로스 님! 말씀 삼가시고 앞질러 저를 함부로 가르치지도 마세요. 최소한 제게도 제단들과 가족 및 조상 전래의

---

150) 헬라스어 patrộos에는 이중적인 뜻이 있다. 가족적인 의미에서의 '조상 대대의' 곧 '조상 전래의(patrios)' 뜻과 '민족 전래의 전통에 따른' 경우의 두 가지 뜻이 있는데, 에우티데모스는 앞의 뜻을 이용하려 하고, 소크라테스는 뒤의 뜻으로 말하려 하고 있다. 헬라스인들에게 있어서 올림포스 신들을 숭앙하는 풍습은 민족 종교 차원의 것이었다. 다만 올림포스의 열두 신들 중에서 나라마다 각별히 모시는 신이 있을 수는 있었다. 이를테면, 아테네의 경우에는 아테나 여신이 그들의 수호신이었다. 그런데 《국가(정체)》편 331d에는 소크라테스와 대화 중이던 케팔로스옹이 집안의 제단에 제물(ta hiera)을 바치러 자리를 떠나면서, 큰아들 폴레마르코스에게 대화를 이어 가도록 부탁하는 장면이 나온다. 또한 바로 다음(c~d)에서도 보듯, 소크라테스의 경우에도 예외는 아니어서, 여느 가정에서처럼, 가정과 씨족의 수호신을 모시는 신당들이 있었다는 이야기다.

신당들을, 그리고 그 밖의 것들로 다른 아테네인들에게 있는 그런 류의 다른 것들 또한 있으니까요." 내가 말했네.

"그렇다면 다른 아테네인들에게는 수호신 제우스가 아닌가요?" 그가 물었네.

d "이 호칭은 이오니아인들 중의 누구에게도 없습니다. 이 나라에서 이주해 간 사람들에게도 우리에게도 없으나, 아폴론 수호신[151]은 이온의 출생으로 해서죠. 우리에게 있어서는 제우스가 수호신(patrǫos)으로 불리지 않고, 가정의 신 그리고 씨족의 수호신으로 불리며,[152] 아테

---

151) 헬라스인들(Hellēnes)의 조상인 헬렌(Hellēn)의 세 아들 중의 하나인 크수토스(Xouthos)의 두 아들로 아카이오스(Akhaios)와 이온(Iōn)이 있는데, 아테네인들은 이온의 후손들이다. 그런데 이 이온의 출생과 관련해서는 이설이 있다. 이 이야기는 에우리피데스의 《이온》(63~81)에 나오는 것이다. 그의 어머니 크레우사(Kreousa)와 크수토스는 오래도록 아이를 갖지 못해, 델피의 아폴론 신전을 찾았다가, 아폴론에게 겁탈을 당해 갖게 된 아들이 이온이었다고 한다. 아폴론이 아테네인들의 수호신이 된 것은 그래서였다는 이야기이다. 따라서 Apollōn patrǫos는 '수호신 아폴론'이기도 하고 '조상신 아폴론'이기도 하다.

152) Zeus herkeios에서 herkeios는 herkos(울타리, 담, 방벽 등을 뜻함)의 형용사이다. 집의 울타리 안뜰에는 신당들과 제단들이 있어서, '가정을 지켜 주는 제우스'와 '씨족의 수호신 아테나(Athēnaia phratria)'에 대한 제례를 올렸던 것 같다. 아테네의 경우 원래는 지연과 혈연에 기반을 둔 네 개의 부족(phylē 또는 genos)이 있었고, 이것이 다시 나뉜 단위가 씨족(phratria)인데, 이는 특히 종교적 성격이 강한 공동체적 조직 단위였고, 따라서 정치적 성격은 이후에 없어진다. 클레이스테네스(Kleisthenēs)가 민주화의 실권을 장악하고서는 10개의 부족(phylē)이 508/7년에 이 4부족 편제를 139개의 부락(dēmos)을 기반으로 한 10개 부족들(phylai)로 인위적으로 재편한다. 나라로서의 아테네 전체를 도심지역(Asty)과 해안지역(Paralia) 그리고 내륙지역(Mesogaia, Mesogeia)으로 구분한 상태에서 이들 셋을 각각 10개 구역으로 나눈 다음, 이들 나뉜 구역들을 각각의 지역에서 하나씩 뽑은 셋의 조합을 한 부족으로 삼는

나 여신도 씨족의 수호신으로 불리지요." 내가 말했네.

"어쨌거나 그걸로 충분해요.[153] 선생에겐 아폴론도 제우스도 그리고
아테나도 있는 것 같으니까." 디오니소도로스가 말했네.

"물론입니다." 내가 말했네.

"그러니까 이들도 선생의 신들이 아니오?" 그가 물었네.

"조상들이시며 주인들이시죠." 내가 대답했네.

"하지만 어쨌거나 선생의 신들인 거요. 혹시 이들이 선생의 신들이
라고 동의하지 않았던가요?" 그가 물었네.

"그야 동의했죠. 달리 무슨 도리가 내게 있겠소?" 내가 말했네.

"그러니까 이들 신들도 생물들([ta] zộa)이 아니오? 혼을 지닌 것들   e
은 생물들이라 선생이 동의했으니까요. 혹시 이들 신들이 혼을 지니
지 않기라도 하오?" 그가 물었네.

식으로 해서 10개의 부족들이 편성된 것이다. 각 부족을 형성하게 된 세
지역의 각각은 그 부족의 1/3에 해당된다 하여, 이를 '트리티스(trittys:
'1부족의 1/3'이란 뜻)'라 일컫게 되었으며, 각각의 '트리티스'는 이에 속
하는 가장 큰 부락(dēmos)의 이름을 따라 불리게 된다.

153) 곧 자신의 궤변을 늘어놓기에 충분한 논거가 주어졌다는 말이겠다.
앞서 소나 양이 그 주인들의 소유물로 있듯, 가정 곧 세대마다 신당에 모
시는 신들도 그 세대주의 것들 곧 소유물로 간주할 수 있다는 궤변을 늘
어놓을 참이다. 아폴론과 제우스 그리고 아테나가 "당신에게 있다(estin
soi)"는 것은 헬라스어로는, 영어의 경우와 마찬가지로, 소유하고 있다는
뜻이기도 하니까. 우리말에서도 "내게는 소 두 마리가 있다"는 것은 소유
를 의미하듯. 소크라테스는 신들이 그런 불경하고 어이없는 궤변의 논거
로 이용될 근거로 될 수 없도록 미리 막느라 이런저런 얼버무리는 입막음
발언들을 한 셈이었지만, 이들은 "소크라테스'에게(여격: dative)' 있다
(=소크라테스'의 것'이다: estin soi)"는 표현을 이끌어, 아니 기어코 얻
어 낸다. 그래서 302a에서 말했듯, 소나 양처럼, 신들도 마음대로 처분할
수 있다는 궤변을 늘어놓을 작정인 것이다.

"그들은 혼을 지녔죠." 내가 말했네.

"따라서 그들 또한 생물들이 아니겠소?"

"그야 생물들이죠." 내가 말했네.

"하지만 생물들 중에서 선생이 주거나 팔아 버리거나 선생이 원하는 어떤 신에게든 물론 제물로도 바칠 수 있는 이런 것들은 선생의 것들이라는 데 동의하셨소." 그가 말했네.

"동의했죠. 실상 저로선 철회할 수가 없네요, 에우티데모스 님!" 내가 말했네.

"자, 그러면 바로 내게 대답하시오. 제우스도 그 밖의 신들도 선생의 것들이라 동의한 터이니, 선생으로선 이들을 팔거나 주거나 또는 마치 다른 생물들처럼 처분하고 싶은 대로 할 수가 있겠소?" 그가 말했네.

아, 크리톤! 실상 나는 그 주장에 두들겨 맞기라도 한 것처럼, 아무 말도 못 하고 잠자코 있었네. 그러나 크테시포스가 나를 돕는답시고 나섰네. "헤라클레스여, 브라보! 얼마나 훌륭한 논변입니까!"[154] 그가 외쳤네.

"그러니까 헤라클레스가 '브라보'인가 아니면 '브라보'가 헤라클레스인가?"[155] 디오니소도로스가 물었네.

"맹세코, 얼마나 대단한 논변들이었는지! 두 손 듭니다. 두 분을 당해 낼 수가 없네요." 또한 크테시포스가 말했네.

---

154) kalou logou는 감탄을 나타내는 속격(genetive) 용법이다. Goodwin의 *A Greek Grammar*, 1129 참조.

155) 궤변 21이다. pyppax는 감탄을 나타내는 '브라보!(bravo)' 곧 감탄 부사인데, 여기서는 '명사'화되어 있다. 뜻 모를 말 또는 아무 뜻도 없는 말을 하고 있는 셈이다.

하지만, 크리톤, 이렇게 되니,[156] 현장에 있던 사람들 중에서 그 논변과 두 사람에 대해서 과찬하지 않는 사람은 아무도 없었으며, 웃으며 박수 치고 즐거워하는 게 거의 지쳐 버린 정도가 되었네. 한데, 앞선 각각의 그리고 그 모든 논변에 대해서는 에우티데모스의 팬들만이 아주 열성으로 법석을 떨었지만, 이번에는 리케이온의 기둥들까지도 이들 두 사람에 대해 법석을 떨며 즐거워하는 것[157] 같았네. 그래서 나 자신조차도 일찍이 이처럼 현명한 사람들은 아무도 본 적이 없다고 동의할 정도가 되어서는, 이들의 지혜에 완전히 압도당해, 두 사람을 칭찬하며 칭송하는 쪽으로 바뀌어서 말했네. "아, 복 받은 두 분이시여, 얼마나 놀라운 자질이십니까! 두 분께서는 이토록 큰일을 이처럼 빨리 짧은 시간에 해내신 겁니다. 그러니까 두 분의 논변들은 다른 여러 훌륭한 점들도 갖고 있습니다, 에우티데모스 님 그리고 디오니소도로스 님! 그러나 그것들 중에서도 가장 대단한 것은 이것, 곧 존엄하고 명망 있는 많은 사람들이 두 분에게는 전혀 관심 대상이 아니고, 두 분들과 동류인 분들만 관심 대상이라는 것입니다. 실은 제가 이 점을 잘 알고 있죠. 이들 논변들은 두 분과 동류인 아주 소수의 사람들이 반기지, 다른 사람들은 이것들에 대해서 이럴 정도로 모르고 있죠. 이들은 이와 같은 논변들로써 남들을 논박하는 걸 자신들이 논박당하는 것보다도 더 부끄러워할 것이라는 걸 저는 잘 알고 있습니다. 그리고 논변들에는 일반적이고 온건한 것인 다른 이런 것 또한 있죠. 두 분께서 아무런 아름다운 것도 없으며 좋은 것도 흰 것도 없으며 그 밖의 이런 유의 다른 어떤 것도 없고, 다른 것들과 다른 것도 전

b

c

d

---

156) 여기서부터 304c5까지는 소크라테스가 들려주는 대화의 결말 부분이다.

157) 그것들의 울림을 비유해서 하는 표현이겠다.

e 혀 없다고[158] 말씀하실 때마다, 두 분께선 사실은 무작스레 사람들의 입들을 꿰매 버렸던 겁니다. 실상 그런 식으로 말씀하셨듯이.[159] 그러나 두 분께선 다른 사람들의 입들만이 아니라, 당신들 자신들의 것들도 꿰맬 생각을 했으니, 이는 아주 매력적인 것이었고, 논변의 부담도 없애 버리게 되죠. 하지만 이제 가장 중대한 것은, 이것들이 두 분께는 이런 것들이며 기술적으로 고안된 것이어서, 아주 짧은 시간에 누구나 습득하게 된다는 것입니다. 어쨌든 제가 이를 알게 된 것은, 크테시포스가 두 분을 당장에 빨리도 모방할 수 있었다는 걸, 그를 주

304a 의해서 보고서였으니까요. 그러니까 두 분[160] 일의 이 지혜로움을 빨리 전수한다는 점에서는 좋은 것입니다만, 사람들 앞에서 대화를 하는 것은 적절치 않거니와, 제 말을 따르시겠다면, 많은 사람들 앞에서는 말씀을 하시지 않도록 조심하십시오. 쉽게 터득하고서는 선생님들께 고마워하지도 않는 일이 없게 하자면 말입니다. 그러나 최대한 두 분끼리만 대화하세요. 그러지 못하고, 다른 사람과 마주해서 할 경우에는, 두 분께 돈을 지불하는 자만을 상대해서 하세요. 신중하시다면,

b 똑같은 이것들을 제자들에게도 조언해 주실 일입니다. 결코 다른 누구와도 대화하지 말고, 여러분들끼리만 하라고. 에우티데모스 님, 희소한 것이 귀하나, 물은 가장 값싸면서도, 가장 좋은 것이죠. 핀다로스가 말했듯이.[161] 하지만 부디, 저도 여기 이 클레이니아스도 제자들

---

158) 301a~c 참조.
159) 그들의 궤변들이 결국 그런 식으로 행하여졌다고 해서 하는 말이겠다.
160) 텍스트 읽기에서 304a1의 sphōn은, Budé 판의 Méridier 및 Loeb 판의 Lamb의 읽기처럼, sphọn으로 읽음.
161) 핀다로스의 《올림피아에서의 우승들》 I, 1은 "가장 좋은 것이 물이지만, …"으로 시작한다.

로서 받아들이시도록." 내가 말했네.

크리톤! 이런 것들과 그 밖의 몇 가지 간략한 대화들을 나누고서 우리는 헤어졌네.[162] 그러면 어떻게 하면 두 분에게로 가르침을 받으러 가게 되겠는지 생각해 보게나. 그들은 돈을 지불하고자 하는 자는 가르칠 수 있다고 말하니. 또한 소질도 나이도 방해가 되는 일은 전혀 없다고 하고. —게다가 자네로서는 특히 듣기에 안성맞춤인 건 금전적 수입에는[163] 아무런 지장도 주지 않는다고 하네. —그들의 지혜를 어떤 식으로든 쉽게 전수받지 못하게 하는 일은 없다는 거지.

크리톤: 하지만 실은, 소크라테스! 어쨌든 나는 듣기를 좋아하고 뭔가를 즐겁게 배우고 싶어는 하지만, 그렇더라도 나도 에우티데모스를 닮지는 않은 사람들 중의 한 사람인 것 같거니와, 오히려 자네도 말한 바로 그 사람들, 곧 그런 논변들로 논박하는 자들보다는 오히려 논박당하는 것이 기꺼운 자들 중의 한 사람 말일세. 하지만 자네에게 충고하는 게 우습게 생각되기는 하지만, 어쨌든 내가 들은 것들을 자네에게 알리고 싶네. 알고는 있게. 자네들과 헤어져서 가던 사람들 중에서 누군가가 산책을 하고 있던 내게로 다가왔었네. 아주 지혜로운 걸로 여겨지는 이인데, 법정들에서의 논변들과 관련해서 대단한 이들 중의 한 사람이지.[164] 그가 말했네. "아, 크리톤! 저들 현자들의 강

---

162) 여기서(304b6)부터 끝까지(307c4)가 끝맺는 부분이다.

163) 크리톤은 부농으로 알려져 있고, 따라서 그 수입에도 신경을 적잖이 썼던 모양이다.

164) 여기서 언급되고 있는 사람은 당대의 이름난 변론가 이소크라테스 (Isokratēs: 436~338)일 것으로 추정되고 있는데, 이후의 철학과 정치 사이의 경계인의 부류 또는 그런 활동에 대한 본문에서의 언급이 이를 뒷받침하고 있다고 하겠다. 소크라테스가 《파이드로스》편(278e~279b)에서 그의 지혜사랑의 성향과 어느 정도의 가능성을 예측하고 있듯, 철학자

론은 전혀 경청하지를[165] 않으시는 겁니까?" "맹세코, 그게 아닙니다. 가까이 서 있기도 했지만, 군중으로 인해서 들을 수가 없었습니다."[166] 내가 말했네. "하지만 들을 가치는 있었습니다." 그가 말했네. "무엇이

e 있나요?" 내가 물었네. "그런 논변들과 관련해서는 오늘날 가장 지혜

는 되지 못했으나, 그런 경계인으로서 아테네의 이름난 변론가가 된다. 그는 몸이 허약해서 정치에도 직접 나서지는 않았지만, 많은 논변을 통해 시국과 관련된 여론 형성에 적잖은 영향을 미친 것으로 전한다. 그는 프로디코스, 고르기아스, 테이시아스 등에게서 논변술을 배웠으며, 30인 참주 체제를 피해 키오스(Khios)로 망명해서, 이곳에서 변론술을 가르치다가, 아테네가 민주 체제로 바뀐 뒤에 돌아와, 얼마 동안 법정 변론문 작성일을 하다가, 392년경에 학원을 세운다. 물론 이 학원에서는 당시의 대세였던 변론술을 가르치기도 했지만, 폭넓은 뜻에서의 지혜사랑(철학)의 교육, 특히 도덕 교육에도 큰 비중을 두었다 한다. 그는 펠로폰네소스 전쟁에서 승리한 스파르타의 횡포와 독선이 결국엔 전 헬라스의 다툼과 분열만 조장하며, 심지어는 페르시아의 지원까지 받아 가며 그러니, 스파르타와 아테네의 합심으로 페르시아의 영향력을 물리치고, 헬라스 전체의 화합을 이루게 하며, 특히 아테네의 주도권 회복을 통한 온 헬라스의 자유와 번영을 쟁취하는 노력을 하도록 종용하는 연설문 책자를 내기도 했는데, 이것이 그의 대표적인 연설문 책자인 《축제 연설》(Panēgyrikos)이다. 이를 그는 380년의 100회 올림피아 축제에서 대리 낭독을 하도록 꾀했던 것 같고, 많이 읽힌 것으로 전한다. 21편의 논변들이 전한다.

165) akroâ의 원형은 akroaomai이고, 이는 '경청하다'라는 뜻이다. 그런데 이의 명사형 akroasis는 '경청' 또는 '경청하게 된 것' 그리고 '강의'를 뜻한다. 그래서 아리스토텔레스의 《자연학 강의》의 원제는 *Physikē Akroasis*이다. 이런 강의를 경청하게 된 '제자'를 akroatēs(듣는 사람) 또는 ho akroōmenos(듣게 되는 사람)라 한다. 이에 비해 '강의'를 뜻하는 영어 lecture나 독일어 Vorlesung은 원래는 '읽음'을 뜻한다. 가르치는 사람이 자신이 연구한 결과물 성격의 내용을 읽어 가면서 강의하는 걸, 그러니까 앞 경우는 듣는 쪽의 관점에서, 다른 쪽은 가르치는 쪽의 관점에서 지칭하는 명칭이겠다.

166) 271a 참조.

로운 이들의 대화를 들으셨을 텐데."[167] 또한 내가 물었네. "그러니까 그들이 선생께는 뭘 보여 주었나요?" "다른 무엇이었겠습니까, 언제나 누군가가 그와 같은 허튼소리를 늘어놓는 걸 들으며 아무런 가치도 없는 것에 대해서 무가치한 열의를 쏟는 자들에 대해 듣는 것 이외에 무엇이겠습니까?" 대충 이런 내용의 것이었네. 그리고 내가 말했네. "하지만 어쨌든 철학은 매력 있는 것이죠." "무슨 매력이죠, 속 편하신 분이시여? 그렇기는커녕 아무 쓸모도 없는 것입니다. 만약에 댁 께서 현장에 계셨다면, 댁의 친구분 때문에 아주 창피를 당하셨을 것으로 저는 생각합니다. 그분은 이처럼 이상했습니다. 그분은 자신들이 무슨 말을 하건 전혀 개의치 않고, 무슨 말이든 붙들고 늘어지는 그런 사람들에게 자신을 내맡겨 놓으려 했을 정도로 말입니다. 그리고 이들은, 방금 제가 말했듯, 요즘 사람들 중에서는 영향력 있는 사람들 중에 포함되죠. 하지만, 크리톤, 그 일 자체와 그 일에 종사하는 사람들은 하찮고 가소롭죠." 그가 말했네. 그러나 소크라테스, 그 일을 비난하는 것은 이 사람이든 다른 누가 비난을 하든 옳지 않은 것으로 내게는 생각되네. 하지만 많은 사람들 면전에서 이런 사람들과 대화를 하고자 하는 것은 비난받는 게 옳다고 내게는 생각되네.

소크라테스: 크리톤, 그런 사람들은 이상해. 하지만 내가 무슨 말을 해야 할지를 아직 모르겠어. 자네에게 접근해서 철학을 비난한 사람은 어떤 부류의 사람이었는가? 법정들에서 다투는 데 능한 사람들 중의 어떤 변론가[168]인지, 아니면 그런 사람들을 법정으로 들여보내는

---

167) 두 소피스테스 형제의 논변들을 들었어야 했는데, 듣지 못했다니, 유감이라 해서 하는 말이다.

168) 원어는 rhētōr로서, 문자 그대로 변론술(rhētorikē)에 능한 사람이다. 이른바 연설가, 웅변술을 잘 구사하는 사람, 특히 민회에서의 연설자, 따

자들의 논변들, 곧 변론가들이 법정 다툼을 하는 데 이용할 논변들의 작성자인가?

c 　크리톤: 단연코 변론가는 전혀 아니며, 자신이 법정에 등장한 적도 결코 없는 것으로 나는 생각하네. 그러나 이 사람은 맹세코 이 일에 정통하며 능통하고 대단한 논변들을 작성한다고들 말하고 있네.

　소크라테스: 이제 알겠네. 이런 사람들에 대해서는 내 자신이 방금 도 말하려던 참이었네. 크리톤, 이 사람들은 프로디코스[169]가 철학자 와 정치가 사이의 경계인들[170]로 말했던 사람들이네. 이들은 모든 사람들 중에서도 가장 지혜로운 자들로 간주되기도 하는데, 많은 사람들에게는 실제로 그렇기도 하고 아주 그러한 것으로 여겨지고 있어

d 서, 철학과 관련된다는 사람들 이외에는, 다른 누구한테서도 모든 사람에게서 명성을 누리는 데 지장을 받지 않네. 따라서 만약에 그들이 이들을 그 평판에서 아무런 자격도 없는 것으로 대한다면, 그땐 지혜 와 관련된 평판에서 승리는 이러쿵저러쿵할 것 없이 모두 편에서는 이들에게로 갈 것으로 여겨지고 있네. 왜냐하면 이들이야말로 진실로 가장 지혜롭기에, 사사로운 논변들에서 차단당하게라도 된다면, 이는 에우티데모스 일당으로 해서 당하는 것이라고 여겨지고 있기 때문이지. 그러나 그들은 스스로들 아주 지혜로운 걸로 생각하고 있네. 그럴

라서 그런 정치인, 그리고 법정 변론가나 변론술을 가르치는 사람 등을 뜻한다.

169) 277e에서 해당 각주를 참조할 것.

170) 여기에서 '경계인들'로 옮긴 원어 자체는 methoria인데, 이는 중성 복수 형태인 '경계 지대' 또는 '변경'을 뜻하는 말이니까 원어 그대로를 직역한다면, '철학자와 정치가 사이에 있는 것들'인 셈이다.

만도 하지. 왜냐하면 적절하게 철학에 관여하면서도,[171] 적절하게 정
치에 관여하는 것은 아주 그럼직한 논거에서니까. 필요한 만큼은 그   e
양쪽에 관여한다는 것은 위험들과 갈등들에서 벗어나 있게 하는 지혜
의 열매를 수확케 되는 것이기도 하니까.

크리톤: 어떤가? 자네에겐 그들의 주장이 일리가 있는 걸로 생각되
는가, 소크라테스? 실상 그 주장은 그들 나름의 어떤 그럴싸함을 지
니고 있지 않겠나.

소크라테스: 실은 진실보다는 오히려 그럴싸함을 더 지니고 있지,
크리톤! 이들에게 이 점을 납득시키기는 실상 쉽지는 않네. 곧, 사람   306a
들도 그 밖의 다른 모든 것도 어떤 둘 사이에 있으면서 둘 다에 관여
하고 있는 것들은, 그 한쪽 것이 나쁘고 다른 한쪽이 좋은 그만큼, 그
한쪽보다는 더 좋아지나, 그 다른 쪽보다는 더 나빠진다는 걸 그들에
게 납득시킨다는 것은 말일세. 반면에 그게 관여하게 되는 둘 다가,
같은 목표를 갖지는 않지만, 좋은 것들일 경우에는, 그것은 그 둘보다
도 나쁜데, 이는 이 둘로 결합을 이룰 때의 그 각각의 유용성에 비추
어 볼 때 그러하네. 그러나 같은 목표를 갖지 않는 두 나쁜 것들로 이

---

171) 《고르기아스》편, 484c~486c에 이런 생각을 피력하고 있는 칼리클
레스의 열변이 보이는데, 그 요지는 이런 것이다. "철학은 만약에 누군가
가 적령기에 적절히 이에 관여한다면, 진실로 고상한 것이기 때문이죠.
그러나 필요 이상으로 이에 시간을 보낸다면, 이는 인간들의 망침입니다.
만약에 누군가가 아주 훌륭한 자질일지라도 적령기를 훨씬 넘겨서도
철학을 한다면, 장차 훌륭하디훌륭하고 존경받는 사람으로 될 사람이 경
험해야만 할 모든 것에 대해 무경험 상태가 될 게 필연적이기 때문입니
다. … 요컨대 사람들의 습속 또는 성격들에 대해 전적으로 무경험한
상태가 될 것이기 때문입니다. 그래서 이런 상태로 어떤 개인적인 또는
정치적인 활동을 하게 될 때는, 언제나 이들은 웃음거리들로 될 것입니
다."(484c~e)

b 루어지는 것들 사이에 있는 것들, 그것들 양쪽의 한 부분에 관여하게
되는 이것들만이 그것들의 각각보다 낫네. 그래서 철학이 좋은 것이
고 정치적 활동 또한 그러하지만, 각각이 그 목표는 다르다면, 그 양
쪽에 관여하는 이 사람들은 그것들 사이에 있는 터라, 아무것도 주장
하지 못하네. 왜냐하면 이들은 양쪽 사람들보다는 변변찮기 때문이
지. 그러나 한쪽은 훌륭하나 다른 쪽은 열등하다면, 이들은 한쪽 사람
들보다는 더 나으나, 다른 쪽보다도 더 열등하네. 그러나 만약에 양쪽
다가 나쁘다면, 이렇듯 뭔가 참된 것을 말할 수도 있겠으나, 달리는
c 아무것도 말할 것이 없네. 그러니까 이들은 이것들 둘 다가 나쁘다고
도, 한쪽은 나쁘나 다른 한쪽은 좋다고도 동의하지는 않을 것이라 나
는 생각하네. 그러나 사실은 양쪽에 관여하는 이들은 정치와 철학이
존중될 가치가 있는 각각의 그 목표와 관련해서 그 양쪽보다는 열등
하며, 사실상 셋째 부류이면서 첫째 부류인 걸로 여겨지기를 추구하
고 있네. 따라서 이들에 대해 그런 바람을 용서해야지 가혹하게 대해
서는 안 될 것이지만, 이들은 이들 그대로인 그런 사람들로 생각해야
만 하네. 누구든 무엇이든 실제적인 지혜[172]를 견지하는 걸 말하며 용
d 감하게 나아가며 진력하는 자는 모두가 반겨야 하니까.

---

172) 여기서 '실제적인 지혜'로 옮긴 것의 원어 phronēsis는 소크라테스나
플라톤 자신의 경우에는 굳이 sophia와 구별할 필요가 없이 그냥 '지혜'로
옮겨도 되는 것이다. 물론 '사려분별'의 뜻이 있듯, 행위(praxis)와 관련되
는 지혜이겠다. 소크라테스나 플라톤의 경우에는 sophia는 철학적 지혜
이지만, 이런 지혜는 삶이나 행위의 문제와도 직결되기에 굳이 phronēsis
와 구별할 필요도 없다. 그러나 이소크라테스의 경우에 phronēsis는
'실제적인 지혜'의 성격이 뚜렷한 것이라 할 것이다. 훗날 아리스토텔레
스도 이를 praxis적인 지혜로 말하며, '철학적 지혜'로서의 sophia와 구별
한다.

크리톤: 하지만, 소크라테스, 나 자신도 아들들과 관련해서는, 내가 자네에게 늘 말하듯, 이들을 상대로 무얼 어떻게 해야 할지 당혹스런 처지에 있네. 실은 아직 어린 쪽은 작기도 하지만, 크리토불로스는 이미 성년의 나이이고 그를 도와줄 누군가가 필요하네. 그래서 내가 자네와 같이 있게 될 때는, 이런 마음 상태가 되네. 아이들을 위해서 많은 다른 것들에 이런 열의를 갖는다는 것은 미친 짓이라는 생각이 든다는 걸세. 혼인과 관련해서는 상대 어머니 쪽의 고귀한 출신, 그리고 재물과 관련해서는 최대한 부유해지도록 하면서도, 정작 이들의 교육에 대해서는 무관심함은 말일세. 하지만 사람들을 교육하는 걸 강조하는 사람들[173] 중의 누군가를 내가 바라보게 될 땐, 나는 충격을 받아서, 관찰하는 내게는 그들 한 사람 한 사람이 이상하게 여겨지네. 어쨌거나 우리끼리 진실을 말하자면 말일세.[174] 그래서 성년인 아들을 내가 어떻게 철학(지혜사랑)에로 몰아갈 수 있을 것인지 모르겠네.

소크라테스: 아, 친애하는 크리톤, 모든 전문 활동에는 하찮고 아무런 가치도 없는 자들은 많으나, 진지하고 누구보다도 가치 있는 이들은 소수라는 사실을 모르는가? 체육은 자네에게 자랑스러운 것은 아닐 것으로 생각되겠으며, 돈벌이도 변론술도 장군의 용병술도 그럴 테니까?

크리톤: 어쨌든 내게는 전적으로 그런 게 명백하네.

소크라테스: 어떤가? 이것들 각각의 경우에 다중은 그 각각의 기능과 관련해서 웃음거리가 되는 걸 보지 않는가?

크리톤: 단연코 그렇지. 그거야말로 진실을 자네가 말하네.

---

173) 이소크라테스 등을 가리키는 것으로 Hawtrey는 말하고 있다.
174) 이런 표현이 《국가(정체)》편 595b3에도 보인다.

소크라테스: 그러니까 이 때문에 자신도 이 모든 전문 활동들을 기피하고 자식에게도 시키지 않지 않는가?

크리톤: 그러니까 어쨌든 옳지는 않지, 소크라테스!

소크라테스: 이제는 어쨌든 하지 말아야 하는 건 하지 말고, 철학을 추구하는 사람들을 내버려 두게나, 크리톤! 그들이 쓸모가 있건 없건 간에 말일세. 이 일(철학) 자체를 훌륭하게 그리고 잘 시험해 보고서, 이게 자네에게 하찮아 보이면, 자네 아들들만이 아니라, 누구든 모두 단념케 하게나. 하지만 만약에 이게 내가 생각하는 그런 것으로 보인다면, 확신을 갖고 추구하고 수련하게나. 바로 이 속담 그대로, 스스로도 자식들도.

《크라틸로스》 편

《크라틸로스》편(*Kratylos*) 해제

    훗날 사람들이 이 대화편에 대해 붙인 부제는 〈이름들의 옳음에 관하여〉이다. 그러면 '이름들의 옳음(orthotēs)'이란 무슨 뜻으로 하는 말일까? 이 대화편의 첫머리에 소크라테스는 뭔가 말다툼을 하고 있던 크라틸로스와 헤르모게네스의 청으로 그들과의 논의에 공동 탐구자로서 참여하게 된다. 크라틸로스는 모든 사물에는 본성상 자연스런 그 이름의 옳음이 있는데, 헤르모게네스의 경우에는 헤르모게네스가 그의 이름이 아니라고 하며, 모두가 그리 불러도 아니라고 한다. 당사자는 도무지 그 까닭을 모르겠고, 그걸 알려 주지도 않으며 시치미만 떼고 있다고 푸념한다. 나중에야 밝혀지게 되는 것이지만, 이 경우가 이름들 및 그 옳음과 관련되는 둘의 주장들이 극명하게 대립되는 점을 선명하게 보여 주는 예로 된다고 할 수 있겠다.

    헤르모게네스는 '헤르메스의 후손'이라는 뜻인데, 그는 헤르메스 신과는 아무런 자연스런 연고도 없기에, 도저히 그의 이름일 수 없고, 따라서 그의 이름으로는 그 '옳음'이 인정되지 않는다는 것이 크라틸로스의 주장이다. 반면에 헤르모게네스의 주장은 자신의 부모든 할아버지든 제 이름을 그렇게 지었으니, 당연히 제 이름이라는 것이다. 다

시 말해, 크라틸로스의 주장은 모든 사물에는 그 본성상(physei) 자연
스런 그 이름의 옳음이 있다는 것이고, 헤르모게네스의 그것은 이름
의 옳음은 약정(synthēkē)과 합의(homologia)요, 이는 법(nomos)과
관습(ethos)에 의한 것이라는 것이니, '사람'을 '말'이라 하고, '말'을
'사람'이라고 해도, 그건 부르기 나름(곧 '관습')이고, 정하기 나름(합
의 또는 약정)이라는 주장이다.

먼저 소크라테스는 헤르모게네스를 상대로 대화를 한다. 이름의 옳
음과 관련된 헤르모게네스의 주장은, 이를테면 약정 기호로서의 수의
경우처럼, 보완적 측면에서 일리 있는 것이긴 하지만, 문제점들이 없
지 않다. 가령 프로타고라스의 주장처럼 각자에게 생각되는 대로의
것이 각자에게 있어서 참이고 진리라면, 같은 것을 두고 저마다 제 생
각대로 일컫겠다고 할 수도 있을 테니 말이다. 사물들에는 그 종류 나
름의 본성 또는 특정한 성질이 있다. 따라서 나무를 자르는 데도, 고
기나 생선에 칼질을 하는 데도 아무렇게나 하는 것이 아니라, 적절한
도구로 결을 따라 하는 게 자연스럽고 효과적이다. 각자가 하고 싶은
대로 할 성질의 것은 아니다. 그래서 구멍을 뚫는 데는 '송곳'이라는
도구(organon)가, 직물을 짜는 데는 '북(kerkis)'이라는 도구가 이용
된다. 이름(onoma)도 일종의 도구이며, 가르침을 주고 사물들의 종
류에 따른 성질들을 구별할 수 있게 해 주는 도구이다. 잉아에 꿰진
날실들이 하나 걸러 앞뒤로 갈라서는 틈으로 왔다 갔다 하며 씨실을
풀어 주는 기능(일: ergon)을 하는 북을 만드는 목공은 '북인 것 자체
(auto ho estin kerkis)'라는 형상(eidos)을 아는 자의 지도를 받아 가
며 만든다. 갖가지의 직물을 그런 식으로 짜기에 어울리는 자연스런
북들을 말이다.

그러면서 소크라테스는 이런 말을 한다. "이름을 정하는 것은 입법

자의 일이되, 훌륭하게 이름들이 정해지려면, 변증가([ho] dialekti-kos)를 감독자로 삼고서 하는 것인 것 같네. … 그러니, 헤르모게네스, 이름을 정함은, 자네가 생각하듯 평범한 일이 아닌 것 같네. 평범한 사람들의 일도, 아무나 할 수 있는 일도 아니네. 그리고 크라틸로스가 하는 말은 정말인 게야. 사물들에 대한 이름들은 자연스런 것이며, 모두가 작명가인 것도 아니고, 각각의 사물에 자연스런 이름인 것을 바라보며 문자들과 음절들 속에 그것의 형상을 들여놓을 수 있는 그런 자만이네."(390d~e) 이런 말을 한 뒤에 이름의 옳음을 알아보기 위한 어원들의 추적을 다방면에 걸쳐 하게 되는데, 이 대화편의 약 2/3에 가까운 분량이 이에 할당된다. 그 분야별 추적 내용들과 관련해서는 목차에서 밝혔다.

그런데 사물들의 관찰을 하다 보니, 결국엔 사물들이 회전하며 모든 면에서 운동하고 있는 것으로 보이게 된다. 자연 속의 사물들은 그 어떤 것도 한결같지도 확고하지도 않고, 끊임없이 흘러가며 이동하고 온갖 이동 운동(phora)과 생성(genesis)의 과정 곧 흐름(rhoa)의 과정 속에 있으며, 이름들도 그런 것들에 대한 것들이 대부분임을 확인하게 된다. 그러나 434e~435d에 걸쳐서는 이름들의 옳음에 대한 주장으로 헤르모게네스가 주장한 합의와 약정 그리고 관습의 측면도 있음을 소크라테스는 크라틸로스에게 확인케 하는 것도 잊지 않는다. 그런데도 크라틸로스는 사물들의 이름들은 운동과 흐름을 닮은 것들이며 그런 이름들을 통해 사물들도 제대로 알게 되는 것이며, 또한 이것만이 최선의 유일한 길이라고 고집한다.

"만물은 유전한다(panta rhei)", 곧 끊임없는 흐름(rhoē)의 상태에 있다고 주장한 헤라클레이토스 일파에 속한 그였지만, 오히려 그는 더 극단적인 사람이었던 걸로 전한다. 아리스토텔레스는 삼라만상의 부단한 변화에 주목하게 된 헤라클레토스의 추종자들로 자칭한 자들의 의견들, 그중에서도 크라튈로스의 의견은 이러했다고 한다. "그는 마침내 아무것도 말해서는 안 된다고 생각해서, 손가락질만 했으며, 같은 강에 두 번 들어갈 수는 없다고 말한 헤라클레이토스를 비난했다. 자신은 한 번조차도 들어갈 수 없다고 생각했기 때문이다."(아리스토텔레스《형이상학》IV, 1010ª12~15.) 하기야 한 번 강에 들어가는 사이에도 그의 몸을 감싸는 강물은 매순간 바뀌고 있었을 테니까. "그들에게 있어서의 이런 판단의 원인은, 있는 것들(ta onta)에 대한 진리를 고찰하되, 있는 것들을 오로지 감각적인 것들(ta aisthēta)만인 걸로 생각했기 때문이다."라고 아리스토텔레스는 앞 인용문에 조금 앞서(1010ª1~3) 단언하고 있다.

소크라테스는 이와 관련해서 자신이 '자주 꾸는 꿈'(439c~d) 이야기를 하면서, 앞서(389b~390b)에서 잠깐 내비쳤던 형상에 대한 언급에 이어 그 인식에 대한 언급까지 하면서 이 대화편을 끝맺는다. 여기에서 말하는 '아름다운 것(아름다움) 자체(auto to kalon)'나 앞서 언급한 '북인 것 자체(auto ho estin kerkis)'는 이데아 또는 형상(eidos)을 지칭하는 공식적 표현 형식들이다. 형상과 관련된 이런 언급이 이 대화편의 저술 시기를 중기 대화편들 중의 하나인 걸로 분류하는 결정적 근거가 된다. 그러나 그게 중기 중에서도 언제쯤이냐가 문제일 수도 있겠는데, 《파이돈》 편과의 전후가 또한 논란거리일 수 있다. Loeb Classical Library의 이 대화편 역자인 H. N. Fowler는 이와 관련해서 4쪽에서 404b에서의 "'Haidēs(Hades)'라는 이름은 to aides(보이지 않는 것)에서 따오게 된 것이라기에는 거리가 한창 머냐"라는 소크라테스의 언급이 《파이돈》편(80d)에서의 "그의 보이지 않는 부분(to aides)인 혼이 그와 같은 유의 다른 곳, 즉 고귀하고 순수하며 보이지 않는 곳으로, 그야말로 하데스의 거처로 선하며 지혜로운 신 곁으로, 신이 바란다면…"이라는 언급을 정면으로 부정하고 있다는 점에서 그 뒤의 것으로 볼 수 있겠다고 말하고 있다.

그러나 《파이돈》 편에서의 형상과 관련된 표현은 본격적이기도 하지만(역주자의 이 대화편에서 2쪽에 이르는 분량의 각주 147 참조), 뭣보다도 형상을, 감각적인 대상(to aisthēton)과는 근본적으로 구별되는 지성(nous)의 인식 대상(to noēton)으로서 처음으로 지칭하기 시작했다(80b, 83b). 게다가 《국가(정체)》 편에서는 이런 인식 대상들을 '지성에 의한 앎의 부류(to noēton genos)', 더 나아가서는 그런 영역(ho noētos topos)까지 언급하는 단계로 확장된다. 이런 점에서 입각해서 본다면, 《파이돈》 편이 확실히 둘 중에서 뒤의 것이라 보아야 할 것이다.

하지만 이 대화편은 처음 저술된 형태로만 머물러 있지 않았고, 몇 차례에 걸쳐 가필을 한 것으로 간주되고 있다. 이와 관련해서는 역자가 해당되는 대목의 각주에서 언급했으니, 본문을 읽으면서 참조하면 되겠다. 그렇다고 해서 이를 후기 대화편의 특성까지 갖는다고 하며, 선뜻 후기의 것처럼 말할 성질의 것은 전혀 아니라고 본다. 이를테면, 《소피스테스》 편이나 《정치가》 편에서 본격적으로 다루는 형상들의 나눔(diairesis)과 결합(koinōnia)이 《국가(정체)》 편 454a와 476a에서 이미 언급되고 있다고 해서, 우리가 그런 식으로 말하지는 않거니와, 그런 생각 또는 구상을 그 뒤의 어느 시점에 하게 되어, 거기에 메모 형태로 가필해 두었다고 말하는 편이 더 무난한 해석일 수도 있겠다는 생각도 할 수 있겠기에 하는 말이다.

목 차

체'인 '형상'이 있음.(386a~388b)

   2) 이름도 일종의 도구이며, 이름을 짓는 전문가는 작명가의 구실을 하는 입법자임. 그러나 훌륭하게 이름이 정해지려면, 변증가(dialektikos)를 감독자로 삼아야 함.(388c~390d)

II.소크라테스가 이름의 자연스런 옳음을 말하나, 이름의 옳음이 무엇인지를 찾는 게 과제임을 말하면서, 광범위한 분야의 어원 추적에 들어감.(390e~427d)

   1. 호메로스가 말한 이름들(391d~395e)

   2. '제우스'라는 이름, 신들(theoi), 다이몬(daimōn), 영웅(hērōs), 인간(anthrōpos), 혼(psykhē), 몸(sōma) 등의 어원 추적(396a~400c)

   3. 신들의 이름들(400d~408d)

   4. 천체들, 원소들, 계절들 및 자연 현상들에 대한 이름들(408d~410e)

   5. 도덕적 개념들, 지식, 지혜, 지적인 개념들, 여러 형태의 느낌들과 감정들 및 각종 양상들에 대한 이름들(411a~421e)

   6. 이름들 곧 낱말들을 구성하는 요소들로서의 자모 문자들(stoikheia)에 대한 고찰(422a~427d)

III. 크라틸로스를 상대로 한 대화(427e~440e)

   1. 입법자들이 지은 모든 이름은 자연스럽고 옳다는 그의 주장을 뒷받침하려면, 적절한 문자들로 표현된 이름이어야 할 것이고, 그중에서도 최초의 이름들은 사물들과 최대한 같은 또는 닮은 것이어야만 할 것임.(427e~434b)

   2. 그러나 이를테면, 수들의 경우에는 '닮음'을 내세울 수 없음을 말함. 수들은 '합의'와 '약정'에 의한 것이니, 이름의 옳음을 주장하려면, 이런

측면도 추가로 수용함이 옳음을 말함.(~435c)

3. 이름들이 지닌 힘은 우리에게 가르침을 주는 것이니, 이름을 통해 사물들을 알게 됨. 그러나 사물들에 대한 첫 이름들을 어떻게 갖게 되었는지는 의문임.(~438c)

4. 운동(phora)을 지지하는 쪽의 이름들과 정지(stasis)를 지지하는 쪽의 이름들: 모든 것이 언제나 운동하며 흐르는(유전하는) 상태에 있는 걸로 보고서 이름들을 정한 사람들과 '아름다운 것 자체'와 같은 형상들이 있는 걸 알고 이를 인식하는 사람들을 구별함.(438c~440e)

대화자들

헤르모게네스(Hermogenēs): 5세기 아테네의 제일가는 부자들 중의 한 사람이었다는 히포니코스(Hipponikos)의 두 아들 중의 하나(아우)로서, 이 대화편 391c에 그는 아버지의 유산을 물려받지 못한 것으로 언급되고 있다. 반면에 아버지의 유산을 고스란히 물려받은 형 칼리아스(Kallias: 약 450~370)는 그 유산을 낭비한 것으로 유명하다. 그 대표적인 경우들의 한 예로서, 《프로타고라스》편 314c 이후에서 당대의 이름난 소피스테스들인 프로타고라스, 히피아스, 프로디코스가 동시에 그의 집에서 유숙하고 있을 때, 소크라테스가 찾아간 장면을 목격하게 된다. 헤르모게네스도 소크라테스의 최후를 옥에서 지켜본 제자들 중의 한 사람이었던 걸로 《파이돈》편(59b)에서 언급되어 있다.

크라틸로스(Kratylos): 5세기 후반에 젊은이로서 소크라테스와 동시대에 활동했으며, 헤라클레이토스 철학을 극단적으로 펴 나갔던 것으로 전한다. 그의 이런 면모는 해제에서 더 자세히 언급했다. 아리스토텔레스는 그의 《형이상학》 I권(987ª32~34)에서 플라톤이 "젊어서 처음으로 크라틸로스와 그리고서 헤라클레토스의 의견들에 익숙해졌다"고 했다.

소크라테스(Sōkratēs): 429d~e에서 '거짓을 말함'과 관련된 논의가 복잡성을 띤 것이어서, '나나 내 나이에는 너무 정교한 것'이라는 언급을 하고 있는 장면이 나오는데, 이로 미루어 노년기의 그였음을 시사하고 있는 대목이겠다. '거짓'의 문제는 《에우티데모스》 편에서도 제기되는 것이지만, 이 문제가 결정적인 해결을 보는 것은 후기 대화편인 《소피스테스》에서다.

헤르모게네스: 그러면 자네는 여기 계신 소크라테스 선생님과 논의 383a
를 함께하길 원하는가?

크라틸로스: 자네에게 그게 좋다면.

헤르모게네스: 소크라테스 선생님, 여기 이 크라틸로스는 있는 것
들 각각에는 그 본성상 자연스런 그 이름의 옳음이 있으며, 이 이름
은 몇몇 사람들이, 자신들의 언어의 일부분을 적용해서 발음해 보고
서, 그리 일컫기로 합의를 해서 부르는 것이 아니라, 헬라스인들의 경
우에도 이방인들의 경우에도, 모두에 똑같은 자연스런 이름들의 어 b
떤 옳음이 있다고 말합니다. 그래서 제가 이 사람에게 묻습니다. 크
라틸로스가 진짜로 자신의 이름인지를. 그는 동의합니다. "그러면 소
크라테스 선생님의 성함은 무엇인가?" 제가 물었습니다. "소크라테스
이셔." 그가 대답했습니다. "그러니까 다른 모든 사람들에게 있어서
도 각각의 이름을 우리가 부르는 이것이 그들 각자에게 있어서의 이
름이 아니겠는가?" 그러나 그가 말했습니다. "어쨌거나 자네에게 있
어서 헤르모게네스¹는 이름이 아니야. 모든 사람이 그리 불러도 아닌
게야." 그래서 제가 묻기도 하고, 도대체 무슨 말을 그가 하는 것인지

153

384a 알려고 애썼지만, 그는 제게 아무것도 명확히 밝히지도 않고, 시치미를 떼고 있습니다. 자신이 이와 관련해서 뭔가를 알고 있어서, 이를 명확히 말해 주기로 할 경우에는, 자신이 말하는 바에 대해서 그가 동의하고 자신이 말하는 것 그대로를 그도 말하도록 만들게 될 것이라는 생각을 속으로는 하고 있는 척하면서요. 그러니 만약에 선생님께서 크라틸로스의 신탁 같은 예언을 어떤 식으로건 해석하실 수 있으시다면, 저는 기꺼이 듣고 싶습니다. 하지만 그보다는 이름들의 옳음과 관련해서 선생님 자신께는 그게 어떤 걸로 생각되시는지를 더더욱 기꺼이 듣고 싶습니다. 만약에 선생님께서 그러고 싶으시다면 말씀입니다.

소크라테스: 아, 히포니코스의 자제 헤르모게네스여, 옛 격언으로
b "아름다운 것들은 어렵다"[2]는 걸 어떻게 이해할 수 있을지. 특히 이름들과 관련된 배움은 사소한 게 아닐세. 그러고 보니, 만약에 내가 진작 프로디코스[3]에게서 50드라크메[4]짜리 본보임 강연[5]을 들었던들, 이

---

1) Hermogenēs는 어원으로 따지면 Hermēs의 자식 곧 그의 아들이란 뜻이니까, 그의 이름으로 될 수가 없다고 해서 이런 말을 하고 있다. 407e~408b에서는 다른 뜻들도 있음을 언급하고 있다. 헤르메스는 제우스와 마이아(Maia) 사이에서 난 신으로, 길과 경계들의 신이며, 신들의 사자이기도 하며, 망자의 혼을 저승으로 인도하는 신이기도 하다. 그는 실로 다양하기 그지없는 면모를 갖는 신인데, 모든 형태의 번영과 시도들의 성공을 보장해 주는 신이기도 하다.

2) 원어는 khalepa ta kala이다. 여기에서 '아름다운 것들'은 '훌륭한 것들'로 옮겨도 되는 것이겠다. 이 속담은《국가(정체)》편 435c, 497d 그리고《대 히피아스》편 304e에서도 인용되고 있다.

3) Prodikos와 관련해서는 앞의《에우티데모스》편 277e의 각주 39에서 이미 언급했으니, 이를 참조할 것.

4) 아테네 화폐의 가장 기본적인 단위는 오볼로스(obolos)와 드라크메(drakhmē)라 하겠다. 이 화폐단위의 어원과 관련해서는 LSJ의 대사전에

를 듣는 자는 이 문제와 관련해서, 그가 말하듯, 교육을 받았을 수 있
었을 텐데. 이름들의 옳음과 관련된 진실을 자네로 하여금 곧바로 족
히 알게 하는 데 전혀 지장을 초래하지 않았을 테니. 그러나 이제껏   c
그건 듣지 못하고, 1드라크메짜리만 들었지. 따라서 이런 것들과 관
련해서는 도대체 진실이 어떤지를 나는 알지 못하네. 하지만 나는 자
네와 또한 크라틸로스와도 공동으로 함께 탐구할[6] 준비는 되어 있네.

이런 설명이 실려 있다. obolos에는 obelos, obelas 등의 방언들도 있는
데, 원래 이는 '못(큰못?)' 또는 이런 유형의 '쇠꼬챙이'를 지칭하던 것으
로, 주조 화폐가 생기기 전의 초기에는 이것이 '돈' 구실을 했단다. 그런
데 이것들을 화폐로도 전용하면서, 이것들의 '한 옴큼'을 '드라크메'라 일
컫는 화폐 단위(6오볼로스)로 쓰게 되었다고 한다. 이후 갖가지 형태의
주화들이 쓰이다가, 아테네의 경우엔 508년의 민주화 이후에는 아테나 여
신과 올빼미가 새겨진 은화들이 쓰이기 시작하고, 483년 라우리온(Lauri-
on) 은광 발견 이후엔 지중해 연안 나라들의 이른바 국제 통화로서의 수
요에 응해 특히 4드라크메 은화(tetradrakhmon)를 위주로 한 은화들을
대규모로 꾸준히 공급했다고 한다. 당시 화폐의 현실적 가치를 가늠할 수
있는 예들 몇 가지를 들면, 이런 것들이다. 당시에 건장한 기능인의 하루
수당이 1드라크메였다고 한다. 《소크라테스의 변론》편(38b)을 보면, 소
크라테스가 자신에 대한 벌금형으로 1므나를 제의하니까. ― 당시에 포로
의 석방 대가가 이 금액이었다고 함 ―, 여러 사람이 30므나의 벌금을 제
의하도록 하고 자기들이 물겠다고 하는 장면이 나온다. 1므나(mna)는
100드라크메에 해당된다. 또한 같은 대화편(26d)에서 아낙사고라스의
책을 1드라크메로 구입할 수 있었다는 언급이 보인다. 그리고 1드라크메
는 6오볼로스(obolos)에 해당하는 것이었는데, 당시에 노동력을 상실한
노인들이 주류를 이루었던 배심원들의 일당이나 축제 행사 때 가난한 시민
들의 극장 관람을 위해 나라에서 각자에게 제공하는 '관람 비용'(theōrika)
이 처음에는 2오볼로스였다가 나중엔 3오볼로스로 올랐다고 한다. 그런
가 하면, 펠로폰네소스 전쟁 말기에 아테네에서는 가난한 시민의 하루 생
계비로 2오볼씩 지급했는데, 이를 diōbelia(2오볼 수당)라 했다.

5) 앞의 《에우티데모스》편 274a에서 해당 각주를 참조할 것.
6) '공동으로 탐구함'의 원어는 syzētein koinēi이다. 소크라테스의 대화

그러나 그가 헤르모게네스는 자네의 진짜 이름이 아니라고 하는 건, 내가 짐작하듯, 그가 자넬 놀리고 있는 걸세. 아마도 돈을 벌려는 자네의 목표가 매번 빗나간다고 생각해선 게지.[7] 하지만, 내가 바로 지금 말했듯, 이런 것들을 알기는 어려우니, 이를 공동의 일로 삼고서, 그게 자네가 말하는 대로인지 또는 크라튈로스가 말하는 대로인지 고찰해야만 하네.

헤르모게네스: 그렇더라도, 소크라테스 선생님, 그야말로 여러 번이나 이 친구와도 그리고 다른 많은 사람들과도 대화를 했습니다만, d 이름의 옳음으로는 약정(synthēkē)과 합의(homologia) 이외의 다른 어느 것도 제겐 설득이 불가능합니다. 제게는 누군가가 어떤 것에 이름을 정해 주면, 이게 그 옳은 이름이라 생각되니까요. 그리고 그가 어쨌든 다시 다른 이름으로 바꾸고서, 더는 이전 이름으로 일컫지 않을 경우에는, 나중 것이 이전 것보다 전혀 못지않게 옳습니다. 마치 우리가 가노들에게 이름을 바꿔 주듯이. 왜냐하면 본성적으로(physei) 각각에게 자연스런 이름은 아무것에도 전혀 없고, 그리 정하고서 일컫는 사람들의 법(nomos)[8]과 관습(ethos)에 의한 것이니까요. 하지

(dialogos, dialegein) 정신은 사실상 무지자들로서 출발하는 공동 탐구(syzētēsis)에 있다고 할 것이다. 이 공동 탐구와 관련해서는 오늘날의 그리스인들이 말하는 좋은 속담이 있다. to ena [k]heri plenei to allo kai ta dyo to prosōpo.(한 손은 다른 손을 씻어 주고, 두 손은 얼굴을 씻어 준다.)

7) 391c에서도 소크라테스가 언급하고 있듯, 헤르모게네스는 유산 상속을 받지 못해서, 가난했던 탓이겠다.

8) nomos에는 법·관습·관례·조례 등 여러 가지 뜻들이 있으나, 여기에서는 바로 다음에 ethos(관습)가 언급되고 있는데다, 이 대화편에선 이름을 정하는 사람을 'nomothetēs(입법자)'로 지칭하고 있기에 '법'으로 옮겼다. 복수 개념으로서의 '법률'은 nomoi이다.

만 이게 어떻게든 다르다면, 저로서는 크라틸로스에게서만이 아니라, e
다른 누구에게서든 배우고 들을 준비가 되어 있습니다.

소크라테스: 실은, 헤르모게네스, 어쩌면 자네가 의미 있는 말을 하 385a
고 있는 것일 수도 있네. 하지만 고찰해 보세나. 자네 말은 누군가가
각각의 것을 일컫는 이것이 각각의 것에 대한 이름이라는 게지?

헤르모게네스: 제게는 그리 생각됩니다.

소크라테스: 개인이 그리 일컬어도 나라가 그리 일컬어도 말이지?

헤르모게네스: 그렇습니다.

소크라테스: 그러면 어떤가? 있는 것들 중에서 어떤 것이건 내가
일컬을 경우에, 이를테면 지금 우리가 '사람'으로 일컫는 것, 이걸 내
가 '말'로 부르되, 지금 '말'로 일컫는 것은 '사람'으로 부른다면, 같은
것에 대해 공적으로는 그 이름이 '사람'이겠으나, 사적으로는 '말'이
되겠지? 그리고 사적으로는 다시 '사람'으로, 공적으로는 '말'로 될 것
이고? 자네는 그리 말하고 있는 게지?

헤르모게네스: 제게는 그리 생각됩니다. b

[소크라테스:[9] 자, 그러면 이에 대해서 내게 대답해 주게나. 자넨
어떤 걸 진실을 말한다고도 거짓을 말한다고도 일컫는가?

헤르모게네스: 저로서는.

소크라테스: 그러니까 한쪽은 참인 진술이나, 다른 쪽은 거짓인 진

---

9) 원문 텍스트인 OCT에서는 여기(b2)서부터 d1까지에는 버릴 것들임을
뜻하는 [ ] 표시가 되어 있다. 이 번역서에서도 이 표시를 한 채로 번역
은 그대로 해서 함께 실었지만, 이 대목에서에서의 이 부분은 적잖이 엉
뚱스럽다. 아닌게아니라 이 부분은 건너뛰어 바로 d2로 넘어가는 게 자
연스런 연결이겠다.

술이겠지?

헤르모게네스: 물론입니다.

소크라테스: 그러면 있는 것들을 있다고 말하는 것은 참인 진술이지만, 이를 있지 않다고 말하는 것은 거짓인 거고?

헤르모게네스: 네.

소크라테스: 따라서 이게, 곧 있는 것들과 있지 않는 것들을 하나의 진술로 표현하는 것이 가능한가?

헤르모게네스: 물론입니다.

c　소크라테스: 그러나 참인 진술은 전체는 참이지만, 그것의 부분들은 참이 아닌가?

헤르모게네스: 그렇지가 않고, 그 부분들도 참입니다.

소크라테스: 큰 부분들은 참이지만, 작은 것들은 그렇지가 않은가, 아니면 그 모두가 참인가?

헤르모게네스: 전부라고 저로서는 생각합니다.

소크라테스: 그러면 진술의 부분으로 자네가 말하는 것으로 하나의 이름(명사)[10]보다도 더 작은 게 있는가?

헤르모게네스: 없고요, 그게 가장 작습니다.

소크라테스: 그러니까 이름은 참된 진술의 그런 부분으로 말하는 거네.

헤르모게네스: 네.

소크라테스: 자네가 말하듯, 어쨌든 이는 참인 것이네.

헤르모게네스: 네.

---

10) 원어 onoma에는 '이름'의 뜻 이외에 문법 용어로서의 '명사'라는 뜻도 있다.

소크라테스: 그러나 거짓인 진술의 부분은 거짓이 아닌가?

헤르모게네스: 그렇습니다.

소크라테스: 그러니까, 정녕 그런 진술도 말할 수 있을진대, 거짓인 이름과 참인 이름을 말할 수 있겠구먼?

헤르모게네스: 어찌 아니겠습니까?]   d

소크라테스: 따라서 각자가 어떤 것에 대한 이름이라 말하는 것, 이 것이 각자에게 있어서의 그 이름이겠지?

헤르모게네스: 네.

소크라테스: 실로 누군가가 각각의 것에 대해서 얼마나 많은 것들이 그 이름들이라고 말할지라도, 그만큼의 이름들이 그가 그것들을 말할 때마다 있게 되겠지?

헤르모게네스: 소크라테스 선생님, 저로서는 이름의 옳음을 이것 이외의 다른 것에서 찾을 수가 없기 때문입니다. 제게는 그 각각에 대해서 제가 정하는 다른 이름으로 부르는 것이 있지만, 선생님께는 역시 선생님 나름으로 부르는 다른 것이 있죠. 이처럼 각각의 나라들에   e
있어서도 동일한 것들에 대해 특유하게 정해진 이름들이 있으며, 헬라스인들의 경우에도 다른 헬라스인들과 비교해서, 또한 헬라스인들이 이방인들과 비교해서 그러합니다.

소크라테스: 자, 그러면 보세나, 헤르모게네스! 있는 것들도 이러한 걸로 자네에게는 보이는지, 곧 이것들의 본질(ousia)이 각각에 특유한 것인지 말일세. 마치 프로타고라스가 '만물의 척도'[11]는 인간이

---

11) 바로 다음 각주에서 언급된 프로타고라스의 책에서 프로타고라스가 주장한 걸로 플라톤의 《테아이테토스》편 152a~c, 161c~d에 나오는 내용이 그의 '토막글 1'로 Diels/Kranz, *Fragmente der Vorsokratiker*, II에 수록

386a 라고 하면서, 사물들은 내게 보이는 그대로의, 그런 것들이 내게 있어
서의 것들이지만, 자네에게 보이는 그대로의, 그런 것들은 자네에게
있어서의 것들이라는 게. 아니면 사물들은 그것들 자체의 본질의 어
떤 견고성을 지니고 있는 것으로 자네에겐 생각되는가?

　　헤르모게네스: 소크라테스 선생님, 제가 진작 언젠가는 당혹스러운
상태에서 프로타고라스가 말한 그대로 이끌리어 들어갔었죠. 하지만
제게는 전혀 그런 것으로는 생각되지 않습니다.

　　소크라테스: 어떤가? 이에 이미 이끌리어 들어가고서도, 못된 어떤
b 사람은 있다고는 전혀 자네에겐 생각되지 않던가?

　　헤르모게네스: 맹세코, 전혀 그렇지가 않고, 실은 제게는 이런 생각
이 자주 들었습니다. 아주 못된 사람들이, 그것도 아주 많이 있다는.

　　소크라테스: 어떤가? 아주 선량한 사람들이 있다고 자네에게 생각

되어 있다. 이른바 '프로타고라스적인 척도(to Prōtagoreion metron)'로
지칭되는 이 주장의 요지는 대충 이런 것이다. "만물의 척도는 인간이다.
있는 것들(…ㄴ 것들: ta onta)에 대해서는 있다(…이다: hōs esti)고,
있지 않은 것들(…지 않은 것들: ta mē onta)에 대해서는 있지 않다(…지
않다: hōs ouk estin)고 하는 척도이다." 그러니까 프로타고라스가 말하
는 것은 아마도 이런 것이겠다. 각각의 사물들은 내게 보이는(여겨지는)
그대로가 내게 있어서의 것들이요, 너에게 보이는 그대로가 너에게 있어
서의 것들이다. 그런데 너도 그리고 나도 사람이다. … 동일한 바람이
부는데도 때로 우리 중에서 어떤 이는 추워하나 어떤 이는 추워하지 않는
다. 또한 어떤 이는 약간 추위하나 어떤 이는 몹시 추위한다. 그러니까
각자에게 그렇게 보이고(phainetai) 지각되는(aisthanesthai)대로의 것이
다. 그리고 이는 각자의 몸 상태에 따라, 달리 느껴지는 것이기도 하다.
이런 프로타고라스의 주장은 이전의 자연철학자들이 무상한 자연 현상
들의 변화 속에서도 변하지 않는 본질적인 것으로서의 본성(physis)을 갖
는 참 존재 곧 실재(to on)가 있다고 한 주장들을 정면으로 부정하는 것
이었다.

된 적은 없었던가?

헤르모게네스: 그야 아주 소수가.

소크라테스: 그러니까 있다는 생각은 들었구면?

헤르모게네스: 적어도 제게는.

소크라테스: 그러니까 이를 자네는 어떻게 보는가? 이런 건지. 아주 선량한 이들은 아주 지혜롭지만, 아주 못된 자들은 아주 분별이 없는 건가?

헤르모게네스: 제게는 그리 생각됩니다.   c

소크라테스: 만약에 프로타고라스가 진실을 말했다면, 그래서 이것이, 곧 사물들은 각자에게 생각되는 대로의 그런 것들이기도 하다는 것이 진리(alētheia)[12]라면, 우리들 가운데 일부는 지혜로우나, 일부는 지혜롭지 못한 것이 가능하겠는가?

헤르모게네스: 확실히 불가능합니다.

소크라테스: 이 또한, 내가 생각하듯, 자네에게도 전적으로 그리 생각될 게야. 지혜와 어리석음이 있기에, 프로타고라스가 진리를 말한다는 건 전혀 불가능하다고. 왜냐하면, 각자에게 생각되는 대로의 것이 정녕 각자에게 있어서 참이라면, 아마도 어떤 누구도 다른 사람보다도 어떤 점에서도 진실로 더 지혜로울 수는 없겠기 때문이지.   d

헤르모게네스: 그건 그렇습니다.

소크라테스: 하지만 에우티데모스에 따라[13] 모든 것이 모두에게 동

---

12) 프로타고라스의 책 제목이 《진리 또는 뒤집어엎는 주장들》(*Alētheia ē Kataballontes* [*logoi*])이어서, 이런 식의 언급을 하고 있는 것으로 보인다.

13) 여기에서 "에우티데모스에 따라"가 뜻하는 것과 관련되는 내용의 언급은 아마도 이런 것으로 추정된다. 《에우티데모스》편 286d~287a를 보

시에 언제나 마찬가지로 있는 것으로 자네에게 여겨지지도 않을 것이라 나는 생각하네. 또한 만약에 모두에게 [사람으로서의] 훌륭함(aretē)과 나쁨(kakia)이 마찬가지로 언제나 있다면, 이처럼 선량한 사람들이 있는가 하면, 못된 사람들 또한 있지도 않을 것이기 때문이네.

헤르모게네스: 진실을 말씀하십니다.

소크라테스: 그러니까 만약에 모든 것이 모두에게 동시에 그리고 언제나 마찬가지이지도 않고, 각각의 것이 각자에게 특유하지도 않다면, 이들 사물들은 그것들 자체의 어떤 확고한 본질을 지니고 있는 게 아주 명백하네. 그것들은 우리와의 관계에 있어서 그런 것도 아니고, 우리에 의해서 우리의 환영(phantasma)에 따라 요리조리 끌리지도 않고, 그것들 자체로 자연스럽게 갖게 된 그것들 자체의 본질과의 관계에 있어서 그러하네.

헤르모게네스: 제겐 그리 생각됩니다, 소크라테스 선생님!

소크라테스: 그러면 사물들은 그 본성상 이러하겠지만, 사람들의 행위들은 똑같은 방식으로가 아닌 건가? 또는 이것들, 곧 행위들도 있는 것들의 일종인가?

헤르모게네스: 이것들 또한 어쨌든 같지요.

소크라테스: 그렇다면 행위들도 그것들 자체의 본성에 따라 행하여지지, 우리의 의견에 따라 행하여지지는 않는 거네. 이를테면, 우리가

___

면, 소크라테스가 프로타고라스의 추종자들과 관련된 언급을 하다가, 그들의 주장에 따르면, 그 누구도 무지하지 않고, 거짓된 생각을 하는 것도, 실수하는 것도, 속는 것도 없다고 한다. 그래서 아무도 실수를 하지 않는다면, 두 소피스테스들이 누구의 선생들일 수 있겠는지 힐난하듯 묻는 장면이 나온다.

있는 것들 중의 어떤 걸 자르려고 한다면, 우리로서는 그 각각을 우리가 원하는 대로 그리고 우리가 그것으로써 자르고 싶은 것을 갖고서 잘라야만 하는가, 또는 우리가 그 각각을 자름과 잘라짐의 성질에 따라 또한 자연스런 도구로써 자르고자 한다면, 우리는 그걸 제대로 자를 뿐더러 그 이상의 성과가 우리에게 있을 것이며 우리는 이를 옳게 수행하게 될 것이지만, 만약에 그 성질을 거스르고 한다면,[14] 우리는 실수를 할 것이고 아무것도 제대로 행하지 못하게 되겠지?

헤르모게네스: 저로서는 그리 생각됩니다. b

소크라테스: 따라서 우리가 뭔가를 불태우려고 할 경우에도, 아무 의견대로나 태워서는 안 되고, 옳은 의견에 따라 태워야 하겠지? 이것이 자연스런 방식으로 각각의 것이 태워지고 태우는 것이며 자연스런 것을 이용해서 그러는 것이겠지?

헤르모게네스: 그건 그렇습니다.

소크라테스: 그러니까 다른 행위들의 경우에도 그렇겠지?

헤르모게네스: 그야 물론입니다.

소크라테스: 그런데 '말함' 또한 행위들 중의 한 가지가 아닌가?

헤르모게네스: 네.

소크라테스: 그러면 누군가가 그리 말해야만 한다고 생각되는 대로, 그런 식으로 말함으로써 옳게 말하는 것인가, 또는 사물들을 자연스런 대로 말하며 그리 언급되고, 또한 그런 것을 이용해서 그런다면, 곧 이런 식으로 그리고 이런 걸 이용해서 말한다면, 뭔가 더 이루고 말도 더 효과적으로 할 것이야. 그러지 않는다면, 그는 실패할 것이며 아무것도 이루지 못하겠지? c

---

14) 나무 따위의 결을 생각하면 되겠다.

헤르모게네스: 선생님께서 말씀하시는 대로 될 것으로 제게는 생각됩니다.

소크라테스: 그러면 이름을 부름은 말함의 부분이 아닌가? 아마도 이름을 부름으로써 사람들은 말을 할 테니까.

헤르모게네스: 물론입니다.

소크라테스: 그러니까, 말함도 정녕 사물들과 관련된 일종의 행위라면, 이름을 부름도 일종의 행위가 아니겠는가?

헤르모게네스: 네.

소크라테스: 그러나 행위들은 우리와의 관계에 있어서가 아니라,
d 그것들 자체의 어떤 특유한 본성을 지닌 것들로 우리에게 밝혀졌네.

헤르모게네스: 그것들은 그렇습니다.

소크라테스: 따라서 앞서 논의된 것들과 정녕 합치되는 것이도록 되려면, 이름을 부르는 것도 사물들을 자연스럽게 부르며 그것들이 그리 불리고 또한 그런 수단에 의해서 이름을 불러야만 하지, 우리가 하고 싶은 대로 해서는 안 되겠지? 또한 이런 식으로여야 우리가 뭔가 더 성취하기도 하고 이름도 부르게 될 수도 있겠지만, 달리는 그러지 못하겠지?

헤르모게네스: 제게는 그리 보이네요.

소크라테스: 자, 그러면, 잘라야 하는 것을, 뭔가를 갖고서 잘라야만 한다고 우리가 말할까?

헤르모게네스: 네.

e 소크라테스: 또한 직물 짜기를 해야 하는 것도, 뭔가를 갖고서 짜야만 하겠지? 그리고 구멍을 뚫어야 하는 것도 뭔가를 갖고서 뚫어야만 하겠고?

헤르모게네스: 물론입니다.

소크라테스: 그리고 또 물론 이름을 불러야만 하는 것은, 뭔가를 갖고서 이름을 불러야만 하겠고?

헤르모게네스: 그건 그렇습니다.

소크라테스: 그러면 구멍을 뚫는 데 이용해야만 하는 그건 무엇인가?

헤르모게네스: 송곳입니다.

소크라테스: 그것으로써 직물을 짜야만 하는 것은 무엇인고?

헤르모게네스: 북입니다.

소크라테스: 그것으로써 이름을 불러야 하는 것은 무엇인가?

헤르모게네스: 이름입니다.

소크라테스: 잘 말했네. 그러니까 이름도 일종의 도구[15]일세.

헤르모게네스: 물론입니다.

소크라테스: 가령 내가 "북(kerkis)은 무슨 도구인가?"라고 묻는다면, 그걸 갖고서 우리가 직물을 짠다고 하지 않겠나?

헤르모게네스: 네.

소크라테스: 직물을 짜면서 우리는 무엇을 하는가? 뒤섞인 날실들 b 과 씨실을 분리하지 않는가?

헤르모게네스: 네.

소크라테스: 그러니까 송곳과 관련해서도 그리고 다른 것들과 관련해서도 자네가 이런 식으로 말할 수 있지 않겠는가?

헤르모게네스: 물론입니다.

---

15) 원어 organon에는 '수단', '도구', 그리고 감각 '기관' 따위의 뜻들이 있다. 아리스토텔레스의 논리와 관련되는 저술들 전체를 그의 사후에 Organon으로 일컫게 된 것은 이것들이 '철학함(philosophein)'을 위한 수단 또는 도구'라는 뜻에서다.

소크라테스: 그러면 이름과 관련해서도 자네는 이처럼 말할 수 있 겠지? 도구인 이름을 이용해서 이름을 부름으로써 우리는 무엇을 하 는가?

헤르모게네스: 저는 말할 수가 없네요.

소크라테스: 우리는 뭔가를 서로 가르쳐 주고 사물들을 그 성질들 에 따라 구별하지 않는가?

헤르모게네스: 물론입니다.

소크라테스: 따라서 이름은 일종의 가르침을 주는 도구이며, 북이 씨실과 날실을 분리해 주듯, [사물들의] 본질을 구별할 수 있게 해 주

c 는 도구일세.

헤르모게네스: 네.

소크라테스: 하지만 어쨌거나 북은 직물 짜기에 능한 것이겠지?

헤르모게네스: 어찌 그렇지 않겠습니까?

소크라테스: 그러니까 직물 짜기에 능한 사람은 북을 훌륭하게 사 용하겠는데, 훌륭하게 사용한다는 것은 직물 짜는 사람답게 한다는 것이겠고. 반면에 이름을 사용함에 능한 사람은 이름을 훌륭하게, 이 름을 사용하는 사람답게 사용하는 것이겠네.

헤르모게네스: 네.

소크라테스: 그러면 직물을 짜는 사람이 북을 이용할 때, 누구의 제 작물을 훌륭하게 사용하게 되겠는가?

헤르모게네스: 목공의 제작물을 이용할 때입니다.

소크라테스: 모든 목공인가 또는 그 전문기술을 지닌 자인가?

헤르모게네스: 전문기술을 지닌 자입니다.

d 소크라테스: 구멍을 뚫는 사람이 송곳을 사용할 때, 누구의 제작물 을 훌륭하게 사용하게 되겠는가?

헤르모게네스: 대장장이의 것입니다.

소크라테스: 그러면 모든 대장장이인가 또는 전문기술을 지닌 자인가?

헤르모게네스: 전문기술을 지닌 자입니다.

소크라테스: 됐네. 가르치는 사람이 이름을 사용할 때, 그는 누구의 제작물을 사용하는가?

헤르모게네스: 그것도 제가 대답할 수 없네요.

소크라테스: 이것조차도 대답할 수 없는 겐가? 우리가 사용하는 이름들을 누가 우리에게 넘겨주었는지?

헤르모게네스: 정말로 대답할 수가 없네요.

소크라테스: 이것들을 넘겨준 것은 법인 걸로 자네에겐 생각되지 않는가?

헤르모게네스: 그런 것 같습니다.

소크라테스: 가르치는 사람이 이름들을 사용할 때, 그는 그러니까 입법자의 제작물을 사용하겠군? e

헤르모게네스: 제겐 그리 생각됩니다.

소크라테스: 한데, 자네에겐 모든 사람이 입법자인 걸로 생각되는가 아니면 전문적인 지식을 지닌 자가?

헤르모게네스: 전문적인 지식을 지닌 이가요.

소크라테스: 헤르모게네스, 그러니까 이름을 정함은 모든 사람의 일이 아니라, 어떤 작명가[16]의 일이네. 한데, 이 사람은, 그리 보이듯, 389a 입법자이고, 바로 이 사람이 사람들 속에서 찾을 수 있는 장인들 중에

---

16) 원어는 onomatourgos인데, 같은 뜻의 헬라스어로, onomatopoios 및 onomatothethēs(이름을 정하는 이)가 있다. 《카르미데스》편 175b에서도 입법자(nomothethēs)를 작명가로 언급하고 있다.

서도 가장 드문 사람이네.

헤르모게네스: 그런 것 같습니다.

소크라테스: 자, 그러면 입법자가 어디를 주목하면서 이름들을 짓는지 살피게나. 앞서의 논의들을 잘 검토하게나. 목공이 어딜 보며 북을 만들고 있겠는가? 그 본성상 직물을 짜도록[17] 되어 있는 그런 것을 보면서가 아니겠는가?

헤르모게네스: 물론입니다.

b   소크라테스: 어떤가? 가령 이 사람이 북을 만드는 중에 이게 망가질 경우, 그는 이 망가진 것을 보면서, 다른 북을 다시 만들겠는가, 아니면 그가 망가트린 것을 만들 때도 바라보면서 했던 그 형상(eidos)을 바라보면서 그러겠는가?

헤르모게네스: 그것을 바라보면서 그럴 것으로 어쨌든 제게는 생각됩니다.

소크라테스: 그러니까 그것은 '북인 것 자체'[18]로 우리가 부르는 게

---

17) 여기에서 말하는 '직물을 짬'의 원어는 'kerkizein'인데, 이를 그 진행 방식에서 보면, 그 과정 자체는 '북(kerkis)의 씨실로 날실들을 갈라 놓음'이다. 직물을 짬에 있어서 먼저 베틀에 날실들이 잉아에 꿰져 나란히 세워지거나 눕혀져 있고, 이것들이 서로 하나 걸러 앞뒤로 갈라섬을 서로 어긋나게 반복적으로 조작하게 되면, 이 틈 사이로 북이 그때마다 반복적으로 왔다 갔다 하면서 씨실을 풀어 준 다음 이를 바디로 쳐 줌으로써 비로소 직물이 그만큼씩 짜이게 된다. 그러나 이는 날실들 쪽의 관점에서 보면, 일단 이것들이 서로 분리되는 작동이다. 그래서 영어로도 이의 동사형 kerkizein의 설명을 to separate the web with the kerkis로 하고 있다. 물론 이는 방직 과정의 일환이다.

18) 여기서 만나게 되는 '북인 것 자체(auto ho estin kerkis)'라는 표현은 《파이돈》 편이나 《향연》 편, 특히 《국가(정체)》 편에서 본격적으로 등장하게 되는 형상 또는 이데아의 대표적인 공식적 표현 형태들 중의 하나이다. 여기에서의 auto ho estin kerkis에서 구체적인 사물인 북(kerkis)은

가장 타당하지 않겠는가?

헤르모게네스: 제게는 그리 생각됩니다.

소크라테스: 그러니까 그가 얇거나 두꺼운 천의 두름겉옷[19]이나 아

하나의 예일 뿐이므로, 불특정인 hekaston(각각)을 대입하면, auto ho estin hekaston(각각인 것 자체: 《국가》편 490b, 532a) 또는 auto hekaston ho estin(《파이돈》편 78d)이 되겠고, 요즘 방식으로 미지의 것을 나타내는 기호 x(어떤 명사 또는 형용사)를 이용하면, 이 표현은 이렇게, 곧 "auto ho estin x(x인 것 자체)"로, 더 나아가 "auto ho estin F"로도 되겠다. 이때의 hekaston이나 x는 이처럼 명사일 수도 있고, 형용사일 수도 있다. 이를테면, auto ho estin agathon(좋은 것 자체)이 그 용례이겠고, 이는 auto to agathon(좋은 것 자체 또는 좋음 자체)의 형태로도 표현된다. 그러니까 여기에서 말하는 '북인 것 자체'는 북의 형상 또는 이데아를 가리키는 말이다. 인공적인 제작물의 이데아 또는 형상이라니? 그런 게 실재한다니? 생각하기에 따라서는 황당하기 그지없을 것만 같다. 그러나 플라톤은 이런 것들의 형상과 관련해서 《국가》편(596a~597d)에서 그 실재성을 신의 창작물로 빗대어 말하고 있다. 하지만 그보다는 플라톤이 같은 대화편 1권 끝 쪽(351a~353e)에서 하고 있는 온갖 사물들의 '기능(ergon)'과 관련된 언급을 갖고서 설명하는 게 더 효과적일 것으로 생각된다. 여기에서는 '올바르지 못함(adikia)'의 기능과 '올바름(dikaiosynē)'의 기능을 대비해서 언급하다가, 단검이나 칼 그리고 혼 등의 기능과 관련된 언급을 한다. 이 기능과 관련된 언급을 이 대화편에서 예로 들고 있는 '북'을 갖고서 설명을 이어가 보자. 목공이 만든 '북'은 엄연한 '제작물(ergon)'이다. 그런데 '북인 것 자체'는 다름 아닌 그 '기능(ergon)' 곧 그 '구실'이 그 '본질(ousia)'이다. 현대식 방직기에서 '북'은 이미 사라졌으나, 그 기능은 air-jet 식이나 water-jet 식 형태의 씨실을 분사하는 분사구 장치가 대신하고 있으니, 그 기능은 그대로 존속하고 있는 셈이겠다. 실상 공기도, 물도, 집도, 수 1·2·3도, 문자도, 아니 이 세상의 모든 것은 저마다의 고유 기능을 갖고 있으니, 기능 자체가 그것들 각각의 존재 이유이기도 하다. 이 기능과 관련된 역주자의 대표적인 글이 졸저 《헬라스 사상의 심층》 제3장에 수록되어 있으니, 참조하는 것도 관련된 문제의 이해에 도움을 줄 것 같다.

19) 원어는 himation이다. 한동안 '겉옷'으로 옮겨 오던 것이다. 이 책에

마나 모 또는 어떤 종류의 옷감을 위한 북을 만들어야 할 때는 언제나, 그 모든 북들은 북의 형상(형태: eidos)을 갖추어 가져야만 하지 않겠는가? 한데, 이 북이 그 각각에 가장 훌륭하게 맞는 본성을 갖추

c 게 되는, 이 본성을 각각의 제작물에 부여해야만 하지 않겠는가?

　헤르모게네스: 네.

　소크라테스: 물론 다른 도구들과 관련해서도 그 방식은 같지. 도구를 만드는 사람은 그 각각에 자연스럽게 맞는 도구를 발명해서, 자기가 거기에 이용하는 재료에, 자기 멋대로의 것이 아니라. 자연스런 그런 것을 부여해야만 하네. 각각의 것에 자연스럽게 어울리는 성질을 갖는 송곳을 쇠에 구현할 줄 알아야만 할 것 같기 때문이지.

　헤르모게네스: 물론입니다.

　소크라테스: 또한 자연스럽게 각각[의 직물]에 어울리는 북을 목재에 구현해야만 하겠고.

　헤르모게네스: 그렇습니다.

d 소크라테스: 각종의 직물에는 자연스런 각각의 북이 있는 것 같으며, 그 밖의 것들도 이러한 것 같기 때문이네.

　헤르모게네스: 네.

　소크라테스: 그러면, 이보게나, 각각의 것에 자연스레 어울리는 이름도 저 입법자는 음성들과 음절들로 구체화할 줄 알아야 하며, 또한 이름을 정해 주는 자로서 자격을 갖추려면, 저 이름인 것 자체를 바라보며, 모든 이름들을 짓고 정해야만 하겠지? 그러나 가령 각각의 입법자가 같은 음절들로 정하지 않을 경우라도, 이[20]를 모르고 있어서

　함께 실린《에우티데모스》편 300a의 해당 각주에서 자세한 언급을 했으니, 이를 참조할 것.
　20) 곧 '저 이름인 것 자체(auto ekeino ho estin onoma)'를 지칭한다.

는[21] 안 되네. 왜냐하면 모든 대장장이가 같은 목적의 같은 도구를 만 e
들면서도, 같은 쇠에다 그걸 구현하는 건 아니기 때문이네. 그렇더라도
대장장이가 같은 이데아(형태)를 부여하는 한, 〈같은 쇠나 또는〉 다른 390a
쇠에 그걸 구현하건 간에, 여전히 그 도구는 옳은 거네. 이곳에서 또는
이방인들의 나라에서 누군가가 그걸 만들더라도 말일세. 안 그런가?

헤르모게네스: 물론입니다.

소크라테스: 따라서 이와 마찬가지로 이곳 입법자도 이방인들의 나
라 법률가도, 그 각각에 적합한 이름의 형상을 어떤 음절들로든 부여
하는 한, 이곳 법률가든 또는 다른 어떤 곳의 법률가든 더 못한 법률
가인 걸로 자네가 평가하지는 않겠지?

헤르모게네스: 물론입니다.

소크라테스: 그러니까 누가 적절한 형태의 북이 어떤 목재에 구현 b
되겠는지를 알게 되겠는가? 그 제작자 곧 목공인가, 또는 그 이용자
곧 직물을 짜는 사람인가?

헤르모게네스: 그걸 이용할 사람이 더 그럴 것 같습니다, 소크라테
스 선생님!

소크라테스: 그러면 누가 리라 제작자의 제작물을 이용할 사람인
가? 그러니까 이 사람은 만들어지는 것에 대해 가장 훌륭하게 감독할
줄 알며 만들어지는 것이 잘 만들어지는지 아닌지도 알 사람이 아니
겠는가?

헤르모게네스: 물론입니다.

소크라테스: 누군가?

---

21) 텍스트 읽기에서 원어는 a〈mphi〉gnoein으로 되어 있는데, 〈 〉안의
것은 삭제하고서, agnoein으로 읽었다.

헤르모게네스: 키타라[22] 연주자입니다.

소크라테스: 하면, 배 만드는 사람에 대해 감독하는 사람은 누군가?

c 헤르모게네스: 조타수[23]입니다.

소크라테스: 그리고 입법자의 일을 가장 잘 감독하며, 이루어진 것들을 이곳에서고 이방인들의 나라에서고 판단할 사람은 누구인가? 바로 그걸 이용할 사람이 아닌가?

헤르모게네스: 네.

소크라테스: 그러니까 물을 줄 아는 사람이 이 사람 아닌가?

헤르모게네스: 물론입니다.

소크라테스: 한데, 같은 사람이 대답도 할 줄 아는 사람이겠군?

헤르모게네스: 네.

소크라테스: 또한 묻기도 하고 대답도 할 줄 아는 사람을 자네는 변증가[24] 이외의 다른 어떤 이름으로 부르는가?

헤르모게네스: 아뇨, 그 이름으롭니다.

d 소크라테스: 그러니까 목공의 일은 조타수의 감독 아래 키를 만드는 것이네. [만들어지는] 키가 훌륭한 것이려면 말일세.

헤르모게네스: 그런 것 같습니다.

소크라테스: 하지만 이름을 정하는 것은 입법자의 일이되, 훌륭하게 이름들이 정해지려면, 변증가를 감독자로 삼고서 하는 것인 것 같네.

---

22) 앞의 《에우티데모스》편 272c에서 해당 각주를 참조할 것.

23) 당시에는 조타수(kybernētēs) 곧 키잡이가 오늘날의 관점에서는 '선장'에 해당된다. 당시의 선장은 선주(nauklēros)였을 테니까.

24) 원어는 [ho]dialektikos이다. dialektikē를 '변증술'로 옮기는 데 따른 호칭이다.

헤르모게네스: 그건 그렇습니다.

소크라테스: 그러니, 헤르모게네스, 이름을 정함은, 자네가 생각하듯 평범한 일이 아닌 것 같네. 평범한 사람들의 일도, 아무나 할 수 있는 일도 아니네. 그리고 크라틸로스가 하는 말은 정말인 게야. 사물들에 대한 이름들은 자연스런 것이며, 모두가 작명가인 것도 아니고, 각 e 각의 사물에 자연스런 이름인 것을 바라보며 문자들과 음절들 속에 그것의 형상을 들여놓을 수 있는 그런 자만이네.

헤르모게네스: 소크라테스 선생님, 선생님께서 하시는 말씀에 어떻게 제가 반대해야 할지 저는 모르겠습니다. 하지만 이처럼 갑작스레 391a 설복되기도 어쩌면 쉬운 일이 아니라, 오히려 이런 식으로라면, 곧 선생님께서 말씀하시는 이름의 자연스런 옳음이 어떤 식의 것인지를 제게 밝히어 보여 주신다면, 저로서는 더욱 설복될 것으로 제게는 생각됩니다.

소크라테스: 이보게 헤르모게네스, 나는 아무런 것도 주장하고 있지 않네. 자네는 내가 좀 전에 말한 바를 확실히 잊은 게야. 나는 알지 못하나, 자네와 함께 고찰했으면 했지. 그러나 이제 고찰을 하고 있는 우리에게는, 곧 나와 자네에게는 이전에 비해서 이미 이만큼은, 이름이 자연스런 옳음을 지닌 것이며 어떤 사물에고 이름을 훌륭하게 정해 줄 줄 안다는 것은 모든 사람이 할 수 있는 일이 아니라는 점이 밝 b 혀졌네. 그렇지 않은가?

헤르모게네스: 물론입니다.

소크라테스: 따라서 그다음 것은, 정녕 자네가 알고자 한다면, 이름의 옳음이 도대체 무엇인지를 찾아야만 하는 것일세.

헤르모게네스: 그럼요. 정말로 저는 알고자 합니다.

소크라테스: 그러면 고찰하게나.

헤르모게네스: 그러니까 어떻게 고찰해야만 하나요?

소크라테스: 가장 옳은 고찰의 길은, 이보게나, 아는 자들과 함께 하는 것인데, 그들에게 돈을 지불하고 감사함도 표시하고서야. 한데,

c 이들은 소피스테스들일세. 바로 이들에게 자네 형 칼리아스도 많은 돈을 지불하고서,[25] 지혜로운 걸로 평판이 나 있지. 하지만 자네는 유산 상속을 받지 못했으니, 형에게 간청해서, 이런 것들과 관련해서 프로타고라스에게서 그가 배운 그 옳음을 자네에게 가르쳐 달라고 요구해야만 하네.

헤르모게네스: 하지만, 소크라테스 선생님, 만약에 제가 프로타고라스의 《진리》를 전적으로 받아들이지 않는데도, 그와 같은 '진리'에 의거해서 말한 것들을 가치 있는 것들로 반긴다면, 저의 그런 요구는 이상할 것입니다.

소크라테스: 그러나 만약에 자네로서는 이것들이 불만스러운 것들

d 이라면, 호메로스 그리고 그 밖의 다른 시인들에게서 배워야 하네.

헤르모게네스: 소크라테스 선생님, 예컨대, 호메로스가 이름들과 관련해서 무엇을, 그리고 어디에서 말하고 있나요?

소크라테스: 여러 곳에서야. 그러나 가장 중대하고 가장 훌륭한 것들은 인간들이 그 이름들을 일컫는 것들과 신들이 일컫는 것들에 대해 구별을 하는 것들에 있어서네. 혹시 자네는 이들 구절들에서 이름들의 옳음과 관련해서 중요하고도 놀라운 뭔가를 그가 말하고 있다고 생각지 않는가? 왜냐하면 적어도 신들은 사물들을 자연스런 이름들인 그 옳음과 관련지어서 일컫기 때문이네. 혹시 그렇게 생각지 않는가?

---

25) 이 대화편 첫 머리에서 대화자 소개를 참조할 것.

헤르모게네스: 그러니까 정녕 신들이 그것들을 이름들로 부른다면, 옳게 부를 것이라는 걸 저로선 잘 알겠습니다. 하지만 그런 것들은 어떤 것들을 말씀하시는 겁니까?

소크라테스: 자넨 모르는가? 헤파이스토스와 1대1의 싸움을 했다는 트로이아에 있는 강에 대해서 신들은 "그걸 크산토스라 일컫지만, 사람들은 스카만드로스로 일컫는다."[26]는 걸.

헤르모게네스: 저야 알죠.

소크라테스: 그러면, 어떤가? 그 강이 스카만드로스보다도 크산토스로 일컫는 것이 어느 면에서는 더 옳은 것임을 안다는 것은 굉장한 것이라고 생각지 않는가? 또한 자네가 원한다면, 이렇게 말하는 새에 대한 것인데,

신들은 '칼키스(khalkis)'로 일컫지만, 사람들은 '키민디스(kymin-dis)'로 일컫는다네.[27]

자네는 같은 새에 대해 '키민디스'보다는 '칼키스'로 불리는 것이 얼마나 더 옳은지에 대한 배움이 하찮은 것이라고 생각하는가? 또는

---

26) 호메로스의 《일리아스》 20권 74행. Skamandros는 트로이아의 강 이름으로서, 이다(Ida)산 아래의 계곡에서 발원해서 헬레스폰토스로 흘러드는 강이다. 크산토스의 원어 표기는 Xanthos임. 바로 앞의 "헤파이스토스와 1대1의 싸움을 했다는 트로이아에 있는 강" 곧 스카만드로스강은 '강의 신(하신)'으로 신격화되어 지칭되기도 해서 하는 말이다.

27) 같은 책, 14권, 291행. 아리스토텔레스의 《동물 탐구지(誌)》(Historia Animalium) 615^{b}6에 의하면 키민디스는 매의 크기로 길고 가느다랗고 비둘기를 잡아먹는 육식조라고 한다. 어쩌면 수리부엉이의 일종인 것 같기도 하다.

b 한쪽은 바티에이아로 다른 쪽은 미리네로 일컫는 언덕,[28] 또한 이 시
인이나 다른 시인들의 것들로 그 밖의 많은 것들은? 그러나 이것들은
아마도 나도 자네도 그 까닭을 알아내기란 버거운 일일 게야. 그러나
스카만드리오스와 아스티아낙스는, 내게 그리 생각되듯, 비교적 사람
이 검토해 보기에 적합하고 한결 쉬운 것이네. 이것들은 헥토르의 아
들에 대한 이름들이라 호메로스는 말하는데, 그는 이것들의 옳음이
무엇인지를 언젠가 말하고 있네. 자네는 내가 말하는 것들이 있는 그
구절[29]을 물론 알고 있을 게 분명하겠기에 말일세.

헤르모게네스: 물론입니다.

소크라테스: 그러면 그 아이에게 '아스티아낙스' 또는 '스카만드리
오스'라는 이름들 중에서 어느 쪽을 그 아이에게 정해 주는 게 더 옳
은 걸로 호메로스가 생각했다고 자네는 생각하는가?

c 헤르모게네스: 저는 대답할 수가 없네요.

---

28) 이 언덕 또는 무덤(sēma)을 사람들은 'Batieia 언덕'으로 일컬었지만,
신들은 'Myrinē 무덤'으로 일컬었으며, 이것은 트로이아의 평원에 있는
언덕이었다고 한다. 이어서 예들로 든 신들이 일컫는 이름들은 시적인 전
통에 따른 것이거나 호메로스 자신이 창작한 명칭들인 것으로 Willcock
은 주석을 달고 있다.

29) 《일리아스》 6권 402~3행. 해당 구절은 다음과 같다. "헥토르는 [이 아
이를] 스카만드리오스(Skamandrios)로 부르곤 했지만,/ 다른 사람들은
아스티아낙스(Astyanax)로 부르곤 했다." 이는 Asty-anax의 합성어로,
asty는 성벽 안의 '도시' 특히 '도심'을 뜻하는데, 라틴어 urbs가 이에 해
당되며, anax는 '주인', '지배자'를 뜻한다. 헥토르는 트로이아의 프리아
모스(Priamos) 왕의 아들 중에서도, e1의 인용구에서 언급하고 있듯, 가
장 빼어난 인물이기에, 그 아들에게 그런 영광스런 이름을 부여했던 것이
다. 신들의 경우에는 특히 제우스를 '아낙스'로, 트로이아 원정대의 총지
휘관이었던 아가멤논(1권 172행)을 anax andrōn(원정군의 총지휘관)으
로 일컬었다.

소크라테스: 그럼 이렇게 생각해 보게나. 만약에 누군가가 자네에게 더 지혜로운 자들이 또는 어리석은 자들이 이름들을 더 옳게 부르는지를 묻는다면?

헤르모게네스: 물론 더 지혜로운 자들이 그럴 게 명백하다고 저는 말하겠죠.

소크라테스: 그러면 나라들에 있어서, 부류 전체로 말해서, 자네에겐 여자들이 더 지혜로운 걸로 생각되는가 아니면 남자들이 더 그런 걸로 생각되는가?

헤르모게네스: 남자들이요.

소크라테스: 그러니까 호메로스는 헥토르의 아이가 트로이아인들에 의해서 아스티아낙스로 불리는 걸로 말하나, 어쨌든 남자들이 그를 아스티아낙스로 불렀으니까, 여자들에 의해서는 스카만드리오스로 불린 게 명백하겠지? d

헤르모게네스: 어쨌든 그런 것 같습니다.

소크라테스: 그러니까 호메로스도 트로이아의 남자들을 이들의 아내들보다도 더 지혜로운 걸로 생각하지 않았는가?

헤르모게네스: 그런 걸로 저는 생각합니다.

소크라테스: 따라서 그는 그 아이에게는 '스카만드리오스'보다는 '아스티아낙스'로 [그 이름을] 정하는 게 더 옳다고 생각했던 게 아니겠는가?

헤르모게네스: 그런 것 같습니다.

소크라테스: 그러면 도대체 왜 그런지 고찰하세나. 아니, 그 자신이 그 까닭을 우리에게 가장 훌륭하게 알려 주고 있는 건가? 그가 이런 말을 하고 있으니까.

e   그 혼자 그들의 나라와 긴 성벽을 지켰다.[30]

바로 이 때문에, 호메로스가 말하듯. 그의 아버지가 수호하던 이 나라의 수호자의 아들을 아스티아낙스로 부르는 것이 옳은 것 같네.

헤르모게네스: 제겐 그리 보입니다.

소크라테스: 도대체 바로 무엇 때문인가? 내 자신으로선 도무지 모르겠기 때문일세, 헤르모게네스! 한데, 자네는 알겠는가?

헤르모게네스: 저야 단연코 모르죠.

393a   소크라테스: 하지만, 이보게, 호메로스는 자신이 헥토르에게도 그 이름을 정해 주었지?

헤르모게네스: 그건 왜 물으시는 건지?

소크라테스: 내게는 이 이름 또한 '아스티아낙스'와 비슷한 뜻의 것인 것으로 생각되거니와, 이 이름들은 헬라스 말인 걸로 보이기 때문이지. 왜냐하면 'anax(주인)'와 'hektōr(꼭 쥐고 있는 자 · 버팀목)'은 거의 같은 것을 뜻하기 때문인데, 둘 다가 왕다움을 나타내는 명칭들이네. 누군가가 어떤 것의 '주인(anax)'인 경우, 그는 그것을 '꼭 쥐고 있는 자(그 버팀목: hektōr)'일 게 틀림없기 때문이네. 왜냐하면 그는

b   그것의 주인이며 그걸 획득해서 갖고 있는 게 명백하기 때문이네. 혹시 자네에겐 내가 공연한 말이나 하며, 나도 모르는 사이에 이름들의 옳음과 관련된 호메로스의 어떤 생각의 실마리라도 포착하게 된 걸로 스스로 생각하고 있는 것으로 생각되지나 않는지?

헤르모게네스: 제게 생각되기로는, 단연코 그렇지가 않고, 아마도

---

30) 《일리아스》 22권 507행. 여기에서 '그'는 헥토르를 가리킨다. 오늘날 전하는 텍스트에서는 '나라(polin)'는 '성문들(pylas)'로 되어 있다.

그 실마리를 붙잡으신 것 같습니다.

소크라테스: 내게 그리 보이듯, 사자의 새끼는 사자로 그리고 말의 새끼는 말로 부르는 것이 어쨌든 옳은 게야. 내가 말하고 있는 것은 말에서 말 이외의 다른 어떤 괴물이라도 생기는 것처럼 말하는 것이 아니라, 본성에 따른 그 종족의 새끼, 이걸 나는 말하고 있네. 설사 말 c 이 그 본성에 어긋나게 송아지를 낳더라도, 그 본성에 따라 소의 새끼는 망아지 아닌 송아지로 불리어야만 하네. 사람에게서 사람의 자식이 아닌 것이 태어난다면, 그건 사람으로 불리어서는 안 된다고 나는 생각하네. 또한 나무들도 그 밖의 모든 것도 마찬가지야. 자넨 동의하지 않기라도?

헤르모게네스: 저는 동의하죠.

소크라테스: 잘 대답했네. 내가 혹시라도 자넬 오도하는 일이 없도록 나를 지켜 주게나. 같은 이치로, 왕에서 어떤 소생이 태어나면, 왕으로 일컬어져야만 하네. 그러나 이런저런 다른 철자들로 같은 것을 d 나타낸다면, 문제될 게 아무것도 없네. 어떤 글자가 추가되거나 떨어져 나가도 이 또한 아무것도 문제될 게 없네. 그 대상의 본질이 그 이름 속에 압도적인 것으로 명시되어 있는 한은 말일세.

헤르모게네스: 어떤 뜻으로 그 말씀을 하시는 건가요?

소크라테스: 복잡할 건 전혀 없네. 글자들의 경우에 E(ε)와 Υ(υ) 및 O(o) 그리고 Ω(ω=ō), 이들 넷을 제외하고는, 우리가 그 이름들을 말하지, 그 글자들 자체를 말하지는 않아.[31] 다른 모음들과 자음들

---

31) "E(ε: e psilon=간소한 e)와 Υ(υ: υ(=y) psilon=간소한 υ) 및 O(o: o mikron=작은 o) 그리고 Ω(ω=ō: ōmega: 모양으론 '큰', 발음으론 '긴' ō), 이들 넷을 제외하고는, 우리가 그 이름들을 말하지, 그 글자들 자체를 말하지는 않아." 이는, 이를테면, 같은 모음 계열이지만, '알파

e   에 대해서는 다른 글자들을 덧붙여서, 그 이름들을 만들어, 우리가 말
한다는 사실을 자네는 알고 있네. 그러나 우리가 그것의 효능을 나타
내는 걸 포함시키는 한, 이를 우리에게 밝혀 줄 그 이름으로 일컫는
것이 옳지. 이를테면, 'bēta(베타)'의 경우야. ē(에타)와 t(타우) 그리
고 a(알파)가 덧붙여졌는데도 아무런 불편함을 주지 않아, 입법자가
의도한 전체적인 이름으로 그 글자의 본성을 못 나타내게 할 것이 아
무것도 없도록 했음을 자네는 보네. 그는 이처럼 글자들에 이름들을
훌륭하게 지어 줄 줄을 알았었네.

　　헤르모게네스: 선생님께서 진실을 말씀하시는 것으로 제게는 생각
됩니다.

394a　　소크라테스: 그러니까 왕의 경우에도 이치는 같지 않겠나? 왜냐하
면 왕에게서 언젠가 왕이, 훌륭한 사람에게서 훌륭한 사람이, 그리고
아름다운 사람에게서 아름다운 사람이, 그리고 다른 모든 것도 이처
럼, 각각의 부류에서 다른 그런 후손이 있을 것이기 때문이네. 괴물
이 생기지 않는다면 말이네. 물론 같은 이름들로 불러야 하네. 그러나
음절에서는 다를 수 있어서, 같은 것들이 문외한에게는 다른 것들로
생각될 수 있네. 마치 의사들의 약들이 동일한 것들이 빛깔과 향에 있

b   어서 다양해서 우리들에게는 달라 보이지만, 어쨌든 의사에게는, 약
들의 효능을 살피는 의사이기에, 같은 것들로 보이며, 첨가물들로 해
서 놀라지도 않지. 이처럼 이름과 관련해서 알고 있는 사람은 아마
도 그것들의 효능을 고찰하며, 어떤 글자가 첨가되거나 옮겨지거나

(alpha)'는 'α'의 이름을 말하는 경우의 것이지, 그냥 'a(아)'라고는 지칭
하지 않는다는 뜻으로 하는 말이다. 그리고 e psilon(=simple, plain)=
'간소한 e(에)'와 υ psilon '간소한 υ(위)'란 지칭은 이들 둘과 같게 발음된
ai와 oi를 구별하기 위해 중세에 문법학자들이 더러 썼다고 한다.

또는 떼어냈다고 해서 놀라지도 않거니와, 또한 전혀 다른 글자들 속에 이름의 효능이 있다고 해도 그러하네. 방금 우리가 말했듯 말일 세. 아스티아낙스(Astyanax)와 헥토르(Hektōr)는 't(타우)' 말고는 같 은 글자들을 아무것도 갖고 있지 않지만, 그런데도 같은 것을 나타 내네.[32] 그리고 아르케폴리스(Arkhepolis: 나라의 통치자)조차도 그 글자들 중에서 무엇을 공유하고 있는가? 그런데도 그것은 같은 것을 나타내네. 그 밖의 다른 많은 것들 또한 왕 이외의 다른 어떤 것도 뜻 하지 않는 것들이네. 다시 다른 것들 또한 어쨌든 '장군(stratēgos)'을 뜻하네. 이를테면, '아기스(Agis: 통솔자)'[33]와 '폴레마르코스(Pole-markhos: 장군)' 그리고 '에우폴레모스(Eupolemos: 전쟁을 잘 수행 해 내는 자)'지. 그리고 다른 경우들로는 의술에 능한 것들이네. '이 아트로클레스(Iatroklēs: 명의)'와 '아케심브로토스(Akesimbrotos: akesias + imbrotos = healing mortals = 사멸하는 자들을 치료하는 이)' 지. 그리고 그 밖의 것들로 음절들과 글자들에서 일치하지 않는 경우 들을 아마도 많이 발견하게 되겠지만, 발음을 하게 되면, 그 성능으로 는 같은 것이지. 그리 아니면 그렇지 않아 보이는가?

헤르모게네스: 물론 그리 보입니다.   d

소크라테스: 물론 자연적으로 생기는 것들에 대해서는 같은 이름들 이 주어져야만 하네.

헤르모게네스: 물론입니다.

소크라테스: 자연에 어긋나게 생기는 것들, 곧 괴물의 모습으로 생 기는 것들에 대해서는 어떤가? 이를테면, 훌륭하고 경건한 사람에게

---

32) 393a 참조.
33) 스파르타의 왕들 중에 Agis II, III세가 있었다.

서 불경한 사람이 태어난다면, 앞에서처럼, 설사 말이 소의 새끼를 낳더라도, 그것은 그걸 낳은 것의 지칭을 가져서는 물론 안 되고, 그것이 속하는 부류의 지칭을 가져야만 하겠지?

헤르모게네스: 물론입니다.

e　소크라테스: 따라서 경건한 사람에게서 난 불경한 자에게는 그 부류의 이름이 부여되어야만 하네.

헤르모게네스: 그렇습니다.

소크라테스: 그에게는 '테오필로스(Theophilos: 신을 사랑하는 자)'라는 이름도, '므네시테오스(Mnēsitheos: 신을 마음에 간직한 자)'라는 이름도, 그 밖의 그런 류의 어떤 이름도 부여되어서는 안 될 것 같네. 오히려 이것들과는 반대되는 것들을 나타내는 것이어야 하니까. 이름들이 정녕 그 정당성을 확보하려면 말일세.

헤르모게네스: 그 뭣보다도 그래야만 합니다, 소크라테스 선생님!

소크라테스: 헤르모게네스여, '오레스테스(Orestēs: 산 사람)'[34] 또한 옳은 것 같네. 어떤 우연이 또는 어느 시인이 그에게 그 이름을 지어 주었건 간에, 천성의 사나움과 그의 야성과 산악 기질을 그 이름으로 적시해 주고 있는 걸세.

---

34) 오레스테스는 트로이아 원정에 참가한 헬라스 군대의 총사령관이었던 아가멤논(Agamemnōn)의 아들이다. 아가멤논이 출정한 뒤에 왕비 클리타이므네스트라(Klytaimnēstra)를 유혹하여 그 정부가 된 아이기스토스(Aigisthos)는 왕비와 공모하여 원정에서 미케네(Mykēnē)로 귀환한 아가멤논을 살해하고선 왕이 된다. 이로부터 8년째 되던 해에 오레스테스가 나타나, 누이 엘렉트라(Ēlektra)의 적극적인 도움을 받으며, 그와 자신의 어머니까지도 살해함으로써, 그 복수를 하게 된다. 이 사건과 관련된 이야기는 호메로스의 《오디세이아》 1권과 3권에 나오거니와, 훗날 특히 아이스킬로스의 삼부작 비극 "Oresteia(오레스테스 이야기)"의 내용이 된다.

헤르모게네스: 그리 보입니다, 소크라테스 선생님!

소크라테스: 그러나 어쨌거나 그의 아버지에게도 그 이름은 자연스러워 보이네.

헤르모게네스: 그리 보입니다.

소크라테스: 왜냐하면 '아가멤논(Agamemnōn)'은 이런 사람인 것 같기 때문이네. 말하자면 그는 자신이 진력하고 견디어 내야 하는 것으로 여겨지는 것들, 이것들에 대한 생각들을 그 빼어남으로 해서 완수했던 그런 사람 말일세. 그의 그런 증거는 트로이아에서의 대군의 머무름과 인고네. 그러니까 '굳게 지킴(epimonē)'에 있어서 '놀라움(agastos)'을 이 사람이 보여 준다는 것이 '아가멤논'이라는 이름일세.   b 아마도 '아트레우스(Atreus)'라는 이름도 옳을 게야. 왜냐하면 그에게는 크리시포스[35]의 살해와 티에스테스(Thyestēs)에 대해서 한 짓들이 얼마나 잔인한 것이었는지,[36] 이 모든 것들이 [사람으로서의] 훌륭함

---

35) Khrysippos는 아가멤논의 할아버지인 펠롭스의 여섯 아이들 중의 하나로, 그의 각별한 사랑을 받던 귀염둥이였는데, 같은 아들들인 아트레우스와 티에스테스가 함께 모의를 하고서 살해했다.

36) 펠롭스에서 시작되는 펠롭스 가문의 비운들은 펠롭스가 저지른 살해 사건의 피해자의 저주(ara)에 따른 것이다. 여기에서부터, 아니 394e의 오레스테스를 비롯해서 395d의 히포다메이아까지에 걸친 언급들은 이 가문에 얽힌 일들이기 때문에, 그 전말의 대강을 가계도와 함께 정리하면, 다음과 같다. 펠롭스의 아버지는 신화 속의 인물로 리디아의 왕이었다는 탄탈로스(Tantalos)이다. 펠롭스는 소아시아에서 펠로폰네소스 반도의 엘리스(Ēlis)의 피사(Pisa)로 이주해서 이곳의 왕이 된다. 그는 Hippodameia와 혼인하길 원하고, 그 딸도 그와의 사랑에 빠진다. 그러나 그 아버지 오이노마오스(Oinomaos)는 자기와의 전차 경주에서 이기는 자라야 자기가 던지는 창을 맞지 않고서, 자기 딸과 혼인할 수 있다는 조건을 단다. 이에 응한 그는 마부 미르틸로스(Myrtilos)에게 뇌물을 주고, 그가 짝사랑해 오던 히포다메이아와 하룻밤 동침토록 해 주겠다고 약속함

(덕: aretē)과 관련해서 유해하고 '파멸적인(atēra)' 것들이었네. 그러니까 그 이름의 지칭이 약간 빗나가고 은폐되어서, 그 사람의 성정을 모두에게 드러내 보여 주지 않고 있네. 그러나 이름들과 관련해서 정통한 사람들에게는 '아트레우스(Atreus)'가 뜻하는 것이 무엇인지를

c 충분히 밝히어 주네. 왜냐하면 '고집 셈(to ateires)'의 면에서도 '겁없음(to atreston)'의 면에서도 또한 '파괴적임(to atēron)'의 면에서도, 모든 면에서 그에게는 그 이름이 타당하네. 한데, 펠롭스(Pelops)

으로써, 마차 바퀴 한쪽의 쐐기를 빼어내고선 밀랍 모형의 것으로 그걸 바꿔 놓게 하여, 경주 도중에 오이노마오스가 마차에서 떨어져 죽게 한다. 다음으로 펠롭스는 그 보답 동침에 들떠 있던 마부를 유인해서 바다에 던져 넣고서 죽게 함으로써 그의 저주를 받게 된다. 잘 나가던 그의 가문은 그의 두 아들 아트레우스와 티에스테스 사이의 갈등에서 마침내 그 저주가 작동하기 시작한다. 아트레우스가 미케네(Mykēnē, Mykēnai)의 왕이 되는데, 티에스테스가 그 아내 아에로페(Aeropē)를 유혹하매, 그를 추방했다가, 화해를 구실 삼아, 초청을 하고선, 연회를 베푼다면서, 그의 두 아들의 살을 고기로 만들어 대접했고, 그는 이를 먹었다가, 이 사실을 알게 되고선 기겁을 하고선, 아트레우스 가문에 대한 저주를 한다. 이번에는 제 딸 펠로피아와의 사이에서 아이기스토스(Aigisthos)를 낳게 되니, 딸은 이 아이를 출산과 함께 내다 버리는데, 목동들이 이를 키우게 된다. 이를 알게 된 아트레우스는 아이를 데려다가 제 자식처럼 키워, 성인이 되매, 제 아비 아이기스토스를 죽이도록 보냈으나, 제 아들임을 알아본 아이기스토스 부자는 아트레우스 살해를 꾀한다. 이 아이기스테스의 아가멤논 살해와 관련해서는 앞서 394e의 해당 각주를 참조할 것. 이 가계도를 중점적으로 그린다면, 다음과 같다.

제우스+플루톤(Ploutō. Kronos의 딸)
　└탄탈로스+디오네(Dionē)
　　└펠롭스+히포다메이아→티에스테스+친딸→아이기스토스
　　　└아트레우스→메넬라오스+헬레네(Helenē)
　　　　└아가멤논+클리타이므네스트라
　　　　　└오레스테스, 엘렉트라, 이피게네이아

184

의 경우에도 그 이름은 적절한 것으로 내게는 생각되네. 이 이름은
'가까운 시점의 것들(ta engys←pelas)만 보는(봄=opsis) 자'[37]를 나
타내기 때문이네.

헤르모게네스: 어떻게 되어선지?

소크라테스: 예컨대, 미르틸로스의 살해 때에, 이 일이 가문 전체에
먼 훗날 일어날 일들에 대해, 그게 얼마나 엄청난 불운을 넘치게 할지
에 대해 전혀 예상하게도 예측하게도 될 수 없었던 그 사람과 관련해
서 전하는 이야기이기도 하겠네. 그는 '가까운 것(to engys)'과 당장
의 것만 보는 거지. ─이것이 '바로 가까운(pelas)'이네. ─무슨 방도
로건 히포다메이아와[38]의 혼인을 하게 되는 걸 열망했을 때는 말일세.
탄탈로스[39]의 경우에도, 만약에 그와 관련된 이야기들이 진실이라면,
그 이름은 옳게 그리고 자연스럽게 지어진 것이라고 모두가 생각할

d

---

37) 곧 '멀리 내다보지 못함'을 뜻함.
38) Pisa의 왕 오이노마오스의 딸.
39) 헬라스의 신화에 의하면 Tantalos는 프리기아와 리디아의 경계지역 시
필로스(Sipylos) 지역의 왕으로서 굉장한 부자였다고 한다. 앞의 펠롭스
가계도에 밝혔듯, 제우스의 아들이기도 한데다. 신들과 가까이 지내게 되
다 보니, 그들의 잔치에도 초대되자, 이런저런 못된 짓을 저지르게 된다.
신들의 음식인 '넥타르'와 '암브로시아'를 몰래 친구들에게 가져다준다거
나 신들의 비밀을 그들에게 들려주는가 하면, 신들을 시험해 보느라, 신
들을 초청한 연회에서 제 아들인 펠롭스의 어깻죽지를 도려내 요리한 것
을 내놓았다. 모두들 기미를 채고 먹지 않았으나, 데메테르(Dēmētēr)는
딸을 잃은 슬픔으로 해서 넋이 나간 상태에서 그걸 먹었다고 한다. 신들
은 그 부분을 상아로 메우고서, 살려냈다는 이야기다. 그래서 지하 세계
곧 하데스의 아래 타르타로스(Tartaros)에서 그 유명한 형벌을 받게 된
다. 본문에 언급되는 머리 위에서 흔들거리는 돌덩이, 연못에서 목이 말
라 물을 마시려면 수위가 쑥 내려가 버리고, 과일나무 밑에서 가지에 매
달린 과일을 따려고만 하면, 휙 멀어지는 그 가지들, 이런 고통들을 안기
는 잔치의 벌을 받게 되었다는 이야기다.

것이야.

헤르모게네스: 그건 어떤 것들인데요?

소크라테스: 많은 무서운 불운들이 그가 아직 살아 있을 때에도 아마도 일어났던 것 같아. 그리고 그것들의 종말은 그의 조국의 완전한 뒤집힘이었으며, 사후 저승(하데스)에서 '머리 위 돌덩이의 흔들거림

e (tantaleia)'은 그 이름과 놀랍도록 합치하네. 또한 영락없이, 마치 누군가가 그를 '가장 고통받는 자(talantaton)'로 일컫고자 하면서도 그걸 숨기고서 일컫고자 해서, 그 대신에 'Tantalos'라 말하려 한 것 같네. 그런 어떤 식으로 전설의 우연이 그에게도 그 이름을 마련해 준

396a 것 같네. 그의 아버지로 말하는 제우스에게도 아주 훌륭한 이름이 주어졌네. 그러나 이해하기는 쉽지가 않네. '제우스(Zeus)의(Dios)' 이름은 그야말로 문장 같거든. 이를 둘로 나누어서, 일부의 사람들은 '제나(Zēna)'로, 다른 일부의 사람들은 '디아(Dia)'로 부르지.[40] 그러나 이들 둘이 하나로 합쳐지면, 신의 본성을 보여 주네. 이 신이야말로 그 이름 구실을 수행해 내기에 합당하다고 우리는 말하네. 왜냐하면 우리 그리고 다른 모든 것들에게 있어서 모두의 통솔자 그리고 왕[41] 이외의 그 누구도 '삶(사는 것: zēn)'의 더한 원인인 것은 없기 때문이네. 그러니까 이 신(Zeus)이, '그를 통해서 삶(di' hon zēn)'이

b 언제나 모든 생물들에게 가능한 것이라 일컫게 되는 게 옳지. 그러나,

---

40) Zeus, Dios(소유격), Dii(여격), Dia(목적격), Zeu(호격); 시에서 그리고 이오니아 방언으로는 Zēnos(소유격), Zēni(여격), Zēna(목적격) 등. 그러니까 주격과 호격은 양쪽 다가 같으나, 나머지 격들에서는 각각이다.

41) 곧 '제우스'를 뜻한다. 제우스는 '신들과 인간들의 아버지'로, 또는 그냥 '아버지 제우스이시여!(Zeu pater)'로 불렸다.

내가 말하듯, 그 이름은 하나이지만, 둘로, 곧 두 여격 'Dii'와 'Zēni'
에 의해서[42] 나뉘네. 한데, 제우스가 크로노스의 아들이라고 누군가
가 갑작스레 듣게 되면, 불손하다고 여길 수도 있네. 그러나 제우스
는 어떤 위대한 사유(dianoia)의 소생이라 함이 합당할 것이네. 왜
냐하면 'Kronos'는 '갓 젊은이(koros)'를 뜻하지, 아이(pais)를 뜻하
지 않고, 그의 '순수함([to] katharon)'과 그 '지성의 무구함(akēraton
tou nou)'을 뜻하기 때문이네. 그러나 그는, 전설처럼, '우라노스
(Ouranos)[43]의 아들(Ouranou hyos)'이지. 한데, 이번에는 '위를 봄
(hē … es to anō opsis)'이 '위의 것들을 보는(horōsa ta anō)'이라는
뜻의 '우라니아(ourania)'라는 지칭으로 불리는 것은 훌륭하거니와,   c
바로 이런 연유로, 헤르모게네스여, 순수한 지성(nous)이 생긴다고
천문학자들이 말하기도 하는데, '우라노스'에 대해서는 그 이름이 옳
게 정해졌네. 만약에 내가 헤시오도스의 '신들의 계보(genealogia)'[44]
를, 그가 말하는 이들 이상의 선대 신들이 누구누구인지 기억했더라면,
이들에게 그 이름들이 옳게 정해졌음을 충분히 이야기하기를 멈추지
않았을 것이네. 방금 이처럼 갑작스레 나와 맞닥뜨린, 어디서 왔는지
를 나도 모르는 이 지혜가 그러니까 제대로 설명을 해 줄지 아니면 그
러지 못할지, 무슨 성과를 낼 수 있을지 시험해 보기까지는 말일세.   d

헤르모게네스: 그리고 실은, 소크라테스 선생님, 선생님께서는 실

---

42) 하나 건너 앞의 각주를 참조할 것.
43) 보통 명사로서의 ouranos는 '하늘' 또는 '천공'을 뜻하지만, 신화상으
로는 Ouranos로서 Gaia 또는 Gē의 아들이자 남편으로서, 신들 중에서
첫 주신(主神)이고, 그 아들이 크로노스이며, 3대의 주신이 제우스이다.
44) 원래 Hēsiodos의 《신들의 계보》 원제목은 *Theogonia*이겠는데, 같은
뜻으로 genealogia로도 일컫는 것 같다.

로 영락없이 마치 신들린 사람들처럼 갑자기 신탁 투의 말씀을 하십니다.

소크라테스: 그야, 헤르모게네스, 뭣보다도 이는 프로스팔타의 에우티프론[45]에게서 이를 내가 듣게 된 탓인 게야. 새벽에 그와 함께 있으면서 양쪽 귀를 내맡겼으니까. 따라서 그는 신들린 상태에서[46] 나의 양쪽 귀를 신령스런 지혜로 채웠을 뿐만 아니라, 내 혼도 사로잡았던 것 같아. 그래서 우리를 이렇게 만들어야만 할 것으로 내게는 생각

e 되네. 오늘은 이 지혜를 이용해서 이름들과 관련해서 남은 것들도 고찰하는 날이지만, 내일은, 자네들도 같은 생각이라면, 주문으로 불러내서 정화하는 날로 말일세. 누구건 이런 것들을 정화하는 데 능한 이

397a 를, 그가 성직자들 또는 현자들 중의 한 사람이건 간에, 찾아내서 말일세.

헤르모게네스: 저로선 동의합니다. 이름들과 관련된 나머지 것들을 저는 아주 기껍게 듣고 싶으니까요.

소크라테스: 하지만 이렇게 해야만 하겠네. 우리가 어떤 개요는 갖게 된 터이니까, 이름들 자체가 각기 아주 우연스레 이처럼 정해진 것이 아니라, 어떤 옳음을 지니고 있음을 우리에게 증언해 주는지를 우리가 알기 위해서, 어디서부터 우리가 고찰하기를 자네는 바라는가?

b 영웅들과 사람들의 이름들로 말하는 것들이 실은 우리를 아마도 속이

---

45) Prospalta는 아테네의 한 지역구(dēmos) 이름이고, Euthyphrōn은 같은 이름의 대화편에서 소크라테스와 종교적인 문제와 관련된 대화를 하는 상대이다.

46) '신들린 상태에서'로 옮긴 것의 원어는 enthousiōn이다. 이의 명사 형태는 enthousia(=enthousiasmos)인데, 어원상으로는 en-theos의 상태에 있음을 뜻한다. 《파이드로스》편 253a 및 《티마이오스》편 71e를 참조할 것.

고 있을지도 몰라. 왜냐하면 그것들 중의 많은 것들이 조상들의 이름들을 따라 정해졌기 때문인데, 처음에 말했듯, 어떤 경우들에는 전혀 적합지가 않지. 그러나 많은 경우는, 마치 기원하듯, 정한 것들이지. 이를테면, '에우티키데스(Eutykhidēs: 행운아)'와 '소시아스(Sōsias: 구원자)' 그리고 '테오필로스(Theophilos: 신의 사랑을 받는 자)' 그리고 또 그 밖의 많은 것들이야. 실상 이런 것들은 그만 제쳐 두어야만 할 것으로 내게는 생각되네. 그러나 우리로선 '언제나 있는 것들이며 자연적인 것들'[47]의 경우에는 그 이름들이 가장 옳게 정해진 것들로 우리가 확인하게 될 것 같네. 이 경우에는 이름들을 정함에 최대한으로 진지하게 임했던 것이 적절하네. 한데, 이것들 가운데 몇몇은 심지 c 어 인간들의 능력 이상의 더 신적인 능력에 의해서 아마도 지어졌을 것이야.

헤르모게네스: 제게는 훌륭히 말씀하신 것으로 여겨집니다, 소크라테스 선생님!

소크라테스: 그러니까 신들로부터 시작하는 게 타당하지 않겠는가? 도대체 어떻게 되어서 '신들(theoi)'이라는 이 이름이 옳게도 불리게 되었는지를 고찰함으로써 말일세.

헤르모게네스: 그럴 것 같습니다.

소크라테스: 그러니까 이런 식으로 해서라고 나로선 짐작하네만. 헬라스 지역의 초기 거주민들은, 오늘날의 많은 이방인들이 바로 그러듯, 이것들만을 신들로 생각했던 것으로 보이네. 곧 해와 달, 지구, d 천체들 그리고 하늘 말일세. 이것들이 모두 언제나 진로를 따라 가며

---

47) 원어는 ta aei onta kai pephykota이다. 바로 이어지는 데서 언급하는 천체들을 뜻한다.

달리고 있는 걸 보고서는, 이 달림의 성향을 따라 이것들을 'theoi(신들←달리는 것들)'로 일컬은 것이라고. 그러나 나중에는 다른 모든 신들을 알아보게 되면서, 어느새 이 이름으로 부르게 된 것이고. 내가 말하는 게 진실인 것 같은가 아니면 허튼소리인 것 같은가?

헤르모게네스: 아주 진실인 것 같습니다.

소크라테스: 그러면 이것 다음으로는 무엇을 우리가 고찰할지?

헤르모게네스: 그야 '다이몬(daimōn)'들과 영웅들 그리고 인간들을 고찰해야 할 게 명백합니다.

e

소크라테스: 그리고 진실로, 헤르모게네스여, 도대체 '다이몬들(daimones)'이란 이름이 무엇을 뜻하는지? 내가 말하는 게 무슨 의미라도 있는 것으로 생각되는지 살피게나.

헤르모게네스: 말씀이나 하세요.

소크라테스: 그러니까 헤시오도스는 다이몬들을 누구들이라고 말하고 있는지 자네는 아는가?

헤르모게네스: 저는 생각이 나지 않습니다.

소크라테스: 그가 처음으로 태어난 인간들의 종족을 '황금 족(to khrysoun genos)'으로 말하고 있다는 것도 자네는 모르는가?

헤르모게네스: 어쨌든 그건 제가 알고 있습니다.

소크라테스: 그러니까 그는 그것에 대해서 이렇게 말하고 있네.

하지만 이 종족은 운명 아래 덮여 버렸기에,

398a

성스러운 지하의 다이몬들로 불리면서.

죽게 마련인 인간들의 고귀한 수호자들로서 해악들을 막아 주느니.[48]

---

48) 헤시오도스의 《일과 역일(*Erga kai Hēmerai*)》, 121~123. 오늘날 전하

헤르모게네스: 그래서요?

소크라테스: 그가 '황금 족'이라 말함은 황금에서 태어났다는 것이 아니라, 훌륭하디훌륭하다는 것이라고 나는 생각한다는 것일세. 내게 있어서 그 증거는 그가 우리를 '쇠 종족([to] sydēroun genos)'이라 말한다는 사실이야.

헤르모게네스: 선생님께서는 진실을 말씀하십니다.

소크라테스: 따라서 그는, 오늘날의 사람들 중에서도 누군가가 훌륭하다면, 그를 그 황금 족에 속하는 걸로 말할 것이라고 자네는 생각지 않는가?

b

헤르모게네스: 어쨌든 그럴 것 같습니다.

소크라테스: 한데, 훌륭한 사람들(hoi agathoi)은 다름 아닌 지혜로운 분들(hoi phronimoi)이겠지?

헤르모게네스: 지혜로운 분들이시죠.

소크라테스: 그러니까, 내게 그리 생각되듯, 이는 무엇보다도 'daimones(다이몬들)'를 말하네. 이들은 지혜롭고 '아는 자들(daēmones)'이었기에, 이들을 헤시오도스가 'daimones(다이몬들)'이라 일컬었네. 그리고 옛날의 우리(아티케) 방언에도 이 낱말이 확실히 있네. 정말이지 이 시인도 그리고 그 밖의 다른 많은 시인들도 훌륭히 말하고 있네. 이런 말을 하는 하고많은 시인들 말일세. 누군가가 훌륭한 사람으로서 죽게 될 땐, 위대한 운명과 명예를 누리다가 지혜의 별명에 따라 '다이몬(daimōn)'이 된다고. 그래서 나 또한 이런 식

c

는 텍스트와 이 대화편에 인용된 내용 간에는 121 및 122행에서 각기 한 단어씩 차이가 있다. 그러니까 '황금 족'으로 불리던 인간들이 사후에 '다이몬들'로 불리는 '인간들의 수호자들' 곧 인간들의 '수호신들'들로 되었다는 이야기다.

으로 훌륭한 모든 사람을 살아서도 죽어서도 거룩한(daimonion: 신과 같은) 이로 보아, '다이몬'으로 불리는 것이 옳다고 여기네.

헤르모게네스: 저 또한 선생님과 함께 이에 전적으로 찬성하는 것으로 생각합니다, 소크라테스 선생님! 그렇지만 '영웅(hērōs)'은 무엇일까요?

소크라테스: 그건 그다지 이해하기 어려운 게 아닐세. 왜냐하면 이들의 이름을 약간 바꾸게 된 것이어서, 사랑(erōs)에서의 출생을 나타내네.

헤르모게네스: 어떻게 하시는 말씀인지?

소크라테스: 자네는 영웅들이 반신반인들(hēmitheoi)이라는 걸 모르는가?

헤르모게네스: 그래서요?

d   소크라테스: 그들 모두는 신과 죽게 마련인 여자의 또는 죽게 마련인 자와 여신의 사랑함으로 해서 태어난 게 틀림없네. 따라서 이또한 아티케의 옛날 방언에 따라 고찰하면, 더 잘 알 걸세. 왜냐하면 'erōs(사랑)'라는 명사와 비교해서, 이로부터 'hērōes(드물게 단축형은 hērōs: 영웅들; 단수도 hērōs)'가 생겼으니, 조금 변형된 것이라는 걸 자네에게 설명해 주고 있어서네. 그러므로 이는 그들을 영웅들로 말하고 있네. 또는 그들은 지혜로운 이들이었으며 유능한 변론가들(rhētores)과 변증가들(dialektikoi) 그리고 질문함(erōtan)에 능한이들이었기 때문이네. 'eirein(말함)'은 'legein(말함)'이니까. 따라서 방금 우리가 말했듯, 아티케 방언에서는 '영웅들(hērōes)'은 '변론가
e 들(rhētores)'이며 '질문에 능한 자들(erōtētikoi)'이어서, '영웅 족(to erōtikon phylon)'은 변론가들과 현자들의 부류로 되네. 그러나 이를이해하기가 어렵지만, 인간들의 종족(인류: to anthrōpōn phylon)을도대체 왜 'anthrōpoi(사람들)'로 일컫는지를 이해하기는 더욱 어렵

네. 자네가 말할 수 있겠나?

　헤르모게네스: 어떻게 제가 그럴 수 있겠습니까, 선생님? 설사 제가 그 방도를 찾아낼 수 있다고 할지라도, 저보다는 선생님께서 그걸 더 찾아낼 가능성이 있다고 생각하기 때문에 저는 애쓰지 않겠습니다.

　소크라테스: 자네는 에우티프론의 영감(epinoia)을 믿는 것 같네.　

　헤르모게네스: 그야 아주 명백합니다.

　소크라테스: 어쨌거나 자네가 그걸 믿고 있는 건 옳아. 실로 방금도 절묘하게 생각이 미친 것으로 보이듯, 내가 조심을 하지 않으면, 오늘 동안은 필요 이상으로 지혜로워질 것만 같아. 그러니 내가 말하는 바를 살피게. 맨 먼저, 이름들과 관련해서는 이런 걸 생각해야만 해서네. 우리는 종종 글자들을 끼워 넣기도 하고, 더러는 떼어 내기도 하는데, 우리가 원하는 것과는 어긋나게 일컬으면서 말일세. 또한 우리는 고음들[49]을 바꾸기도 하지. 이를테면, 'Διὶ φίλος'[50]를 보세. 이

---

49) 고대 헬라스 말의 발음에서는 엄격히 말해서 '소리의 높음(oxytēs, sharpness)'과 '낮음(barytēs)'만 있었지, 영어나 현대 그리스어에서처럼 stress-accent는 없었다고 한다. 그래서 《필레보스》편 17c를 보면, 이와 관련된 것으로 이런 언급이 보인다. "음성(소리)이란, 문자학의 경우에 있어서도 그렇지만, 음악에 있어서도 [그 자체로는] 하나일세. … 그렇지만 그걸 우리가 낮은 것(bary)과 높은 것(oxy) 두 가지로, 그리고 고른 음(homotonon)을 셋째 것으로 볼까? … 그러나 이것들만을 알고서는, 자네가 음악에 있어서 밝은 사람일 수는 결코 없겠지만, 이것들마저 모른다면, 자네는 이 점에서 실제로 아무 짝에도 쓸모없게 될 걸세." 음악과 언어가 이처럼 한통속의 것인 차원에서 언급되는 것은 그들의 문학이 시가(mousikē) 형태로 묶여 있었기 때문이다. 헬라스 말의 악센트 문제와 관련해서는 Smyth, *Greek Grammar*, p. 37을 참조할 것. 그러니까 고대 헬라스 말에서는 '강세' 표시의 악센트는 tonos(pitch) 곧 '높임 소리'의 표시이지, 우리가 흔히 알고 있는 악센트는 아니었다. 아닌게아니라 이런 악센트를 pitch accent로 일컬으며, stress accent와는 반대되는 유형의 것

b 는 우리가 어구(rhēma: 구절) 대신에 명사(이름)를 갖게 되게끔, 둘째 'i'를 이에서 제거하고서 중간 음절의 고음 대신에 저음을 발음하게 했네.[51] 다른 경우들에는 반대로 글자들을 끼워 넣고, 저음들을 고음들로 발음하네.

헤르모게네스: 정말입니다.

소크라테스: 그러니까 이런 경우들의 하나는 '인간들(anthrōpoi)'이라는 명사가 겪는 걸로 내게는 생각되네. 어구에서 명사가 되는데, 알파(a)라는 한 글자가 제거되고 마지막 음절은 저음으로 되어서네.

헤르모게네스: 어떻게 하시는 말씀인지?

c 소크라테스: 이런 거네. 'anthrōpos(인간)'라는 이 명사는 이런 걸 뜻하네. 다른 동물들은 자기들이 보는 것들 중의 아무것도 관찰하지도 유추하지도 검토하지도 않네. 그러나 인간은 봄과 동시에, ―이게 곧 'opōpe(보았다)'라는 건데―자기가 본(opōpen) 이것을 면밀히 관찰하기도(anathrei) 하며 추론도 하네. 바로 이에서 동물들 중에서도 인간만이 'anthrōpos(인간)' 곧 anathrōn ha opōpe(자기가 본 것들을 면밀히 관찰하는 자)라는 이름으로 일컫게 된 것이 옳지.

헤르모게네스: 그러면 이다음 것은 무엇입니까? 제가 기꺼이 듣고 싶은 걸 선생님께 여쭙고 싶은데?

소크라테스: 물론이네.

d 헤르모게네스: 그러니까 제게 그리 생각되듯, 이것들에 이은 다음 것이 있네요. 아마도 사람의 것으로 '혼(psykhē)'과 '몸(sōma)'으로

_____

으로 간주된다.

50) 'Dii philos'에서 Dii와 관련해서는 396a에서 해당 각주를 참조할 것. 'Dii philos'의 뜻은 '제우스에게서 사랑을 받는(dear to Zeus)'이다.

51) 곧 Δίφιλος로 되게 했다는 뜻이겠다.

우리가 일컫는 것일 테니까요.

소크라테스: 어찌 그렇지 않겠나?

헤르모게네스: 그러면 이것들도 앞 경우의 것들처럼 분석해 보시죠.

소크라테스: 자네는 '혼'이 합당하게 이 이름을 갖게 된 것인지 검토하고서, 그다음에 다시 '몸'이 그런 것인지 검토하자고 말하고 있는 건가?

헤르모게네스: 네.

소크라테스: 그래서 당장에 말하자면, 혼이라는 이름을 지은 사람들은 이런 어떤 생각을 했을 것이라고 나는 생각하네. 그러니까 이것이 몸에 있게 되었을 때, 그것이 몸에 삶의 원인이 되어, 숨 쉼의 힘을 제공하여 살아 숨 쉬게(anapsykhon) 하나, 살아 숨 쉼의 그침과 함께 몸은 망가지고 끝장나네.[52] 바로 이로 해서 그들이 이걸 'psykhē(혼)'로 일컫게 된 것으로 내게는 생각되네. 그러나 괜찮다면, 잠자코 있게나. 에우티프론과 그의 추종자들에게서 이보다도 더 설득력 있는 걸 목격한 걸로 내게는 생각되니까. 이게 내게 그리 생각되듯, 그들은 이를 경멸하며 조잡스럽다고 생각할 법도 하기 때문이네. 그러니까 이것이 자네에게도 마음에 드는지 보게나.

헤르모게네스: 말씀이나 하세요.

소크라테스: 모든 몸의 본성을, 그러니까 그걸 살아가고 돌아다니게 하는 것으로, 혼 이외의 다른 무엇이 그걸 유지하며 지탱케 하는 것으로 자네에게는 생각되는가?

헤르모게네스: 다른 아무것도 없습니다.

소크라테스: 어떤가? 다른 모든 것들의 본성까지도 조종하며 유지

---

52) psykhē(혼)에는 '숨(breath)'의 뜻도 있다.

시키는 것이 정신(지성: nous) 및 혼이라는 아낙사고라스[53]의 주장을
자네는 믿지 않는가?

헤르모게네스: 저야 믿지요.

b 소크라테스: 그렇다면 이 이름은 이 힘에 대해 '본성을 유지하여
갖게 하는 것(hē physin okhei kai ekhei)' 곧 '[hē] physekhē(본성
을 떠받치는 자)'라 이름 짓는 것이 훌륭할 것이야. 그러나 이는 또한
'psykhē'로 세련된 것으로 발음할 수도 있네.

헤르모게네스: 그야 물론이거니와, 이것이 앞 것보다는 더 전문적
인 설명인 것으로 어쨌든 제게는 생각됩니다.

소크라테스: 그야 그렇지. 그렇지만 [이름] 지어진 대로 사실 그대
로 일컬어지는 것[54]은 우스운 것으로 보이네.

헤르모게네스: 그러면 이다음 것은 어떤지를 우리가 말할까요?

---

53) Anaxagoras(약 500년~약 428년)는 소아시아의 클라조메나이(Klazo-
menai) 출신으로, 중년 나이에 아테네에서 정착하여 20년가량 동안 철학
자로서 활동했다고 한다. 그는 페리클레스의 친구 겸 멘토(mentor)였다.
그는 태양을 이글거리는 큰 열 덩이 바위로 말했었는데, 430년경에 페리
클레스가 정치적 공격을 받았을 때, 이를 빌미삼아 그가 불경죄를 범했다
고 고소당해 추방되었다. 그는 이른바 자연 철학자들의 마지막 세대였던
셈이다. 그의 철학적 주장의 요지는 다음과 같다. "일체의 사물들은 함께
(homou panta khrēmata) 있었으며, [그것들을 이루는 요소들의] 수량과
작기에 있어서 무한하다."(토막글, 1) 이는 모든 개개의 사물에는 있을
수 있는 모든 요소들의 무한이 작은 씨앗들(spermata)이 무수히 함께 들
어가 있으며, 그런데도 사물들이 종류마다 다른 것은 어떤 성질의 요소
(씨앗)들이 그 속에 어떤 비율로 들어가 있는가에 달렸다는 설명이다. 그
리고 "혼을 지닌 모든 것들을 … 정신(nous)이 지배한다."(토막글, 12)고
말했다. 그러나 이 우주적 정신이 정작 사물들에 대해 어떻게 '질서 부여
를 하는지(diakosmein)'와 관련해서는, 이를 제대로 활용하지 않았다고
소크라테스는 아쉬워했다.(《파이돈》편 97b~98b)
54) 곧 'physekhē'로 일컫는 걸 뜻한다.

소크라테스: 몸(sōma)을 말하는가?

헤르모게네스: 네.

소크라테스: 이는 어쨌거나 여러 면에서 말할 수 있을 것으로 내게 는 생각되네. 누군가가 이를 조금만 비틀어도, 충분하지. 어떤 사람들 은 이것(sōma)을 혼의 무덤(sēma)이라고도 말하니까. 현생에서 혼은 c 그 안에 묻혀 있다고 해서지. 그리고 이 때문에 이번에는 이것으로써 혼이 표시하려는 것을 표시하기 때문에 이에 대해서 '표시(sēma)'로 일컫게 되는 것이 옳아. 하지만 무엇보다도 오르페우스[55]의 무리가 이 이름을 정한 것으로 내게는 생각되네. 혼이 받아야 할 벌을 받고서, 이를 안전하게 보존해 두기 위한 울을 감옥의 형태로 갖게 되어서라 는 거네. 따라서 혼이 치러야 할 걸 다 치르기까지는, 혼의 이것, 이게 그리 불리듯, 곧 'sōma(혼의 감옥으로서의 몸)'는 글자 하나도 바꿔어

---

55) 설화에 의하면, Orpheus는 트라케(Thrakē) 사람(또는 트라케의 河神) 오이아그로스(Oiagros)의 아들이라고도 하고, 아폴론과 무사(Mousa) 여 신들(Mousai＝Muses) 중의 하나인 칼리오페(Kalliopē: '아름다운 음성' 의 뜻) 사이에 태어난 아들이라고도 한다. 그는 한때 디오니소스의 추종 자였으며, 오르페우스 비교(秘敎)의 창시자이다. 그는 키타라 또는 리라 탄주와 함께 이에 맞추어 노래하는 가인(歌人: lyraoidos)으로도 유명한 데, 이는 그가 남긴 것으로 전해지는 오르페우스의 교리(敎理)가 담긴 시 들을 통해서도 확인된다. 그의 아내 에우리디케(Eurydikē)는 참나무의 요정(dryas)이기도 한데, 그를 짝사랑하게 된 아리스타이오스(Aristaios) 에게 쫓기다가 뱀을 밟아 물려서 그 독으로 죽게 된다. 이에 오르페우스는 지하 세계로 가서, 노래로 하데스와 페르세포네의 마음을 움직여 다시 아 내를 데리고 나오는 걸 허락받는다. 그러나 지상으로 나올 때까지는 아내 쪽을 뒤돌아보지 않는다는 조건을 달았는데, 이를 참지 못하고 뒤돌아본 탓으로 영영 아내를 잃게 되었다. 이후로 그는 아폴론만 경배하고, 디오 니소스를 공경하지 않은 탓으로 디오니소스 광신도들(Mainades)에 의해 사지가 찢기는 죽임을 당한다.

400c

서는 안 되네.

d   헤르모게네스: 이들 이름들에 대해서는 충분히 언급된 것으로 제게
는 생각됩니다, 소크라테스 선생님! 그러나 신들의 이름들과 관련해
서는, 방금 'Zeus'와 관련해서도 말씀하신 것처럼, 도대체 어떤 정당
성에 따라 이들의 이름들이 정해진 것인지를 우리가 검토할 수 있었
으면 합니다.

소크라테스: 그럼! 맹세코, 우리는 어쨌든 할 수 있네, 헤르모게네
스! 가장 훌륭한 한 가지 방식은 우리가 다음 사실을 정녕 깨닫는 경
우지. 신들에 대해서는 우리가 아무것도 알지 못하고 있다는 사실을
말일세. 신들 자체와 관련해서도, 그 이름들과 관련해서도, 도대체 이
들이 스스로들 자신들을 무슨 이름들로 부르는지도 말일세. 어쨌든
e   그들끼리는 참 이름들로 일컬을 게 명백할 테니까. 둘째로 훌륭한 옳
음의 방식은 기원들에 있어서 우리가 기원하는 관습처럼, 어떤 이름
이든 무엇에서 유래된 이름이든 그리 일컫게 됨으로써 그들이 기뻐하
는 것이니, 이 이름들은 우리 자신들도 부르는 것이니, 다른 아무런
401a   이름도 모르기 때문이네. 이는 실상 훌륭한 관습인 것으로 내게는 생
각되네. 그러니 괜찮다면, 우리가 신들에게 이들에 대해 아무런 고찰
도 하지 않을 것임을 밝혔듯, —우리가 그런 고찰을 할 자격을 갖추었
다고 생각지도 않기에—인간들과 관련해서나, 도대체 무슨 생각으로
신들에게 그 이름들을 지어 주었는지 고찰하세. 이는 비난받을 일이
아니겠으니까.

헤르모게네스: 적절한 말씀으로 생각됩니다, 소크라테스 선생님!
그리하십시다.

b   소크라테스: 관례에 따라, 헤스티아[56]에서부터 시작할까?

헤르모게네스: 아무튼 그게 옳습니다.

198

소크라테스: 그러니까 'Hestia'라는 이름으로 일컫은 사람이 무슨
생각을 하고서 그 이름으로 일컬었을 것이라고 누군가가 말할 수 있
을지?

헤르모게네스: 단연코 그건 쉽지 않을 걸로 저는 생각합니다.

소크라테스: 어쨌거나, 이보게 헤르모게네스, 처음 이름들을 정한
사람들은 예사 사람들이 아니라 고귀한 말을 하고 정교한 사람들일세.

헤르모게네스: 어째서죠?

소크라테스: 내게는 이름들의 정함이 그런 어떤 사람들의 일로 보
이거니와, 만약에 누군가가 낯선 외국의 이름들을 재검토할지라도,　c
그 각각이 뜻하고자 하는 것이 무엇인지를 못지않게 알아낼 것이네.
이를테면, 우리가 'ousia'⁵⁷라 일컫는 이 명사의 경우에도 'essia'⁵⁸라

---

56) Hestia는 '화덕의 신'이다. 그러나 편의상 '화덕'이라 했지만, 엄밀히
말하면, hestia(hearth)는 '벽로(壁爐)의 바닥'이고, 더 엄밀히 말해서는
그 바닥에 재와 함께 불씨가 있는 상태의 그것을 가리킨다고 보아야 할
것이다. 말하자면 이것은 한 가정의 핵심이다. 비유적으로 '근본'을 뜻하
기도 한다.(《에우티프론》편 3a 참조) 제물을 바칠 땐, 미리 여신에게 바
쳤다고 한다. 헤스티아는 올림피아의 12신들 중에 때로는 포함되나, 때로
는 디오니소스와 바뀌기도 했다.

57) ousia(우시아)는 라틴어로는 substantia 또는 essentia로, 영어로는
substance, essence 또는 being으로 옮기는 것이다. ousia는 einai(영어 be
와 라틴어 esse에 해당)의 여성형 현재 분사 ousa(being)를 명사화한, 이
른바 '분사형(分詞形) 명사(participial noun)'인데, 라틴어 essentia
(being, essence)도 이를 따라 만든 분사형 조어(造語)라 한다. 반면에 on
은 중성형 현재 분사이고, 여기에 정관사 to를 그 앞에 붙여서 to on(the
'being')의 형태로 '있는(존재하는) 것(…인 것)'의 뜻으로 쓰게 된 것이
다. 일상어로서의 ousia는, 이에 해당하는 라틴어 substantia 및 영어 sub-
stance도 그렇듯, 일차적으로 어떤 사람에게 '있는 것', 즉 '자산'을 뜻한
다. 그래서 '우시아를 가진 자들(hoi ekhontes tēn ousian)'이란 '자산가(a
man of substance)들'을 의미한다. 그런데 이 낱말은 헬라스인들이 철학

일컫는 사람들이 있는가 하면, 또한 'ōsia'[59]라 일컫는 사람들도 있
네. 그러니까 첫째로, 이들 중의 둘째 이름을 따라, 사물들의 존재 또
는 본질(ousia)은 Ἑστία라 일컬어지는 것이 합리적이거니와, 우리
들 또한 존재(ousia)에 관여함으로써 '있다(estin)'고 말하며, 이에 따
라 Hestia라 일컫는 것도 옳을 것이네. 우리도 옛날의 'essia'를 ousia
로 일컬었던 것 같으니까. 더군다나 누군가가 제물을 바치는 것과 관
련해서도 이름들을 정한 사람들은 이런 생각을 하고서 했을 것이라고

d 생각함 직도 하네. 모든 신들에 앞서 헤스티아에게 맨 먼저 제물을 바
치는 것이 모든 것의 본질(존재: ousia)을 'essia'로 일컬었던 저들로
서는 그럼직한 것이겠으니까. 반면에 'ōsia'로 일컬었던 사람들은 거
의가 이들대로 또한 헤라클레이토스를 따라, '있는 것들(ta onta)'은

적 탐구를 시작하면서 다른 의미들을 덧보태어 갖게 된다. 사물들은 외관
상 부단히 변화하지만, 이것들에 있어서도 변화하지 않고 지속성을 유지
하며 존속하는 것이 있다는 생각을 하게 되면서, 이 말은 속성이나 우유
성(偶有性)들(pathē: 단수는 pathos임)에 대한 '본질', 생성(genesis)에
대한 '실재성(reality)' 및 실재성을 지닌 것, 즉 '실재(實在: the real)'나
'존재(being)' 또는 실체 따위의 의미들을 갖게 된 것이다. 플라톤의 《국
가(정체)》편의 경우만 해도 이 낱말은 '자산'의 뜻으로 쓰인 빈도와 이런
철학적 의미의 것으로 쓰인 빈도가 거의 반반일 정도이다. 우리는 이런
의미상의 전용(轉用)을, 즉 '자산'을 의미했을 뿐인 일상어를 철학적 전
문 용어로 전용하게 된 연유를 이렇게 생각해 보면 쉽게 이해할 수 있을
것 같다. 도대체 사물들에 있어서 그것들을 그것들이게끔 해 주는 가장
든든하고 중요한 '자산'은 무엇일까? 이 물음에 대해, 그것은 사물들에
있어서 없어서는 아니 될 본질적인 것일 것이요, 여기에서 더 나아가 그
런 것이야말로 어쩌면 지속성(持續性)을 지닌 참된 것일 거라는 대답을
생각하게 된다면, ousia의 그런 의미 전용은 자연스레 이어질 것 같다.

58) essia는 ousia의 도리스(Dōris)계 방언으로 피타고라스학파에서 썼다
고 함.

59) ōsia도 ousia의 도리스(Dōris)계 방언임.

모두가 이동하며 아무것도 멈추어 있지 않는다고 믿었던 듯하네. 따라서 이것들의 원인이며 창시자는 '밀어 준 것(to ōthoun)'이며, 바로 이에서 이것이 'ōsia'로 일컬어진 것은 잘된 것이네. 그 밖에 달리 알려진 게 없으니, 이것들은 이로써 된 걸로 하세나. 헤스티아 다음으 e 로는 레아(Rhea)와 크로노스(Kronos)를 검토하는 게 타당하네. 비록 크로노스의 이름은 이미 우리가 다루었지만. 하지만 아마도 내가 공연한 말을 하고 있는 게야.

헤르모게네스: 왜죠, 소크라테스 선생님?

소크라테스: 지혜의 보따리가 생각나서네.

헤르모게네스: 그건 어떤 것인데요?

소크라테스: 아주 우스운 말을 하는 것이겠지만, 그렇더라도 아주 402a 설득력이 있는 것이지.

헤르모게네스: 그건 무엇인가요?

소크라테스: 내게는 헤라클레이토스가 그야말로 크로노스와 레아[60] 시대의 것들인 지혜로운 옛말들을 꿰뚫고 있는 것으로 생각되는데, 이것들은 호메로스도 말했던 것들일세.

헤르모게네스: 이는 어떻게 하시는 말씀인지?

소크라테스: 아마도 헤라클레이토스는 이런 말을 하고 있지. "모든 것은 이동하며 아무것도 멈추지 않는다." 또한 있는 것들을 강의 흐름에 빗대어 말하길, "그대는 같은 강 속에 두 번 들어갈 수 없을 것이오."[61]라고.

---

60) Rhea는 Ouranos와 Gaia의 딸로서, 크로노스의 아내였고, 제우스를 비롯한 많은 신들이 이들 둘 사이의 자식들이다.
61) 그의 '토막글 91'로 전하는 것의 일부이다. Diels-Kranz의 것과 원문 표현이 약간 다르다.

헤르모게네스: 그건 그렇습니다.

b 소크라테스: 어떤가? 다른 신들의 선대 신들에게 'Rhea'와 'Kronos'라는 이름을 정해 준 사람이 헤라클레이토스와는 더 다른 생각을 한 것으로 자네에겐 생각되는가? 그러니까 그가 우연스레 두 신들에게 흐름들의 이름들을 정해 준 걸로 생각하는가? 마치 호메로스가 "신들의 창시인 오케아노스(Ōkeanos)와 [그들의] 어머니인 테티스(Tēthys)"[62]를 말할 때처럼. 헤시오도스도 그리 말하는 걸로 나는 생각하네. 오르페우스도 어디선가 말하고 있지.

c 아름다운 흐름의 오케아노스가 처음으로 혼인을 시작했지.
같은 어머니의 딸인 누이 테티스와 혼인을 한 것이다.[63]

그러고 보니 이것들은 서로 간에도 화합하며 모두가 헤라클레이토스의 주장 쪽으로 기울고 있네.

헤르모게네스: 일리 있는 말씀인 것으로 제게는 보입니다, 소크라테스 선생님! 하지만 'Tēthys'의 이름이 무엇을 뜻하는지 이해하지 못하겠습니다.

소크라테스: 그러나 이는 대강은 이런 말을 하고 있는 것이네. 그건 '샘'이라는 이름이 은폐되어 있다는 것이네. 왜냐하면 to diattōme-

d non(체에서 빠져나와 흘러내리는 것)과 to ēthoumenon(줄줄 흘러나오는 것)은 샘(pēgē)의 묘사이기 때문이네. 'Tēthys'라는 이름은 이들

---

62) 《일리아스》 14권 201, 302. Ouranos와 Gaia의 아들인 오케아노스와 테티스 사이에서 많은 후손 신들이 태어나기 때문에 이런 표현을 하고 있다. 많은 강들의 신들이 그들의 후손들이다.
63) 출전 미상.

두 이름(명사)들에서 합성되기 때문일세.

헤르모게네스: 그건 묘한 것이네요, 소크라테스 선생님!

소크라테스: 왜 그렇지 않겠는가? 그러나 이다음 것은 무엇인고? '제우스'는 이미 우리가 언급했고.

헤르모게네스: 네.

소크라테스: 그러면 그의 형제들을 다루세. 포세이돈과 플루톤 그리고 그를 사람들이 일컫는 다른 이름도.

헤르모게네스: 물론입니다.

소크라테스: 그러니까 그 이름을 처음 부른 사람에 의해서 포세이돈의 이름이 불린 것은 이런 까닭으로 해서인 것으로 내게는 보이네.   e
그가 발을 딛는 걸 바다의 힘이 저지해서 더 이상 나아가는 걸 허락지 않고, 마치 '두 발의 족쇄 채움(desmos tōn podōn)'이 그에게 일어난 것처럼 되었기 때문이네. 그래서 그는 이 힘의 지배자인 신을 'Poseidōn'으로 일컬었는데, 'posidesmon(두 발이 족쇄 채워진 자)'라 해서지. 'e'[64]가 포함된 것은 아마도 [발음상의] 어울림을 위해서일 테고. 그러나 아마도 처음엔 이걸로 말하지 않고, 's' 대신에 겹의 'l(lambda)'로 말했을 것이야. 그 신은 '많은 것들(polla)'을 아는   403a
터라. 그러나 아마도 그는 '흔듦(seiein)'으로 해서 '흔드는 자(ho seiōn)'[65]로 불렸을 것이야. 반면에 'p'와 'd'는 덧붙여졌고. 그러나 '플루톤(Ploutōn)'이라는 이 이름은 '부(ploutos)'의 베풂에 따른 것이고, 부는 땅 밑에서부터 올라오게 되는 것이라 해서 일컫게 된 것이네. 그러나 'Haidēs(Hades: 저승)'는 많은 사람들이 이 이름으로는 '보이지

---

64) 텍스트 읽기에서 ĕ는 e의 오타임.
65) 땅과 바다의 흔들림 곧 지진(seismos)을 그가 일으키는 것으로 보았으니까.

203

않는 것(to aides)'을 지칭하는 걸로 이해하는 것으로 내게는 보이거니와, 이들은 이 이름을 두려워해서, 그를 'Ploutōn'으로 일컫네.

b   헤르모게네스: 선생님께는 어떻게 보입니까, 소크라테스 선생님?

소크라테스: 내게는 사람들이 이 신의 힘과 관련해서 잘못 짚고서, 가당치도 않게 이 신을 여러 면에서 두려워하는 걸로 여겨지네. 왜냐하면 우리가 일단 죽게 되면, 언제나 그곳에 있게 된다고 해서 두려워하는 하는 거지. 또한 혼이 몸에서 벗어나 그에게로 간다는 것, 이게 무서운 거야. 내게는 이 모든 것이 동일한 어떤 것으로 귀착하는 것으로 생각되네. 그 신의 지배도 그 이름도 말일세.

헤르모게네스: 바로 어떻게 말씀입니까?

c   소크라테스: 어쨌거나 내게 그리 보이는 것들을 자네에게 말함세. 내게 대답부터 해 주게나. 살아 있는 것에 대해 어디에서건 머물도록 하는 속박으로, 강제 또는 욕망 중에서 어느 것이 더 강한가?

헤르모게네스: 욕망이 월등하게 차이를 보입니다, 소크라테스 선생님!

소크라테스: 그러니까 만약에 '하데스(저승)'로 가는 자들을 가장 강력한 족쇄로 매어 두지 않는다면, 많은 사람들이 도망갈 것이라고 자네는 생각지 않는가?

헤르모게네스: 그야 아주 명백합니다.

소크라테스: 그러면, 강제 아닌, 가장 강력한 족쇄로 이들을 매어 두려면, 어떤 욕망으로 이들을 매어 두어야만 할 것으로 보이네.

헤르모게네스: 그리 보입니다.

소크라테스: 그러니까 욕망들에도 여러 가지가 있지 않는가?

헤르모게네스: 네.

d   소크라테스: 그러면 욕망들 중에서도 가장 강한 욕망으로 이들을

매어 두어야만 할 것이야. 정녕 가장 강한 족쇄로 제압하자면 말일세.

헤르모게네스: 네.

소크라테스: 그런데 누군가가 누구와 함께함으로써 그 사람으로 해서 더 나은 사람이 될 것이라고 생각하게 될 경우, 그러고자 하는 욕망보다도 더 큰 어떤 욕망이 있겠는가?

헤르모게네스: 맹세코, 어떤 식으로도 그런 건 달리 없습니다, 소크라테스 선생님!

소크라테스: 그러니까, 헤르모게네스여! 이런 까닭들로 해서 그곳에 있는 이들 중에서 아무도 이리로 떠나오려 하지 않는다고, 세이렌들[66]조차도 그러려 하지 않고, 이들도 다른 모든 이들도 오히려 그의 주문에 홀리어 버린다고 말하세. 이처럼 아름다운 말들을 '하데스'는 할 줄 아는 걸로 보이거니와, 이런 이유로 이 신은 완벽한 소피스테스이며 제 영역에 있는 자들에게 굉장한 시혜자이고, 그는 또한 이승의 사람들에게도 그처럼 많은 좋은 것들을 올려 보내네. 이처럼 그곳에는 그를 둘러싼 풍요가 있어서, 또한 이로 해서 'Ploutōn'이라는 이름도 갖게 된 것일세.[67] 그리고 또 육신을 갖고 있는 상태의 사람들과는 함께하지 않으려 하나, 혼이 육신과 관련된 모든 해악들과 욕망들에서 정화되었을 때, 그때야 함께하니, 그는 지혜사랑을 하는 자이며 훌륭하게도 이런 생각을 한 자인 걸로 자네에겐 생각되지 않는가? 곧,

e

404a

---

66) Seirēn(복수는 Seirēnes)은 머리는 아름다운 여자이고, 몸통은 새인 바다의 요괴로서, 이들은 지중해의 한 섬에 살면서, 아름다운 노랫소리로 지나가는 선원들을 홀림으로써 배가 바위투성이인 해안에 부딪혀 난파케 하였다 한다. 《오디세이아》 12권 39~52 이외에 여러 곳에 처음에는 둘이 나오지만, 훗날 그 수가 늘어갔다.

67) 헬라스 말로 '부'는 ploutos이다.

205

404a

덕([사람으로서의] 훌륭함: aretē)⁶⁸과 관련된 욕망으로는 이들을 속박함으로써 제어할 수 있을 것이나, 육신의 격정과 광기를 가진 자들은, 그의 아버지 크로노스조차도 자신의 이른바 그 족쇄로 속박한 상태로도,⁶⁹ 자기와 함께 있도록 하지는 못할 것이라고.

헤르모게네스: 일리 있는 말씀을 하시는 것으로 제게는 생각됩니다, 소크라테스 선생님!

b   소크라테스: 그리고, 헤르모게네스, 'Haidēs(Hades)'라는 이름은 to aides(보이지 않는 것)에서 따오게 된 것이라기에는 거리가 한참 머나, 모든 아름다운 것들을 '안다(eidenai)'는 것에서 그랬을 것이라는 게 훨씬 더 근접한 것이니,⁷⁰ 이로 해서 입법자에 의해서 'Haidēs(Hades)'로 불리게 된 것이지.

헤르모게네스: 됐습니다. 그러나 데메테르와 헤라 그리고 아폴론, 아테나, 헤파이스토스, 아레스 그리고 그 밖의 신들은 뭘 어떻게 우리가 말할 것인지?

소크라테스: 데메테르⁷¹는 먹을 것의 제공에 따라, 어머니(mētēr)

---

68) 앞의 403d에서의 "누군가가 누구와 함께함으로써 그 사람으로 해서 더 나은 사람이 될 것이라고 생각하게 될 경우"에서 '더 나은 사람이 된다'는 말은 '사람으로서 더 훌륭해짐'을 뜻하는 것이고, 이는 aretē를 그냥 '덕'보다는 [사람으로서의] 훌륭함'으로 이해해야만 함을 말해 주고 있는 표현이기도 하다.

69) 호메로스의 《일리아스》 14권 203～4에서는 제우스가 크로노스를 바다 아래 땅 밑에 거하도록 했던 것으로 언급하고 있다.

70) 'Haidēs(Hades: 저승)'라는 이름의 유래가 '보이지 않는 것(to aides)'이라는 데서 유래된 것으로 본 많은 사람들의 통념을 403a에서 가볍게 언급했다. 이는 《파이돈》편 80d에서도 마찬가지였다. 그러나 여기에서는 그 이름의 유래와는 '한참 거리가 먼' 걸로 언급하고 있다.

71) Dēmētēr는 크로노스와 레아의 딸로, 제우스와는 오누이 관계이며, 곡

로서 주는(didousa) Dēmētēr로 불리었으나, 헤라는 '사랑스런 이
(eratē tis)'였으니, 제우스가 그래서 여신을 사랑하게 되어 혼인을 하게   c
된 걸로 전하기도 하듯 말이네. 반면에 고상한 것들을 생각하는 입법자
가 아마도 공기(aēr)를 은폐해서 'Hēra'로 일컬었겠는데, 이름의 첫 글
자를 마지막 자리로 옮긴 거라는 거네. 이는, 자네가 헤라의 이름을 여
러 번 반복해서 말하면, 알 거라는 걸세. 그러나 'Pherrhephatta'라는
이 이름도 또한 'Apollōn'도 많은 사람들이 무서워하는데, 이름들의
옳음에 대한 무지로 해서인 것 같네. 또한 [앞 것]을 'Phersephonē'[72]
로 바꿔 생각해서, 그들에게 무서워 보이기도[73] 해선 것 같기도 하네.
그러나 이는 여신이 지혜롭다는 걸 알려 주고 있네. 왜냐하면 휩쓸리   d
듯 지나가는 것들을 붙들어 만져 보고서 이해할 수 있다는 것은 지혜

물의 여신이다.

72) Phersephonē는 Persephonē의 시어이며, 데메테르가 제우스와의 사이
에서 얻게 된 외동딸(Korē)이다. 삼촌인 포세이돈(Poseidōn)이 딸을 몹
시도 사랑하는 터라, 제우스는 초원에서 꽃을 따고 있는 제 딸을 그 어머
니가 없는 사이에 그의 유괴를 도와, 지하 세계인 하데스로 데려가게 했
다. 제우스, 포세이돈, 하데스, 헤라, 데메테르, 헤스티아는 모두가 크로
노스와 레아의 아들, 딸들이었기에, 이런 짓을 할 수 있었던 것이다. 유괴
당하면서 지른 딸의 비명을 어렴풋이 들은 데메테르는 딸을 찾아 아흐레
동안 식음을 전폐하고 온 세상을 떠돌다가, 초라한 노파 행색을 하고서,
엘레우시스(Eleusis)에 이르렀고, 우여곡절 끝에 이곳은 훗날 엘레우시스
비교의 성지가 된다. 곡물의 여신인 데메테르의 유랑으로 대지가 불모의
땅이 되매, 제우스가 포세이돈으로 하여금 그 딸을 어머니에게 돌려보내
라고 했으나, 그럴 수만은 없게 되었으니, 딸이 그곳에 있는 동안 석류
(rhoa)를 먹었기 때문이었다. 그래서 절충을 하게 된 해결책이 페르세포
네가 봄에는 지상으로 올라왔다가, 겨울에는 하데스로 돌아가도록 하는
것이었다고 한다.

73) phonē가 '살인'이나 '학살'을, 그리고 pherein은 '초래함'을 뜻하기에
하는 말이겠다.

이겠기 때문이네. 그러니까 'Pherepapha'로 또는 그와 같은 어떤 것으로 이 여신이 불리는 것은 그 지혜 그리고 '휩쓸려 지나가고 있는 것(to pheromenon)의 이해(epaphē)'로 해서 옳을 것이야. —바로 이 까닭으로, 곧 여신이 지혜롭기에, 지혜로운 하데스가 여신과 함께 있기도 하네. —그러나 지금은 사람들이 진실보다도 좋은 발음을 더 높이 사서, 여신의 이름 형태를 바꾸게 되어, 'Pherrhephatta(페르레파타)'로 여신을 부르게 되었네. 한데, 아폴론의 경우에도, 내가 말하는 것과 사정은 똑같네. 많은 사람들이 이 신의 이름과 연관해서 두려워하지. 무서운 뭔가를 알린다 해서지. 혹시 자네는 이를 감지하지 못했는가?

헤르모게네스: 그야 물론 그랬거니와, 선생님께서는 진실을 말씀하시고 계십니다.

소크라테스: 그러나 그 이름은, 내게 그리 생각되듯, 어쨌거나 그 신의 힘에 비추어 아주 훌륭하게 정해진 것이지.

헤르모게네스: 어째서죠?

소크라테스: 어쨌든 내게 그리 보이는 바를 내가 말함세. 실로 이름은 하나이면서 이 신의 네 가지 힘들과 오히려 조화를 이룬 경우는 없어서, 모두를 포괄하면서 어떤 식으로는 음악과 예언술, 의술 그리고 궁술을 시현하네.

헤르모게네스: 그러니 말씀해 주세요. 선생님께서는 그 이름이 범상치 않은 것임을 말씀하시고 계시니까요.

소크라테스: 그러니까 그건 조화로운 것이지. 그 신은 음악적인 신이니까. 첫째로, 의술 및 예언의 능력과 관련된 변통(정화: katharsis)과 정화의식(katharmoi) 그리고 의약품들 및 예언의 능력과 관련된 약물들을 이용한 훈증 그리고 이런 것들 속에서의 목욕과 이런 것들

e

405a

b

208

의 뿌림, 이 모든 것들은 한 가지 것을 할 수 있을 것이니, 사람을 몸과 혼의 면에서 깨끗한 상태가 되도록 할 수 있을 것이네. 그러지 않겠는가?

헤르모게네스: 물론입니다.

소크라테스: 그러니까 이 신은 정화하는 신이며 이와 같은 해악들을 씻어내고(apolouōn) 이것들에서 벗어나게 하는(apolyōn) 신이지 않겠나?

헤르모게네스: 그야 물론입니다.

소크라테스: 따라서 벗어나게 함과 씻어냄의 활동들에 따라, 이런 것들의 의사로서 'Apolouōn(씻어내는 자)'으로 부르는 게 옳을 것이야. 그러나 예언의 능력에 따라 진실한 것(to alēthes)과 단순한 것(to haploun)은—이것들은 같은 것이니까—테살리아인들이 그를 부르듯, 부르는 것이 지당할 것이야. 왜냐하면 모든 테살리아인들은 이 신을 '아플룬(Aploun)'으로 일컫기 때문이네. 그런가 하면 그는 언제나 (aei) 궁술로써 쏘아서 던지는 것에 통달한 신이어서 'Aeiballōn(늘 쏘아 던지는)' 신이네. 음악과 관련해서도 이해해야 할 것이니, [그 이름의] '알파(a)'는, 'akolouthos(수행자)'와 'akoitis(배우자, 아내)'처럼, 많은 경우에 '함께(to homou)'를 나타내거니와 이 경우에도 바로 [천구의] '축들(poloi)'[74]로 일컫는 것을 [중심으로] 천구 둘레를 '함께 회전하는 운동(hē homou polēsis)'을, 그리고 바로 협화음(symphōnia)으로 불리는 노래에서의 화음(harmonia)과 관련해서도 이 모든 것들은, 음악 및 천문학과 관련해서 조예가 깊은 자들이 말하듯, 일종의

c

d

---

74) 《티마이오스》편 40c 참조. 이 대화편의 이 대목에서의 태양과 관련되는 언급은 아폴론이 태양신 Hēlios와도 동일시되기도 해서인 것 같다.

화음에 의해서 함께 움직이네. 이 신은 이것들 모두를, 신들과의 관
계에서도 인간들과의 관계에서도, 함께 움직이게 하며 조화를 관장
하네. 그러니까 'homokeleuthos(함께 가는 자)'와 'homokoitis(잠자
리를 같이 하는 여인)'을 'akolouthos(수행자)'와 'akoitis(배우자, 아
내)'로 우리가 일컬은 것이, 'homo' 대신에 'a'로 바꿈으로써 했듯,

e   'Homopolōn'이었던 것을 역시 이처럼 'Apollōn'으로 일컬었네. 또 다
른 'l'를 끼워 넣어서 그런 것인데, 이는 고약한 이름과 같은 것이 되
어서였네.[75] 방금도 어떤 사람들은, 그 이름의 힘을 옳게 검토하지 못

406a 함으로써, 이게 어떤 파멸을 뜻하는 것으로 두려워하네. 그러나 이 이
름은, 방금 말했듯, 이 신의 모든 힘들을 포괄하고 있으니, 단순하며
(haplous), 늘 쏘아 던지며(aei ballōn), 씻어내며(apolouōn), 함께 움
직이는(homopoleōn) 신이네. 그런데 무사 여신들(Mousai)도 시가
(mousikē) 전반에 걸친 추구(mōsthai)에서 그리고 탐구와 지혜사랑
에서 이 이름을 얻게 된 것 같네. 그러나 레토(Lētō)[76]는 여신의 온유
함(praotēs)으로 해서, 누군가가 간청하는 것들은 기꺼이 응해 줌(to
ethelēmona einai)에 따라서네. 다른 한편으론 아마도 다른 나라 사
람들이 일컫기를—많이들 'Lēthō'로 일컫기에—성품(ēthos)이 거칠
지 않고 온순하며 부드러움(leion)에 따라 이를 일컫는 사람들에 의해

b   'Leēthō'로 불리게 된 것 같네. 또한 '아르테미스(Artemis)'는 건전함
(to artemes)과 정숙함(to kosmion)으로 해서, 처녀성의 욕구로 해서

---

75) 곧 Apollōn으로 하지 않고, 'l'이 하나뿐인 Apolōn일 경우, 이는
    apollymi(멸망시키다, 파괴하다)의 미래형인 apolō와 같은 꼴이 되기 때
    문에 하는 말이다.
76) 레토는 제우스와의 사이에서 아르테미스(Artemis)와 아폴론 쌍둥이
    를 낳은 여신이다.

그리 불린 것으로 보이네. 다른 한편으론 여신을 그리 일컬은 자는 아마도 덕의 심판자(aretēs histōr)로, 어쩌면 또 여인 속 남자의 생식을 싫어하는 여신으로 그랬을 것이라는 거야. 이런 것들 중의 어느 하나를 또는 이 모든 것들을 이유로 이 이름을 이 신에게 정해 주었다는 걸세.

헤르모게네스: 그러면 '디오니소스(Dionysos)' 그리고 '아프로디테(Aphroditē)'는 어떻습니까?

소크라테스: 히포니코스의 자제여, 큰 걸 묻네그려. 그러나 실은 이들 신들에 대해서는 그 이름들의 설명 방식이 진지하게 하는 것과 익살맞게 하는 게 있네. 그러니까 진지한 방식의 것은 다른 사람들 누군 c 가에게 묻게나만, 익살맞은 것을 우리가 이야기하는 걸 막을 것은 아무것도 없네. 신들도 익살맞음을 좋아들 하니까. 디오니소스는 포도주를 주는 자(ho didous ton oinon)일 테니까, 익살로 'Didoinysos(디도이니소스)'로 불러서 말일세. 반면에 oinos(포도주)는, 술꾼들의 대다수 '제정신이 아닌 자들([noun] ouk ekhontes)'을 '제정신인 걸(noun ekhein)[77]로 생각토록(oiesthai)' 하기에, 'oionous(＝술 정신)'로 일컫는 게 지당할 것이야. 그런가 하면 아프로디테와 관련해서는 헤시오도스에 대해 반박할 여지가 전혀 없고, 오히려 '거품(aphros) d 에서의 탄생(hē ek tou aphrou genesis)'으로 해서 'Aphroditē'로 불리게 되었다는 데[78] 동의해야만 하게 되었네.

---

77) 헬라스어로 nous(←noos)는 마음, 지각, 정신, 지성 등을 뜻하는 말이다. noun ekhein은 '지각이 있다' 또는 '제정신이다'는 뜻이다. 여기서는 술꾼들이 대취한 상태에서 제정신이 아닌 상태이면서도 자기는 여전히 정신이 멀쩡하다고 우기는 술주정 사태를 갖고 포도주가 그런 사람들을 양산했다는 식으로 농을 하고 있는 것이다.

78) 아프로디테의 탄생과 관련된 신화의 허구야말로 황당하기 그지없다고 할 대표적인 경우의 것일 것이다. 이 이야기는 헤시오도스의《신들의 계

헤르모게네스: 하지만 선생님께서는 아테네인이시니, 소크라테스 선생님, 선생님께서는 어쨌든 아테나(Athēna)도, 헤파이스토스(Hēphaistos)와 아레스(Arēs)도 잊지 않으시겠죠?

소크라테스: 어쨌든 잊지는 않을 것이네.

헤르모게네스: 실상 잊지 않을 것입니다.

소크라테스: 따라서 여신의 다른 이름이 어떻게 지어졌는지를 말하는 건 어렵지 않을 것이야.

헤르모게네스: 어느 걸 말씀하시는 건지?

소크라테스: 여신을 우리가 '팔라스(Pallas)'[79]로 일컫고 있는 걸로 아네만.

보》154~206에서 하고 있는 것인데, 그 요지는 이런 것이다. Ouranos (하늘 신)와 Gaia(땅 신) 사이에서 태어나는 자식들이 어찌나 무시무시했던지, 우라노스는 처음부터 이들을 싫어해서, '가이아' 속 비밀스런 어둠 속에 가두어 둔 채로 햇빛을 볼 수 없게 했다. 마침내 신음만 하다 더 견딜 수 없게 된 여신은 강철 같은 재료로 톱니 모양을 갖춘 큰 낫을 만들고선 자식들을 불러 모아 계획을 알리나, 잔뜩 겁에 질린 자식들 중에서 막내 크로노스만이 선뜻 나선다. 마침내 우라노스가 가이아와 교접을 하려는 순간, 미리 잠복해 있던 크로노스가 우라노스의 성기를 그 낫으로 사정없이 잘라 버린다. 그래서 그것에서 흘린 많은 피를 땅바닥에 받은 가이아는 이것들을 성장케 했으니, 복수의 여신들인 에리니에스(Erinyes: 단수는 Erinys)와 '거인족'으로 불리는 Gigantes, 그리고 많은 요정들(Nymphai)이었다. 그리고 잘린 생식기를 멀리 파도로 넘실거리는 바다로 던졌는데, 이것은 불사신의 일부인지라 오랜 시간 동안 바다 위를 떠돌다가, 이에서 흰 거품이 일더니 한 소녀(kourē)가 태어났다. 소녀는 펠로폰네소스 남단의 키테라(Kythēra)섬을 거쳐, 마침내 멀리 키프로스(Kypros)섬에 이르러 존경스럽고 아름다운 여신으로 걸어 나오니, 발밑으론 풀이 돋아났다고 한다.

79) Pallas Athēna가 아테나 여신의 상투적인 호칭일 만큼, 별칭이다. 호메로스에서도 Pallas Athēnaie(또는 Athēnē)가 그랬다.

헤르모게네스: 어찌 아니겠습니까?

소크라테스: 그러니까 이 이름은, 내가 생각하듯, 무장한 상태로 춤 e
춤에서 지어진 걸로 생각함으로써 우리가 옳게 생각하는 것일 게야.
왜냐하면 짐작컨대 스스로를 또는 다른 어떤 것을 땅으로부터 또는
손 안에 쥐고서 공중으로 떠올려서 '휘두르거나(pallein)' '휘둘리게 407a
되며(pallesthai)'⁸⁰ 춤추거나 춤추게 됨을 우리가 그리 일컬으니까.

헤르모게네스: 물론입니다.

소크라테스: 따라서 '팔라스'로 우리가 일컫는 것은 이로 해서네.

헤르모게네스: 어쨌든 옳기도 하고요. 하지만 다른 이름은 어떻게
말씀하시겠는지?

소크라테스: 아테나라는 이름을 말인가?

헤르모게네스: 네.

소크라테스: 이건 한결 더 묵직한 설명거리이네, 이보게! 옛날 사
람들도 아테나에 대해서 가졌던 생각이, 호메로스와 관련해서 전문가
인 요즘 사람들과 같아 보이네. 이들 중에서 많은 해석자들도 그 시 b
인이 아테나가 지성과 사유를 활용한 걸로 말하고 있거니와, 이름들
을 지은 이도 이 여신과 관련해서 이와 같은 뭔가를 생각한 것 같으
며, 더 나아가 '여신의 지성에 의한 앎(theou noēsis)'을 대단한 것으
로 말하길, 마치 여신이 'ha theonoa'인 것처럼⁸¹ 말하는데, 이 경우

---

80) 수호신으로서의 아테나의 그런 모습은 오늘날 Athēna Promakhos(선
두에서 싸우는 아테나)로서 청동상들로 적잖이 남아 있다. '아크로폴리
스박물관'에 여럿이 있고, '아테네 국립박물관'에 있는 것(No. 6447)이
그 대표적인 것 같다. 왼팔로는 아이기스(Aigis) 방패를 앞세우고 오른팔
로는 무기를 휘두를 자세를 취하고 있는 것들이다.
81) '여신의 지성 활동'을 뜻하는 '[hē] theou noēsis'를 'ha theonoa'라는
아테나 여신의 이름으로 활용할 생각을 했을 수 있다는 이야기를 하고 있

에 ha는 이국적으로 hē[82]를 대신하고, 'i'와 's'는 떼어내고서네. 그러나 아마도 이런 식으로는 아니고, 여신의 이름을 지은 이는 여신이 남달리 '신적인 것들(ta theia)을 이해하고 있다(ta theia nooousa)'고 해서 'Theonoē'라 일컬은 것일 게야. 그러나 또한 성품(ēthos)에 지성에 의한 앎(noēsis)이 있는 이 여신을 'Ēthonoē'로 그가 일컫고자 했다

c   는 것도 전혀 동떨어진 건 아니네. 그러나 그 자신이나 다른 어떤 사람들이 나중에 더 나은 쪽으로 빗겨나가 그들이 생각한 대로, '아테나(Athēnaa)'로 일컬었네.

헤르모게네스: 그러면 헤파이스토스(Hēphaistos)는 어떻게 말씀하실 것인지?

소크라테스: 실로 고귀한 'phaeos histōr(빛을 제대로 아는 자)'를 묻는 건가?

헤르모게네스: 그렇겠네요.

소크라테스: 그러니까 이 신은 H(ēta)를 끌어다 붙인 'Phaistos'인 게 누구에게나 명백하지 않은가?

헤르모게네스: 그런 것 같습니다. 그리 보이듯, 혹시 선생님께 달리 생각되시는 게 아니라면 말씀입니다.

소크라테스: 그런 일이 없게라면, 아레스(Arēs)에 대해서나 묻게.

헤르모게네스: 제가 묻습니다.

d   소크라테스: 자네가 원한다면야. 그러니까 'Arēs'는 '사내다움(to arren)'과 '용감함(to andreion)'과 관련되어 있네. 또한 굳건하고 불굴함과 관련해서도, 이게 바로 'arraton(굳셈)'으로 불린다면, 바로

는 셈이다.
82) 'hē'는 헬라스어로 여성 정관사이다.

이 점에서도 모든 면에서 전투적인 신에게는 'Arēs'로 불리는 게 적절하네.

헤르모게네스: 그야 물론입니다.

소크라테스: 그러면 신들을 위해서 신들에게서 벗어나세. 이들에 대해 내가 대화하는 게 두렵기도 해서네. 다른 무엇과 관련해서든 원하는 걸 내게 제기해 주게나. 에우티프론의 "말들이 어떤 것들인지 보게 되도록."[83]

헤르모게네스: 그리하겠습니다. 아직 하나만 '헤르메스(Hermēs)' e
와 관련해서 선생님께 여쭙고요. 크라틸로스는 제가 헤르모게네스(Hermogenēs=헤르메스의 소생)는 아니라고까지 주장하니까요. 그러니까 'Hermēs'라는 이름이 무엇을 뜻하는지도 우리가 검토해 보도록 하고, 아울러 이 친구가 일리 있는 말을 하고 있는지도 우리가 알아볼 겸해서요.

소크라테스: 하지만 이것, 곧 'Hermēs'는 실상 논의거리가 되는 것 같네. 해석자이며 심부름 신이고 도둑이고 말로 기만하는 자요, 상업 408a
적이니, 이 모든 일은 말과 관련된 능력이네. 따라서 바로 이것이 앞에서도 말했던 바로서,[84] 'eirein(말함)'은 말의 이용이지만, 호메로스

---

83) 따옴표 속의 구절은 호메로스의 《일리아스》 5권 221~222의 일부인데, 이를 396d에서 "에우티프론이 신들린 상태에서 소크라테스의 귀에 대고 신령스런 지혜로 채우며 제 혼을 사로잡았다던" 일에다 빗대어 말하고 있다. 여기에 그 일부가 인용된 《일리아스》의 구절은 이러하다. "자, 내 전차에 오르시오, 트로이아의 말들이 어떤 것들인지 보기 위해서는." 그런데 '트로이의 말들'과 '에우티프론의 말들'이 한국어로는 서로 겹치고 있는 게 엉뚱스런 우연이지만, 이런 논의의 맥락과 어느 면에서는 아주 부자연스럽지는 않다는 느낌도 든다.

84) 398d 참조.

도 여러 군데서 말하고 있는 것처럼, 'emēsato(꾀했다)'라고 말하지만, 이는 꾀하게 되었음(mēkhanēsasthai)이지. 그러니까 이들 둘, 곧 '말함'과 '말을 꾀함'을 근거로, 마치 입법자가 우리에게 지시라도 하
b   듯, 이 신을 두고, "아, 인간들이여, '말하길 꾀한 자([hos to] eirein emēsato)'가 너희들에 의해 'Eiremēs'로 불리는 게 옳을 것이니."라 한 것이라고. 그러나 이제 우리는, 우리 생각대로, 그 이름을 곱게 해서 '헤르메스'로 일컫고 있네.

헤르모게네스: 맹세코, 그러니까 '제가 헤르모게네스가 아니라고' 크라틸로스가 말한 게 잘한 것이라고 제게는 생각되네요. 어쨌거나 저는 말재주가 없으니까요.

소크라테스: 또한 판(Pan)이 헤르메스의 이중성 아들이라는 것도 그럼직하네, 이보게!
c   헤르모게네스: 어째서죠?

소크라테스: 자네는 알고 있네. 말은 모든 것을 나타내며 돌고 돌며 언제나 떠돌고 돌아다니네. 그리고 이중적이니, 참이기도 하고 거짓이기도 하지.

헤르모게네스: 그야 물론입니다.

소크라테스: 그러니까 그것의 참된 부분은 부드럽고 신적이며 위쪽의 신들 속에 자리 잡고 있지만, 거짓인 부분은 아래쪽 다중의 인간들 속에 자리 잡고 있는 거칠고 염소 닮은(tragikon)[85] 것이네. 왜냐하면

---

85) 여기서 '염소 닮은(tragikon)'은 Pan신과 관련된 언급이다. 흔히 목축과 관련된 목신으로 일컫기도 하는 '판'은 펠로폰네소스의 아르카디아(Arkadia)에 그 근거지를 갖는다. 앞머리에 두 개의 뿔이 있고, 주름진 얼굴과 튀어나온 턱, 상체는 인간의 것이나, 하체는 숫염소(tragos)를 닮았으며, 갈라진 발굽을 가진 걸로, 그리고 언제나 일어선 상태의 성기를

대부분의 설화(신화: mythos)들과 거짓들은 비극적 삶(ho tragikos bios)과 관련되어 있기 때문이네.

헤르모게네스: 그야 물론입니다.

소크라테스: 그래서 모든 걸(pan) 알리며 언제나 떠도는 자는 '염소몰이 판(Pan aipolos)'일 것이니, 이중성의 헤르메스의 아들 위쪽은 부드러우나, 아래쪽은 거칠고 염소 닮았지. 또한 '판'이 헤르메스의 아들일진대, 그는 말(logos)이거나 말과 형제간일세. 형제가 형제와 닮은 것은 전혀 놀랄 일이 아니네. 허나, 이보게, 내가 말했듯, 신들에게서 벗어나세. d

헤르모게네스: 소크라테스 선생님, 선생님께서 원하신다면, 그런 것들에서는. 하지만 이런 것들, 곧 해와 달, 별들 그리고 흙과 에테르,[86] 공기, 불, 물, 계절과 연, 이런 것들과 관련해서야 선생님께서 거

가진 성욕 강한 신으로 묘사되고 있다. 그런데 여기에서 일단 '염소 닮은' 으로 번역한 'tragikon'은 바로 이어지는 문장에서 언급되고 있듯, '비극 적인'이라는 뜻을 동시에 시사하고 있는 것이라 보아야 될 것이다. '비극' 을 헬라스어로 tragōidia라 한 것에 대한 그 유래 설명은 복합적인 것이라 보아야 할 것 같다. 그 하나는 염소를 제물로 바치기도 하고, 상으로 염소 를 주었기 때문이라는 설과 다른 하나는 공연 배역들(배우나 합창단원) 이 염소의 탈을 분장도구로 이용한 데서 유래했다는 설이다. 어쩌면 이 둘 다가 연관되어 있는 이른바 '염소(tragos)와 관련된 노래(ōidē)' 곧 그 런 시가(mousikē)의 공연이었던 셈이다.

86) 이른바 4원소들(stoikheia)에 덧붙여 에테르(aithēr)를 동급의 것처럼 언급한 것은 특이한 점이다. 《티마이오스》편 58d에는 에테르에 대한 다 음과 같은 언급이 보인다. "공기(aēr)의 경우에도 마찬가지여서, 에테르 란 이름으로 불리는 가장 밝고 맑은 것이 있는가 하면, 안개(omikhlē)나 컴컴함(먹구름)이란 이름으로 불리는 흐린 것들이 있으며, 또한 그 밖에 도 이름 없는 종류의 것들이 있다." 그리고 《파이돈》편 109b~c에서도 에테르에 대한 이런 언급이 보인다. "순수한 하늘(천구) 안에 … 별들이 있거니와, 이런 것들에 대해 곧잘 말하는 사람들 가운데서 많은 사람이

e   론하시는 걸 무엇이 막겠습니까?

소크라테스: 날더러 많이도 하라네. 그렇긴 하지만, 그러는 게 좋겠다면야, 그럼세.

헤르모게네스: 실로 저로선 기쁘겠습니다.

소크라테스: 그러면 맨 먼저 자넨 뭘 원하는가? 혹시 자네가 말했던 것처럼, 우리가 해(hēlios)를 다룰까?

헤르모게네스: 물론입니다.

소크라테스: 그러니까 누군가가 도리스식 이름을 이용한다면 더

409a   욱 명백해질 것으로 보이네. 도리스인들은 그걸 'halios'로 일컬으니

바로 이것을 에테르라 일컫는다." 따라서 플라톤의 경우에는 에테르가 다른 네 가지 것들과 동격의 것으로 간주되고 있지는 않고, 공기의 일종으로 간주되고 있을 뿐이다. 반면에 아리스토텔레스는 이와 달리 《천계론(天界論)》(De Caelo) 289ª11~19에서 이런 내용의 주장을 하고 있다. "가장 합리적이고 일관성 있는 주장은 각각의 별이 그 안에서 이동 운동(phora)을 하고 있는 그 물질(물체: sōma)로 구성되어 있는 것으로 하는 것이다. 회전 운동을 하는 성질의 무엇인가가 있는 것으로 우리는 말했기 때문이다." 그걸 사람들이 최상층에 있는 것으로 에테르라 일컫는 것이고, 이는 '영원한 시간 동안(ton aidion khronon) 언제나 달린다(aei thein)'는 뜻으로 그리 부르게 된 것이란다.(270b21~24) 이 주장이 말하고 있는 것은 이동 운동(phora)에는 전후, 좌우, 상하의 운동 이외에 영원한 운동으로서 그것들 자체가 영원한 것들로 간주되는 천체들의 회전 운동이 있는데, 이를 가능케 하는 물질로 차 있는 하늘이 있고, 천체들도 이 물질로 구성되어 있다는 주장이다. 그런가 하면, 호메로스의 《일리아스》 2권 412에는 제우스가 '에테르 속에 기거하는' 것으로 언급하는 구절이 보인다. 헬라스인들에게 에테르는 구름(nephelē, 복수는 nephelai)에 의해 땅에 속하는 공기(aēr)와 경계가 지어지는 상층부, 곧 하늘(ouranos) 바로 아래에 있는 밝고 맑은 공기로 간주되었다. 아낙사고라스의 토막글 15를 보면, 우주의 형성 초기에 희박하고 뜨거우며 건조하고 [밝은] 것이 에테르의 외곽으로 몰렸다는 말을 하고 있는데, 불과 거의 비슷한 것으로 생각한 것 같다.

까. 실상 'halios'는, 해가 떠오르면 사람들을 한데 '모음(halizein)'에 따른 것일 수도 있겠으나, 지구 둘레로 '늘 돌면서 감(aei eilein iōn)'으로 해서일 수도 있겠으며, 땅에서 생기는 것들을 돌아가면서 다양화하는 것으로 보이게 하는 것 같기도 해서일 수도 있을 것이네. poikillein(다양화함)과 'aiolein'은 같은 뜻이네.

헤르모게네스: 그러면 '달(selēnē)'은요?

소크라테스: 이 이름은 아낙사고라스를 궁지로 몬 것으로 보이네.[87]

헤르모게네스: 그건 왜죠?

소크라테스: 달은 해에서 빛을 받는다고 그가 최근에 말한 것이 훨씬 이전에 밝혀진 것처럼 보인다는 걸세.

b

헤르모게네스: 그건 어떻게 된 거죠?

소크라테스: 'selas(반짝이는 빛)'과 'phōs(빛)'는 같은 것이라 생각하네만.

헤르모게네스: 네.

소크라테스: 그러나 정녕 아낙사고라스가 진실을 말한다면, 달과 관련된 이 빛은 아마도 언제나 새 것(neon)이기도 하고 지난 것(henon)이기도 하네. 해가 달 둘레를 둥글게 회전하면서 언제나 새 빛을 그것에 던져 주지만, 지난달의 것은 언제나 거기에 남아 있기 때문이지.[88]

헤르모게네스: 물론입니다.

소크라테스: 그런가 하면 많은 사람이 달을 'Selanaia'라 일컫네.

헤르모게네스: 물론입니다.

87) 400a의 해당 각주를 참조할 것.
88) 삭망월의 과정을 생각해 보면, 이 언급이 제대로 이해되겠다.

c 소크라테스: '새 빛과 지난 빛을 늘 갖고 있다(selas neon te kai henon ekhei aei)'고 하겠기에, 'Selaenneoaeia'로 일컫는 게 지당하겠거니와, 압축해서 'Selanaia'로 불리네.

헤르모게네스: 이는 그야말로 디티람보스[89]에 맞춘 이름이네요, 소크라테스 선생님! 그러나 달[90]과 별들은 어떻게 말씀하시겠는지?

소크라테스: 'meis(달)'[91]는 'meiousthai(작아짐)'에서 유래된 'meiēs'로 불리는 게 옳겠고, 'astra(별들)'는 astrapē(번갯불)에서 그 이름을 얻어갖게 된 것 같네. 반면에 'astrapē'는 'anastrephei ta ōpa(두 눈을 치뜨게 한다)'라고 해서, 'anastrōpē'이겠으나, 곱게 해서 지금은 'astrapē(번갯불, 번갯불의 섬광)'로 불리네.

헤르모게네스: 또한 불 그리고 물은요?

d 소크라테스: 'pyr(불)'는 당혹스럽네. 그리고 실로 에우티프론의 '무사(mousa)'[92]가 내게 아무런 감흥도 주지 않고 떠나 버렸거나 아니면 이게 아주 어려운 것이거나 한 것 같네. 그러니 내가 당혹스러워하게 되는 이런 모든 경우의 것들에 대해 내가 동원하는 방책을 검토해 보게.

헤르모게네스: 바로 어떤 것인데요?

소크라테스: 자네에게 내 말해 줌세. 그럼 대답이나 해 주게. 어떤

---

89) dithyrambos란 디오니소스를 기리는 합창 가무단의 서정적인 송가를 말한다. 기원전 7세기 말엽부터 등장한 것이었으나, 아테네에 유입되고 서는 디오니소스 대축제에서 경연 형태로 공연되었는데, 헬라스 비극은 이에서 유래된 것으로 알려져 있다. 디티람보스는 5세기 말부터 쇠퇴해 지기 시작하다가, 플라톤 시대에는 완전히 쇠퇴했다고 한다.

90) 이 경우의 달은 달력상의 '달(mēn)'을 가리킨다.

91) meis는 mēn의 이오니아 및 아이올리스 방언의 주격이다.

92) 396d 본문 및 407d의 해당 각주 참조.

식으로 해서 불이라 일컫게 되었는지 말해 줄 수 있겠나?

헤르모게네스: 단연코 저로선 말할 수가 없네요.

소크라테스: 그러면 내가 이와 관련해서 의심스럽게 생각하고 있는 바를 검토해 보게. 헬라스인들은, 특히 이방인들에 예속되어 살던 헬   e
라스인들은 많은 이름들을 이방인들에게서 차용한 걸로 나는 알고 있어서네.

헤르모게네스: 그래서요?

소크라테스: 만약에 누군가가 이 이름들을 헬라스 말에 따라 제대로 정해진 것인지를 추구하면서, 그 이름이 유래한 그 기원에 따라서 하지 않는다면, 그가 곤경에 처할 것이라는 걸 자네는 아네.

헤르모게네스: 어쨌든 그는 그럴 것 같습니다.

소크라테스: 그러면 'pyr(불)'라는 이 이름도 이민족 것이 아닌지   410a
보게. 이건 헬라스 말에 귀속시키기가 쉽지 않기 때문이며, 프리기아인들이 이를 약간 변경해서 이처럼 부른 게 또한 분명하네. 'hydōr(물)'와 'kynes(개들)' 그리고 그 밖의 많은 것들도 마찬가지네.

헤르모게네스: 그건 그렇습니다.

소크라테스: 따라서 이것들에 대해 무리를 해서는 안 되네. 이것들과 관련해서는 적어도 누군가가 언급은 할 수 있을 테니까. 그러니까 'pyr(불)'와 'hydōr(물)'는 이런 식으로 내가 밀쳐 놓네. 하지만 그러   b
니까, 헤르모게네스, 공기(aēr)는 사물들을 땅에서 떠 올린다(airei)고 해서, 'aēr'로 불리겠지? 또는 그게 "언제나 흐른다(aei rhei)"고 해서? 또는 이것의 흐름으로 해서 바람이 생긴다고 해서? 시인들은 아마도 바람들을 'aētai(돌풍들)'로 일컬을 테니까. 그러니까 시인은 아마도, 마치 바람의 흐름(pneumatorrous)이라 말하기라도 하듯, '공기의 흐름(aētorrous)'을 말하니까. 그러나 aithēr(에테르)를 나는 이런

식으로 이해하고 있네. 공기(aēr) 주변을 흐르면서 언제나 달리고 있기에(aei thei peri ton aera rheōn) 'aeitheēr'로 일컬어 마땅할 것이야. gē(땅, 대지)는 누군가가 'gaia(가이아)'로 일컫는다면, 더 바

c 람직함을 뜻하는 것이네. 왜냐하면 'gaia'는, 호메로스가 말하듯, gennētēr(낳아 주신 분)로 불리어 옳을 것이기 때문이지. 그는 '태어 났음'을 'gegaasi'[93]라 말하니까. 됐네. 그러면 우리에게 있어서 이다음 것은 무엇인가?

헤르모게네스: 계절들(hōrai)과 해(년)를 뜻하는 eniautos와 etos입니다, 소크라테스 선생님!

소크라테스: 그 개연성을 진정으로 알고자 한다면, 실은 'hōrai(계절들)'를 옛날대로 아티케 방언으로 발음해야만[94] 하네. 계절들은 겨울과 여름, 바람들과 땅에서 얻게 되는 열매들을 구별해(horizein) 줌을 통해서 있기 때문이네. 구별지어 줌으로써(horizousai) 'horai'로 불리는 게 정당한 셈이지. 그러나 eniautos와 etos는 한 가지 것일 것

d 같네. 식물들과 동물들[95]을 제 때가 되면 광명으로 이끄는 해(년)는 '제 안에서 자체 가리기를 하네(en hautōi exetazon)'. 마치 앞서 제우스의 이름이 둘로 나뉘어 어떤 이들은 '제나'로, 반면에 다른 이들은 '디아'로 불렀듯,[96] 이것을 이처럼 이 경우에도 어떤 이들은 '가리기를

---

93) 호메로스의 《오디세이아》 6권 62에 바로 이 표현이 보인다.

94) 403년 이전엔 아테네의 공식 언어인 아티케 방언으로는 o와 ō를 다 O로 표기했다. 따라서 곧이어 언급되듯, 'hōrai'를 'horai'로 발음해서, 여기에서 말하는 내용들을 이해하라는 조언을 하고 있다.

95) 원문 ta phyomena kai ta gignomema에서 앞 것은 phyton이 '나무'를 뜻하듯, 자연적으로 성장하게 된 것들 곧 '식물들'을 뜻하는 반면, 뒤의 것은 '태어난 것들' 곧 '동물들'을 뜻한다.

96) 396a의 본문 및 해당 각주를 참조할 것.

(etazei)' '제 안에서: 그 해 안에서(en heautōi)' 한다고 해서 'eniau-
ton'이라 하고, 반면에 다른 어떤 이들은 그냥 그랬다고 해서 'etos'라
고. 그러나 그 전체적인 표현은 '[to] en hēautōi etazon(제 안에서 [그
해의 자연적 상황들과 결실들의 상황 등을] 가림)'이고, 이는 하나인
것을 두 가지로 일컫게 되는 것이어서, 하나의 표현에서 두 이름, 곧
'eniauton'과 'etos'가 생긴 것이네.   e

헤르모게네스: 실로 크게 진전을 보고 계십니다, 소크라테스 선
생님!

소크라테스: 이미 크게 지혜의 진전을 내가 보고 있는 것으로 생각
하네.

헤르모게네스: 그야 물론입니다.

소크라테스: 더욱 더 그런 것으로 곧 자네는 말할 것이네.

헤르모게네스: 그러나 이런 종류의 것 다음으로, 저로서는 이들 아   411a
름다운 이름들이 도대체 무슨 옳음을 갖추고 있는지 기꺼이 고찰하고
싶습니다. 곧 덕([사람으로서의] 훌륭함: aretē)과 관련된 것들로, 이
를테면, '지혜(사려분별: phronēsis)'[97]와 '이해(이해력: synesis)' 및

---

97) 여기서 '지혜'로 옮긴 것의 원어는 phronēsis이다. 넓은 뜻에서의 '지
혜'라 할 sophia와 굳이 구별해서, 좀 더 특성화해서 옮길 경우, '사려분
별(prudence)'로도 옮기는 말이다. 플라톤에 있어서는 대개는 sophia와
같은 의미로 쓰인다. 이를테면, 《국가(정체)》편 429a에서 sophia,
andreia ⋯로 말하다가, 433b에서는 같은 것들을 phronēsis, andreia ⋯
등으로 말하고 있다. phronēsis는, '사려분별'의 뜻이 말하듯, 실천적 의
미가 강한 말이다. 그래서 아리스토텔레스는 이를 '철학적 지혜(sophia)'
및 추론을 통해서 갖게 되는 지식(epistēmē)과 구별하여 '실천적 지혜'의
뜻으로 쓰고 있다. 그러나 플라톤의 경우에는 철학적 인식은 그냥 지식
(epistēmē)으로 끝나지 않고, 동시에 실천적 지혜로 되기 때문에,
phronēsis와 sophia는 이처럼 서로 교체되어 쓰이기도 한다.

'올바름(정의: dikaiosynē)' 그리고 그 밖의 다른 것들로 이와 같은 것들 모두를 말씀입니다.

소크라테스: 이보게나, 자네는 예사롭지 않은 부류의 이름들을 일깨우고 있네. 하지만 내가 사자의 가죽[98]을 뒤집어 입었으니, 겁을 먹고 물러서서는 안 되고, 지혜와 이해, 이해심(gnōmē), 앎(epistēmē) 그리고 그 밖의 것들로 자네가 바로 이들 아름다운 이름들로 말하는

b 모든 걸 검토해야만 할 것 같네.

헤르모게네스: 그러니까 우리로선 이를 결단코 그만두어서는 안 됩니다.

소크라테스: 뿐만 아니라, 맹세코,[99] 예측되기로는 어쨌든 나쁘지

---

98) 헤라클레스가 치르게 되는 열두 고역들 중에서 첫째 것이 Nemea의 동굴 속에 살며 그 지역을 황폐하게 만들고 있는 괴물 사자를 죽이는 것이었다. 활을 쏘아 맞혀도 소용없어, 결국 두 출구 중에 하나는 막고서, 동굴 속으로 몰아넣은 다음, 두 팔로 잡아 목 졸라 죽여, 그 가죽을 벗겨 입고서, 그 머리는 투구로 이용했다는 설화이다.

99) 이 대화편에서 줄곧 "맹세코"나 "단연코"로 옮긴 것들은 앞머리 '번역과 관련된 일러두기'에서 밝혔듯, 원문이 'Ma Dia'나 'Ma ton Dia' 또는 'Nē ton Dia'(제우스에 맹세코)였다. 그런데 여기에서 '맹세코'로 옮긴 것의 원문은 'nē ton kyna'인데, 이를 직역하면, '개에 맹세코'로 된다. 이 개는 이집트의 Anubis 신을 가리키는데, 이 신이 개의 머리, 즉 자칼(jackal)의 모습을 하고 있기 때문이다. 플라톤의 대화편 《고르기아스》편 482b에 이 개가 무엇을 가리키는지를 분명히 밝히고 있다. 거기에는 '이집트의 신인 개에게 맹세코'(ma ton kyna ton Aigyptiōn theon)로 되어 있다. 이 신은 헬라스 신화의 Hermēs에 해당되는 신으로서, 죽은 사람의 영혼을 저승으로 안내한다. 때로 Hermanubis라 한 것도 그 때문이다. 한데, '개에 맹세코'라는 소크라테스의 이 맹세는 《국가》편 399e 및 592a 및 《변론》편 22a에도 보인다. 헬라스인들이 가장 흔하게 하는 맹세는 대개 '제우스 신에 맹세코'(ma ton Dia, ma Dia, nē Dia, nē ton Dia)이다. 하지만, 헤라 여신(nē tēn Hēran)이나 그 밖의 올림포스의 다른 신들을

도 않은 것같이 내게는 생각되네. 방금도 생각난 것인데, 무엇보다도 이름들을 정한 아주 옛날 사람들이 처한 상황은 이런 것이었지. 마치 오늘날의 지혜로운 이들 중에서 다수도 사물들이 어떠한지를 탐구하면서 자주 맴돌다가 어지러워하게 되었다가는, 나중에는 사물들이 회전하며 모든 면에서 운동하고 있는 것으로 이들에게는 보이게 된 것이야. 따라서 이런 판단의 탓을 그들 자신의 내면적인 상태에서 찾는 c 것이 아니라, 사물들 자체가 그런 성질을 지니고 있다는 데서, 곧 사물들 중에서 그 어떤 것도 한결같지도 확고하지도 않고, 흘러가며 이동하고 온갖 이동(phora)과 생성(genesis)으로 언제나 가득 차 있다는 데서 찾네. 내가 이런 말을 하는 것은 방금 든 이름들 모두를 염두에 두고서 한 것이네.

헤르모게네스: 그러면 그건 어떻게 되어서죠, 소크라테스 선생님?

소크라테스: 아마도 자네는 방금 언급된 것들이 전적으로 이동되고 흐르고 생성되는 것들에 붙여지는 이름들이라는 사실을 알아차리지 못한 게야.

헤르모게네스: 저는 전혀 감지하지 못했습니다.

소크라테스: 그리고 첫째로, 실은 우리가 처음 말한 것이 전적으로 d

걸고 맹세를 하는 일도 흔하다. 그러나 때로는 엄숙함을 피해서 거위 (khēn) 따위의 동물이나 버즘나무(platanos), 심지어는 양배추(krambē)와 같은 채소를 걸고 하는 경우도 있었는데, 이런 종류의 맹세는 '라다만티스식 맹세'(Rhadamanthyos orkos)로 불리었다. 라다만티스(Rhadamanthys)는 크레테의 신화적 인물로 사후에 저승에서 사자(死者)들을 재판하는 재판관들 중의 하나로 되었다고 하는데, 전하는 바에 따르면, "그 누구든 신들을 걸고 맹세하는 것을 허용하지 말되, 거위나 개, 양 등과 같은 것들을 걸고 맹세하도록 그가 법령으로 지시했다"고 한다. E. R. Dodds, *Plato : Gorgias*, (Oxford, 1959)의 262~3쪽 참조.

이와 같은 것들에 대한 것이었네.

헤르모게네스: 어떤 것이었나요?

소크라테스: '지혜(phronēsis)'였네. 이는 이동 운동(phora)과 흐름(rhoa)에 대한 지성에 의한 이해(noēsis)이기 때문일세. 그건 '이동(phora)의 기쁨(onēsis)'을 이해하는 것일 게야. 그야 어쨌거나 그건 운동하게 됨과 관련된 것이야. 또 원한다면 말하겠는데, '이해심(gnōmē)'은 전적으로 출산(gonē)에 대한 관찰(skepsis)과 지켜봄(nōmēsis)을 명시하네. '지켜보는 것(nōman)'과 '관찰하는 것(skopein)'은 같은 것이니까. 또한 원한다면 말하겠는데, 바로 'noēsis(지성에 의한 이해)' 자체는 '새로운 것의 겨냥(tou neou hesis)'이네. 한데, 있는 것들(ta onta)이 새롭다는 것은 언제나 생성되고 있음을 뜻하는 것이네. 그러니까 혼이 이런 걸 희구한다는 것을 그 이름으로 'neoesis(새로운 것의 겨냥)'을 정한 사람이 알려 주고 있네. 왜냐하면 옛날에는 'noēsis'라 일컫지 않고, 'ē' 대신에 2개의 'e'를, 곧 'noeesis'로 말해야만 했기 때문이네. 반면에 'sōphrosynē(절제)'는 방금 우리가 고찰했던 지혜(phronēsis)의 보전(sōtēria)일세. 또한 더 나아가 'epistēmē(앎)'는 말할 가치가 있는 혼이 운동하는 사물들을, 뒤처지지도 앞서 달리지도 않고, '따라가는(동행하는) 걸(hepomenē)'로 명시하네. 바로 이래서 'ㅏ'를 끼워 넣어서 'hepistēmē'라 이를 이름 지어야만 하네.[100] 반면에 'synesis(이해)'는

---

100) Burnet 교정본이 아닌, 새 옥스퍼드 고전 텍스트의 이 대목에서 "'ㅏ'를 끼워 넣어서(emballontas … to ㅏ)"가 무엇을 뜻하는지에 대한 설명이 필요하겠다. 우리가 알고 있는 헬라스 문자 24자 중에서 끝의 다섯은 헬라스인들이 창안한 것들이고, 그 앞의 것들은 페니키아 및 셈말(Semitic)에서 빌려온 것들이다. 그런데 이 중에서 'H(ēta)'는 원래는 영어 H와 같

마치 종합(syllogismos)과도 같은 것으로 생각될 수 있는 것이어서, 누군가가 이해한다(synienai)[101]고 말할 때는, 안다(epistasthai)고 말하는 것과 전적으로 같은 것이네. 왜냐하면 'synienai'는 혼이 사물들과 함께 감(symporeuesthai)을 말하기 때문이네. 하지만 'sophia(지혜)'는 운동(phora)을 포착함을 뜻하네. 그러나 이것은 다소 불명하고 이국적인 편인 것이네. 그러나 우리는 시인들에게서 빨리 나아가기 시작하는 어떤 것에 대해 여러 군데서 말하길 'esythē(내달았다)'고 하네. 스파르타의 유명인들 중의 한 사람의 이름은 'Sous(잽싼 돌진)'이었네. 라케다이몬인들은 잽싼 돌진을 이것으로 일컬었으니까. 그러니까 이 운동에 대한 포착(epaphē)을 sophia(지혜)는 뜻하네. 사물들

은 'h'로 발음된 것이었다가, 기원전 403년 '30인 참주정권'이 무너지고, 민주정권이 들어선 무렵부터 'H'는 'ē'로만 발음되고, H의 앞 반쪽 'ⱶ'가 'h'의 음가를 갖게 된다. 또한 우리가 알고 있어야 할 것은 고대의 헬라스인들은 낱말들 사이를 떼지 않고 붙인 상태로 대문자로만 썼다는 사실이다. 이를테면, 아테네의 아고라(agora) 협의회 소속의 원추형 건물(tholos) 터 건너편에 세워져 있던 경계비(horos)에는 이런 비문이 새겨져 있다. ΗΟΡΟΣΕΙΜΙΤΕΣΑΓΟΡΑΣ(나는 아고라의 경계이다). 이는 물론 403년 이전의 표기법에 따른 것이다. 그런데 기원후 4~8세기에는 헬라스 고전을 필사하면서 종래의 각진 형태의 글자체들을 동그스름한 글자체(uncial)인 대문자(majuscules)로 복사하다가, 9세기엔 이를, 머리글자를 제외하고는, 소문자 형태의 흘림체(minuscules)로 복사하게 된다. 그러면서 낱말들의 첫 음절 표기에서 'h 발음'의 해당 여부를, 이를테면, ἑ(he) 및 ἐ(e)처럼 했다. 앞 것은 H에서 앞쪽 반(ⱶ)을, 뒤의 것은 나머지 반(ᚔ)을 변형시켜, 마치 따옴표 앞과 뒤의 것들처럼 표기하기로 한 것이다. 그리고 이곳 본문에서의 해당 문장으로는 'epistēmē(앎)'의 이름 정하기에 대한 설명이 거의 제대로 되지 않고 있다. 다음 내용의 말을 급하게 하느라고 그렇게 되어 버린 꼴이 된 셈이지만, 437a에서 비교적 자세한 설명을 다시 하고 있으니, 그걸 아울러 참고하는 게 좋겠다.
101) 어원상으로는 '함께 가거나 만나게 됨'을 뜻하기도 한다.

c 은 운동을 하고 있으니까. 또한 더 나아가 '좋음([to] agathon)', 이것은 온 자연의 감탄스러움(to agaston)에 대해 부여됨을 뜻하네. 사물들은 운동하고 있기 때문에, 이것들에는 빠름도 있으나, 느림도 있네. 그러니까 빠른 것이 모두는 아니고, 이의 일부가 감탄스런 것이네. 빠른 것(to thoon) 중에서 감탄스런 것(to agaston)에 대한 이 호칭이 'tágathon(좋은 것)'이네.

'dikaiosynē(올바름, 정의)'는 '올바른 것의 이해(hē tou dikaiou synesis)'에 이 이름이 주어졌다는 것은 쉽게 짐작이 가네. 그러나 '올바른(dikaion)' 것 자체는 어렵네. 그리고 특히 일정한 수준까지는 많

d 은 사람들에게서 동의를 얻을 수 있겠지만, 그 이상은 말다툼이 있을 것으로 보이기 때문이네. 우주(to pan)는 운동 상태에 있다고 생각하는 하고많은 사람들이 그것의 대부분은 수용하는 쪽인 것 이외의 다른 어떤 것도 아닌 그런 것인 것이지만, 이 모두를 관통하는 것이 있어서, 이것을 통해서 모든 생성되는 것들이 [정작] 생성되는 것으로 생각하네. 그것은 가장 빠르고 가장 미세한 것이기도 하다고 생각하기도 하고. 왜냐하면 만약에 그것이 더할 수 없이 미세하지 못했다면, 전혀 빠져나오지도 못하게 되었을 것이며, 또한 필요한 만큼은 더할 수 없이 빨랐기에, 다른 것들은 마치 정지한 것들인 것처럼 되었기 때문이네. 그래서 이것이 다른 모든 것들을 '관통하며(diaion)' 통

e 할하기에, 발음하기 좋으라고 'k'의 힘을 빌려와서, 이 이름을 옳게도 'dikaion(올바름)'으로 일컫게 된 것일세. 그러니까 여기까지는, 방금 우리가 말한 것, 이것이 올바름(to dikaion)이라고 많은 이들한테

413a 서 동의를 얻을 게야. 하지만, 헤르모게네스여, 이것과 관련해서는 내가 끈질겼기에, 이 모든 걸 은밀히 탐문해 왔네. 이것이 올바름이며 그 까닭임을. 이것으로 해서 (di' ho) 어떤 것이 생기게 되는 것, 이것

이 원인인 것(to aition)이니까. 또한 '제우스를(Dia)'[102] 부르는 것, 이
것은 옳다고 누군가가 말한 것은 이 때문이네. 이런 것들을 듣고서도,
그 뒤로도 조금도 못지않게 조용히 이들에게 다시금 물었네. "그러니
까, 이보시오, 이게 이런 것이라면, 도대체 올바른 것은 무엇이오?"
하고. 또한 내가 이미 적절한 정도를 넘어 질문을 함으로써, 한계를
훌쩍 뛰어 넘어 버린 것으로 간주되고 있었네. 왜냐하면 그들은 내가   b
충분히 들었다고 말하면서, 나를 충족토록 하느라고, 이미 저마다 나
름의 다른 말들을 했지만, 더는 일치하는 것들이 아니었네. 왜냐하면
어떤 이는 이것, 곧 해가 올바르다(정의롭다: dikaion)고 말하기 때문
이네. 이것만이 사물들을 '관통하며 태우면서(diaionta kai kaonta)'
다스리기 때문이라는 거지. 그래서 내가 훌륭한 걸 들었다고 반기며,
이를 누군가에게 말했더니, 이 사람은 이를 듣고서는 나를 비웃더니,
해가 지게 되면, 인간 세상엔 올바른(정의로운) 것은 아무것도 없는
건지 묻는 게야. 그래서 내가 그로서는 그게 무엇이라고 말하겠는지   c
를 집요하게 물었더니, 그걸 그는 불이라고 말하더군. 그러나 이는 이
해하기가 쉽지 않더군. 그는 불 자체를 말하는 게 아니라, 불 속에 있
는 열 자체를 말한다더군. 또 다른 사람은 이것들 모두에 대해서 비웃
고선, 아낙사고라스[103]가 말하는 것이 올바른 것(to dikaion), 곧 정신
(nous)이 그것이라고 주장하네. 왜냐하면 이는 절대자(autokratōr)이
며 그 어떤 것과도 섞이지 않으며, 모든 것을 관통하며 모든 것을 지
배한다고 말하네. 이렇게 되고 보니, 이보게, 나는 올바름과 관련해
서 그것이 도대체 무엇인지를 배우고자 꾀하기 전보다도 훨씬 더 많

---

102) 제우스의 목적격이 Dia이고, 바로 앞에서 '이것으로 해서'를 뜻하는
"di' ho"는 'dia ho(through [or 'by'] this)'의 단축형태이기 때문이다.
103) 400a에서 해당 각주를 참조할 것.

이 당혹스러운 처지에 놓이게 되었네. 하지만 우리가 고찰을 하게 된

d 바로 그 목표였던 이것에 대한 이 이름은 이것들을 통해서 정해졌네.

헤르모게네스: 소크라테스 선생님, 제게는 이를 선생님께서 누군가에게서 들으셨지, 몸소 즉흥적으로 말씀하신 건 아니신 것으로 보입니다.

소크라테스: 그러면 다른 것들은 어떤가?

헤르모게네스: 전혀 그러시지 않은 것으로.

소크라테스: 그러면 듣게나. 이제 아마도 남은 것들도 내가 듣지도 않았으면서, 말하는 것으로 자넬 속이는 셈이 되겠네만. 이제 올바름 다음에 무엇이 우리에게 남게 되는 건가? 용기(andreia)는 우리가 아직 다루지 않은 걸로 생각하네. 올바르지 못함(불의: adikia)은 관

e 통하는 것(to diaion)의 방해물인 게 실로 명백하지만, 용기는 싸움에서 그 이름이 불리게 된 것임을 나타내네. 있는 것에는 싸움이 있고, 만약에 그게 흐르고 있다면, 그것에 있어서의 싸움은 그 역류 이외의 다른 것이 아니네. 그래서 만약에 누군가가 andreia에서 d를 떼어내면, 'anreia(역류)'라는 이름은 이 기능을 알려 주네. 그러니까 모든 흐름에 반대되는 흐름이 용기인 것이 아니라, 올바른 것을 거스르는 흐름

414a 에 대해 반대되는 흐름이 그런 것임이 명백하네. 그렇지 않다면, 용기가 찬사를 받지는 못할 것이네. 그리고 'arren(남성)'과 'anēr(남자)'는 anō rhoē(위쪽으로의 흐름)에 가까운 것이네. 반면에 'gynē([어른이 된] 여자)'는 gonē(자궁)이 되고자 하는 것으로 내게는 보이네. 그러나 'thēly(여성)'은 thēlē(젖꼭지)에서 그 이름 지음이 있게 된 것 같네. 그러니까 'thēlē(젖꼭지)'는, 헤르모게네스, 마치 물 공급을 받는 식물들처럼, '무럭무럭 자라도록(tethēlenai)' 만들기 때문이네.

헤르모게네스: 그런 것 같습니다, 소크라테스 선생님!

소크라테스: 그렇지만 'thallein(무럭무럭 자람)' 자체는 어린 것들 의 자람을 비유한 걸로 내게는 생각되는데, 빠르고 갑작스레 성장해 서네. 그러니까 'thein(달림)'과 'hallesthai(솟아오름, 뛰어오름)'에서   b 그 이름을 결합함으로써, 그 이름으로 묘사하게 된 바로 그런 것이지. 그러나 내가 평지에 오르게 되면, 마치 경주로 밖을 내닫듯, 내가 달 리는 것을 자네는 보지 못할 것 같구먼. 그러나 우리에겐 아직도 중요 한 것들로 여겨지는 것들이 많이 남아 있네.

헤르모게네스: 진실을 말씀하십니다.

소크라테스: 어쨌든 그것들 중의 하나로 'tekhnē(기술, 전문적 지 식)' 또한 그게 도대체 무엇이겠는지 보는 것이네.

헤르모게네스: 그야 물론입니다.

소크라테스: 그러니까 이는 어쨌든 'hexis nou(지성의 소유)'를 뜻 하지 않겠는가? 'tekhnē'에서 't'를 삭제하고, kh와 n 사이에 그리고   c n와 ē 사이에도 각각 o를 삽입함으로써[104] 말일세.

헤르모게네스: 어쨌거나 근사한 비유를 하셨습니다, 소크라테스 선 생님!

소크라테스: 이보게나, 자네는 모르네. 최초에 정해진 이름들은 이 것들을 다듬으려 했던 사람들에 의해 모호해졌다는 사실을. 곱게 소 리 나게 되도록 하느라 글자들을 온갖 방식으로 돌려가며 첨가하기도 하고 삭제하기도 하였는데, 온갖 꾸미기와 시간의 경과로 해서였네. [이를테면] 'katoptron(거울)'에서 'r'가 들어가 있는 게 자네에겐 이 상한 것으로 생각되지 않는가?[105] 그러나 이런 것들은 진실은 전혀 고

---

104) 그러니까 'ekhonoē', 곧 바로 앞에서 언급한 'hexis nou(지성의 소 유)'를 뜻하게 되는 셈이다.

105) 'r'가 없는 katopton은 '보이는 (것)'을 뜻한다.

414c

d　려하지 않고, [발음하는] 입 모양에 맞추어서 만들지. 그래서 최초의
이름들에 많은 걸 덧붙여서는, 마침내 그 누구도 그 이름이 도대체 무
엇을 뜻하려 하는지를 이해하지 못하게끔 만드네. 마치 'Phix'[106] 대
신에 Sphinx(스핑크스)를 그 이름으로 '스핑크스'로 일컬을 경우처럼
말일세. 또한 다른 많은 경우들도 있네.

　　헤르모게네스: 그것들은 그러네요, 소크라테스 선생님!

　　소크라테스: 반면에 이번에는 누군가가 이름들에 원하는 것들은 무
엇이든 끼워 넣거나 떼어내는 걸 허용한다면, 모든 사물에 모든 이름
을 얼마든지 붙여 줄 수 있을 것이네.

e　　헤르모게네스: 진실을 말씀하십니다.

　　소크라테스: 진실이고말고. 그러나 자네는 지혜로운 감독자로서 적
도(適度: to metrion)와 개연성(to eikos)을 지켜야 할 것으로 나는 생
각하네.

　　헤르모게네스: 저로서도 그러고자 합니다.

　　소크라테스: 나 또한 자네와 뜻을 같이하네, 헤르모게네스! 그러
415a　나, 이보게, 지나치게 엄밀할 건 아니고.

　　　　"내게서 기운을 빼앗지는 않도록."[107]

---

　　106) 보이오티아에서는 픽스(Phix)로 일컬었다고 한다. 헤시오도스는 선
　　대에 소아시아에서 Boiōtia로 이주해 농토를 개간해, 이를 아우와 함께
　　물려받았으나, 욕심 사나운 아우가 더 많은 몫을 받겠다고 당국에 뇌물을
　　상납하고, 재판을 통해 결국 더 받게 되었다. 헬리콘산 자락에서 양들을
　　돌보며 지내던 그는 어느 날 무사 여신에게서 시적인 감흥을 얻고서, 시
　　인이 되었다고 한다. 그런 영감에 힘입어 썼다는 그의 《신들의 계보
　　(Theogonia)》 326행에 이 Phix라는 이름으로 스핑크스가 언급되고 있다.
　　107) 《일리아스》 6권 265행. 싸움터에서 잠시 성 안으로 돌아온 헥토르에

232

우리가 'tekhnē(기술, 전문적 지식)' 다음으로, 'mēkhanē'를 고찰하게 되면, 실은 내가 다룬 것들의 정상에 이르게 되는 걸세. 왜냐하면 'mēkhanē'[108]는 anein epi poly(많이 이룩함 또는 성취함)의 표시인 걸로 내게는 생각되기 때문이네. 'mēkos'는 어떤 식으로건 '큼'을 나타내니까. 그러니까 이 양쪽 것들, 곧 'mēkos'와 'anein(이룩함, 성취함)'으로 'mēkhanē'라는 낱말이 구성되어 있네. 그러나 내가 방금 말했던 대로, 이제껏 언급된 것들의 정상으로 가야만 하네. 'aretē(덕, 훌륭함)'와 'kakia(나쁨)'라는 낱말들이 그 의미를 찾아야만 할 것들이기 때문이네. 둘 중에서 앞쪽 것은 아직도 모르겠으나, 다른 쪽 것 b 은 명백한 것으로 내게는 생각되네. 이는 앞서 말한 것들 모두와 합치하기 때문이지. 사물들은 움직이고 있는 터라, 나쁘게 움직이고 있는 (kakōs ion) 모든 것은 '나쁨(나쁜 상태: kakia)'일 테니까. 한데, 이것, 곧 사물들과의 관계에 있어서 나쁘게 움직임이 혼에 있을 때는, 전반적인 나쁨의 지칭을 얻어 갖게 되어 마땅하네. 나쁘게 움직임이 도대체 무엇인지는 'deilia(비겁함)'에서도 드러나는 걸로 내게는 생각되는데, 이를 우리는 결코 다루지도 않고, 건너뛰었었네. 이는 용 c 기 다음에 고찰했어야만 했네. 그러나 우리는 다른 많은 것들도 뛰어넘은 걸로 내게는 생각되네. 그야 어쨌든 비겁함(deilia)은 혼의 강한 족쇄임을 뜻하네. 'lian(너무)'이란 어떤 것이 강함이니까. 그러니까 혼의 지나치고 가장 강한 족쇄가 비겁함일 게야. aporia(통과할 길이나 수단 곧 poros가 없는 당혹스런 상태) 또한 어쨌든 나쁘듯, 움직임과 나아감에 방해가 되는 것은 무엇이든 모두가 그런 것 같네. 따라

게 그 어머니가 포도주를 내오게 하니, 하는 말이다.

108) 기계장치, 고안품, 고안, 방책 등을 뜻한다.

서 이는 나쁘게 움직임을 명시해 주는 것으로 보이거니와, 저지당하며 방해받으면서 나아가는 바로 이런 사태에 혼이 처하게 되면, 혼은 '나쁨'으로 가득 차게 되네. 'kakia(나쁨)'가 이런 것들에 대한 이름이라면, 이에 반대되는 것이 'aretē(훌륭함, 덕)'일 것이니, 이것은 첫째

d 로 'euporia(쉬 통과함, 쉽게 함, 풍부함)'[109]를, 그다음으로는 훌륭한 혼의 막힘없는 지속적인 흐름을 뜻하는 것이어서, '무제약적으로 방해받지 않은 상태로' '언제나 흐름(aei rheon)'에서 따온 이 이름을, 그리 보이듯, 얻었네. 'aeireitēn'으로 일컫는 게 옳겠으나, 조화롭게 접합되어 'aretē'로 불리지. 그리고 아마도 자네는 내가 이번에도 만들어낸다고 말할 게야. 그러나 내 말은, 만약에 앞서 내가 말한 것이, 곧

e 'kakia'에 대해서 말한 것이 옳다면, 'aretē'라는 낱말에 대해서 내가 말한 것 또한 옳아.

416a 　헤르모게네스: 그러면 'kakon(나쁜)'은, 이를 통해 앞서 다룬 것들 중의 많은 걸 언급했던, 이 낱말은 무엇을 뜻합니까?

　소크라테스: 맹세코, 이는 이상하고 이해하기 어려운 것으로 내게는 생각되네. 따라서 나는 이것에 저 방책(mēkhanē)을 적용하네.

　헤르모게네스: 그건 어떤 것인데요?

　소크라테스: 이 또한 이방인들의 것인 거라고 말하게나.

　헤르모게네스: 어쨌든 옳은 말씀을 하시는 것 같습니다. 하지만 좋으시다면, 이것들은 접고, 'kalon(아름다운, 훌륭한)'과 'aiskhron(추한, 창피한)'을 어떻게든 합리적으로 알아보도록 해 보시죠.

　소크라테스: 그러니까 'aiskhron'이 뜻하는 것도 내게는 아주 명백

b 하네. 이 또한 앞서 언급한 것 것들과 합치하니까. 왜냐하면 이름들을

---

109) 요컨대, aporia에 반대되는 말이다.

정한 사람이 사물들의 흐름을 방해하고 저지하는 걸 전적으로 나무라는 것으로 내게는 보이기 때문이거니와, 이제 그는 [to] aei iskhon ton rhoun(언제나 흐름을 저지하는 [것])에 대해서는 'aeiskhoroun'이라는 이름을 정해 주었네. 그러나 지금은 'aiskhron'이라 줄여서 일컫지.

헤르모게네스: 하면, 'kalon(아름다운, 훌륭한)'은요?

소크라테스: 이는 이해하기가 더 어렵지. 그렇더라도 어쨌든 그게 뜻은 나타내네. 화음과 'ou'의 길이[를 'o']로 살짝만 바뀌게 되는 거지.

헤르모게네스: 어떻게요?

소크라테스: 이 이름은 사유(dianoia)의 별칭인 것 같네.

헤르모게네스: 어떻게 하시는 말씀인지?

소크라테스: 자, 자네는 사물들 각각에 있어서 [그리] 불리는 까닭이 무엇이라고 생각하나? 이름들을 정한 것, 그것 때문이 아닌가? c

헤르모게네스: 전적으로 그런 것으로 저는 생각합니다.

소크라테스: 그러니까 그건 사유가 아니겠나? 그게 신들의 것이든 또는 인간들의 것이든, 또는 이들 양쪽의 것이든 말일세.

헤르모게네스: 네.

소크라테스: 그러니까 사물들을 [그리] 불렀던 것과 [지금 그리] 부르고 있는 것은 같은 것인 사유이겠지?

헤르모게네스: 그런 것 같습니다.

소크라테스: 그러니까 지성(nous)과 사유가 하고 있는 하고 많은 것들, 이것들은 칭찬받을 만한 것들이지만, 그렇지 않은 것들은 비난받을 것들인가?

헤르모게네스: 그야 물론입니다.

d   소크라테스: 사실 의술적인 것은 의술적인 일들을 하고 목공적인 것은 목공일들을 하겠지? 아니면 어떻게 말하겠는가?

헤르모게네스: 저로서는 그리 말하겠습니다.

소크라테스: 그러고 보니 사물들의 이름들을 부르는 것은 아름다운 일들(kala)을 하고 있겠구먼.

헤르모게네스: 물론 그러고 있어야겠죠.

소크라테스: 우리가 주장하고 있듯, 이는 어쨌든 사유이겠고?

헤르모게네스: 물론입니다.

소크라테스: 따라서 'kalon(아름다운)'이라는 이 별칭 자체는 이런 것들을 만들어내는 지혜(phronēsis)의 것인 게 옳겠는데, 이런 것들을 우리는 '아름답다(kala)'고 말하며 반기네.

헤르모게네스: 그리 보입니다.

e   소크라테스: 그러면 그와 같은 것들 중에서 아직도 우리에게 남아 있는 것은 무엇인가?

헤르모게네스: 좋으며 아름다운 것과 관련된 이런 것들, 곧
417a   sympheronta(편익이 되는 것들)과 lysitelounta(이득이 되는 것들), ōphelima(유익한 것들), kerdalea(이로운 것들) 그리고 이와 반대되는 것들입니다.

소크라테스: 그러니까 'sympheron(편익이 되는)'은 아마도 자네가 앞서의 고찰로 미루어 그 뜻을 찾아낼 수 있을 게야. 이는 앎(지식: epistēmē)과는 형제 같은 것으로 보이니까. 왜냐하면 이는 혼이 사물들과 함께 움직임 이외의 다른 어떤 것도 나타내지 않으며,[110] 이런 것으로 해서 행하여진 것들은 함께 회전하게 됨(symperipheresthai)으

110) 412a를 참조할 것.

236

로 해서 'sympheronta' 및 'symphora(행운)'로 불리게 된 것 같으나, 'kerdaleon(이로운)'은 'kerdos(이득)'에서 유래하네. 그러나 'kerdos' b 는 d 대신에 n를 이 낱말에 넣음으로써 그 뜻하는 바를 분명히 하네. 다른 방식으로 좋음(to agathon)을 명명하는 것이기 때문이지. 왜 냐하면 그것은 모든 걸 관통하면서, 모든 것과 섞이기 때문에, 이것 의 이 힘을 일컬어 이 이름을 정했네. n 대신에 d를 끼워 넣음으로써 'kerdos'로 발음한 것이지.

헤르모게네스: 그럼 'lysiteloun(이득이 되는)'은 왜죠?

소크라테스: 헤르모게네스, 그건 소매상들이 그 말을 쓰는 경우 와 같은 그런 것은 아닌 것 같네. 곧 그가 지불한 값에서 자유롭게 되 면, 이런 식으로 'lysiteloun(이득이 됨)'을 말하는 걸로[111] 내게는 생 각되지 않네. 있는 것 중에서는 더할 수 없이 빨라서, 사물들이 정 c 지하는 걸 허용하지 않고, 운동이 움직임의 종말을 맞아, 멈추고 끝 나 버리는 게 아니라, 무엇인가가 그 종말을 보게 시도하는 것이 생 기게 될 경우에는, 이를 언제나 해체하고서(lyei), 운동이 멈추지 않 고 불멸의 것이도록 하여, 이런 식으로 좋음(to agathon)을 '이득이 되는 것'으로 찬양하는 것으로 내게는 생각되네. 운동의 종식(telos) 을 폐함이 'lysiteloun(이득이 되는)'으로 일컫기 때문이지. 반면에 'ōphelimon(유익한)'은 그 이름이 이국적인 것인데, 이를 호메로스 도 여러 군데서 이용했는데, 'ophellein'의 꼴이었지. 그러나 이는 'auxē(증대, 증가)'를 'poiein(만듦)'함을 일컬음이네.

---

111) "지불한 값에서 자유롭게 되면"이 뜻하는 말은 "소매상이 도매상에서 지불한 원가 이상으로 물건 값을 받고서, 그 상품을 팔게 되었을 경우"를 말하는 것으로, 이 경우에 상인은 "이득을 보았다"고 말할 것이다. 여기서 는 lysiteloun을 그런 뜻으로 말하는 게 아니라는 뜻이다.

d   헤르모게네스: 그러면 이것들과 반대되는 것들은 우리가 뭐라 말할 것인지?

소크라테스: 이것들의 반대인 것들, 이것들은 전혀 다룰 필요가 없는 것으로 내게는 보이네.

헤르모게네스: 그것들은 어떤 것들인데요?

소크라테스: 'asymphoron(편익이 되지 않는)'과 'anōpheles(유익하지 않은)', 'alysiteles(이득이 되지 않는)' 그리고 'akerdes(이롭지 않은)'이네.

헤르모게네스: 정말입니다.

소크라테스: 그러나 'blaberon(해를 입히는)'과 'zēmiōdes(해로운)'는 다룰 필요가 있네.

헤르모게네스: 네.

소크라테스: 'blaberon(해를 입히는)'은 흐름(rhoun)을 불능하게 만드는(blapton) 것을 말하네. 그리고 'blapton(불능·무력하게 만드
e   는 것)'은 '단단히 묶으려고 함(boulomenon haptein)'을 뜻하네. 그러나 단단히 묶음(haptein)과 족쇄를 채움(묶음: dein)은 같은 것이며, 어디서나 비난하네. 그래서 '흐름을 묶어 버리고자 하는 것(to boulomenon haptein rhoun)'은 'boulapteroun'으로 되는 게 지당하겠으나, 미화되어서 'blaberon(해를 입히는)'으로 불리는 것으로 내게는 보이네.

헤르모게네스: 어쨌거나, 소크라테스 선생님, 이름(낱말)들이 다채롭기가 도를 넘게 되었네요. 방금 선생님께서는, 마치 아테나 여신 찬가의 아울로스 전주곡을 입술로 아울로스 부는 흉내를 내시는 것으로[112] 제게는 여겨졌기 때문입니다. 'boulapteroun(부울라프테루운)'
418a   하고 그 낱말(이름)을 발음하시면서요.

소크라테스: 헤르모게네스, 그건 내 탓이 아니라, 이름을 정한 사람들 탓이네.

헤르모게네스: 진실을 말씀하십니다. 하지만 'zēmiōdes(해로운)'는 왠가요?

소크라테스: 도대체 'zēmiōdes'는 왤까? 보게나, 헤르모게네스! 사람들이 문자들을 첨가하거나 삭제함으로써 낱말(이름)들의 뜻들을 아주 바꿔 놓는다고, 그래서 아주 조금만 변경해도 때로는 반대되는 것을 뜻하도록 만들게 된다는 걸 말함으로써, 내가 얼마나 진실한 말을 하고 있는지를. 이를테면, 'deon(마땅함, 적절함)'[113]의 경우도 그   b

---

112) aulos는 헬라스인들의 대표적인 목관 악기로서, 몸체의 재질은 뽕나무의 일종이고, 갈대 취관(吹管)을 갖고 있으며, 대개는 두 개를 함께 부는데, 이 경우에는 좌우 양손으로 하나씩 쥐고 불기 편리하도록 가죽끈(phorbeia)으로 악기와 입, 뺨 그리고 머리통에 고정되도록 연결했는데, 이는 아마도 볼이 불룩해지는 것도 동시에 막아 주는 효과가 있었던 것 같다. 이 악기가 흔히 '플루트'로 잘못 불렸는데, 오히려 '오보에'나 '클라리넷' 비슷한 악기로 보는 게 옳다고 한다. 원어 그대로 '아울로스'라 옮긴 것도 그래서다. 《국가(정체)》편 끝에 수록된 사진들 중에서 악기 사진들을 모아 놓은 데서 이 악기를 부는 모습을 찾아볼 수 있을 것이다. Satyros들 중의 하나로 알려진 Marsyas는 2개의 아울로스를 함께 쓴 음악의 창시자라는 것 그리고 이와 관련된 설화에 대해서는 앞서 《에우티데모스》편(285c의 해당 각주)에서 이미 언급했다. 어쨌거나 본문에서 'boulapteroun'을 '부울라프테루운' 비슷한 발음으로 힘 주면서 소크라테스가 소리를 낸 입술 모양이 아울로스를 불기 시작하는 입 모양을 연상케 하는 것이었던 것 같다. 본문에서 언급되고 있는 "아테나 여신 찬가의 아울로스 전주곡"도 여신이 이 악기를 발명했다는 설화와의 연관성 때문일 것이겠다.

113) [to] deon은 하나의 낱말로 대응시키고서 말 수는 없는 것으로서, 플라톤의 경우에 있어서는 특히 복합적인 것이다. 그렇긴 하나, 일단은 우리말 '마땅함'에 '어울림' 및 '알맞음'의 뜻과 '그렇게 하거나 되는 것이 이치로 따져 옳음'을 나타내는 뜻이 또한 있기에 이의 주된 역어로 택하

418b

러하네. 이것이 생각나서, 방금 이로 해서 내가 자네에게 말하려던 것을 상기하게 되었기 때문이네. 그건 우리의 새로운 고운 말, 이게 'deon'과 'zēmiōdes'가 [원래] 뜻하는 걸 지워 버리고서, 이것들이 반대의 뜻을 나타내게끔 뒤집어 버렸지만, 그 낱말이 뜻하려던 건 둘 다 옛것이 제대로 나타내고 있다는 것일세.

헤르모게네스: 어떻게 하시는 말씀인지요?

소크라테스: 내 자네에게 말하지. 우리의 옛사람들이 'i'와 'd'를 많이 활용했거니와, 특히 여인들, 이들이야말로 옛말을 최대한으로 보존하고 있네. 그러나 오늘날은 'i' 대신에 'e'나 'ē'로 바꾸되, 'd' 대신으로는 'z'로 바꾸는데, 그야말로 한층 더 웅대하다고 해서지.

헤르모게네스: 바로 어떻게 말씀인가요?

소크라테스: 이를테면, 아주 오래된 옛사람들은 'hēmera(날, 낮)'를 'himera'로 일컬었지만, 더러는 'hemera'로 일컬었으나, 요즘 사람들은 'hēmera'로 일컫네.

헤르모게네스: 그건 그렇습니다.

소크라테스: 그러니까 이 옛 낱말만이 그걸 정한 사람의 생각을 설명해 주고 있다는 걸 자네는 알고 있는가? 어둠에서 광명이 그걸 반

기로 했다. 이 대화편과 엇비슷한 시기의 것인《파이돈》편 99c에서는 인간의 행위를 포함한 모든 자연 현상들의 '부차적인 원인' 아닌 '참된 원인'을 to agathon kai deon으로 제시하고 있다. 플라톤이 훗날《국가(정체)》편에서 모든 것의 궁극적 원리로서의 '좋음 자체(to agathon auto)'를 알게 됨을 '가장 큰 배움(to megiston mathēma)'으로 제시했다는 건 많이 알려진 사항이다.《정치가》편 284e에서는 적도(to metrion)·적합(to prepon)·때맞음(適期·時宜: kairos)·마땅함(적절함, 필요: to deon)을 한 묶음으로 다루고 있다. 이 낱말의 해석과 관련해서는《파이돈》편 99c에 자세한 해당 각주를 달아 놓았으니, 참고하는 것도 도움이 되겠다.

240

기며 '갈망하는 사람들에게([tois] himeirousin)' 생겼다 해서, 이처럼   d
'himera'¹¹⁴로 일컬었네.

헤르모게네스: 그런 것 같습니다.

소크라테스: 하지만 오늘날에는 다듬어진 'hēmera'가 무엇을 뜻하려는 것인지를 자네는 알아차리지도 못할 게야. 심지어 어떤 사람들은 낮(ἡμέρα)이 온화(온순)하게(ἥμερα) 만든다고 해서, 이런 이유들로 이를 이렇게 이름 짓게 된 걸로 여기네.

헤르모게네스: 제게는 그리 생각됩니다.

소크라테스: 옛날 사람들은 'zygon(멍에)'을 'dyagon(둘이 끎)'으로 일컬었음을 자네는 또한 알고 있네.

헤르모게네스: 물론입니다.

소크라테스: 또한 어쨌든 'zygon'은 아무것도 설명해 주지 않지만, 끎(agōgē)의 목적으로 '둘의 맴(dyoin desis)'을 위한 것을 'dyagon'으로   e
로 일컫게 된 건 옳아. 그러나 지금은 'zygon'일세. 그리고 다른 아주 많은 것들도 그러하네.

헤르모게네스: 그런 것 같습니다.

소크라테스: 그러면 마찬가지로 맨 먼저 '[to] deon(마땅함¹¹⁵)'을 이런 식으로 발음하면, 좋음(to agathon)과 관련된 모든 이름(낱말)들과 반대되는 걸 뜻하네. '[to] deon'은 '좋음'의 종류이면서도, 운동의 족쇄이며 장애일세. 마치 해를 입히는 것([to] blaberon)과 형제간인

---

114) himeros는 '열망'을 뜻한다.
115) 이 경우의 '마땅함'에는, 이를테면, "죽어 또는 벌을 받아 마땅하다"의 경우에서처럼, '묶는, 구속적인' 뜻이 있다. 윤리학 용어로 deontology가 '의무론'인 것도 그래서다. 따라서 deon을 obligation으로 번역하는 사람(Reeve)도 있다.

것처럼.

헤르모게네스: 그 또한 몹시 그런 것으로 보이네요, 소크라테스 선생님!

소크라테스: 그러나 옛 이름을 이용하면, 그렇지가 않아. 이게 지금
의 것보다도 훨씬 더 옳게 정해진 것 같아. 'e' 대신에 'i'를 부여하면,
이전의 좋은 것들과 일치하게 될 것이네. 왜냐하면 이 경우에는 '묶
는(deon)'[116] 것 아닌 '통과함(di[i]on)', 곧 좋은 걸 뜻하니, 이것이야
말로 칭찬을 하지. 이처럼 이름(낱말)들을 정한 사람이 제 스스로를
반박하는 짓을 하지는 않고, 'deon(마땅한, 적절한)', 'ōphelimon(유
익한)', 'lysiteloun(이득이 되는)', 'kerdaleon(이로운)', 'agathon(좋
은)', 'sympheron(편익이 되는)', 'euporon(풍부한, 쉬운)'은 다른 이
름(낱말)들로 같은 것을 뜻하는 것으로 보이며, 어디고 관통하며 전
b 체적으로 질서 지어 주는 것은 칭찬을 받지만, 제지하고 묶는 것은 비
난받네. 특히 'zēmiōdes(해로운)'는, 옛날 발음에 따라 'z' 대신에 'd'
를 부여하면, '[to] doun to ion(운동하는 것을 묶는 것)'에 대한 이름
이 정해지는 것으로 자네에겐 보이겠는데, 'dēmiōdes(통속적인)'로
일컫게 되는 거네.

헤르모게네스: 그렇지만 'hēdonē(즐거움)'와 'lypē(괴로움)' 그리
고 'epithymia(욕구)' 등, 이와 같은 것들은 뭐라 말씀하실 것인지요,
소크라테스 선생님?

소크라테스: 그야 내게는 그다지 어려워 보이지는 않네, 헤르모게
네스! 왜냐하면 'hēdonē(즐거움)'란 것도 기쁨(이득: onēsis)에 이르
는 활동이 이 이름을 갖는 것 같기 때문이네. d가 삽입되어, 'hēonē'

---

116) 바로 앞의 각주를 참조할 것.

대신에 'hēdonē'로 불리게 된 것이지. 'lypē(괴로움)'는 몸의 쇠약해
짐으로 해서 이 상태에서 몸이 겪게 되는 걸 일컫게 된 것으로 보이
네. 그리고 'ania(슬픔)'는 나아감을 방해하는 것이네. 그러나 'algē-
dōn(고통)'은 'algeinos(고통스런)'에서 이름을 얻게 된 이국적인 것
으로 내게는 보이네. 반면에 'odynē(비통)'는 괴로움의 덮침에서 그
이름이 유래된 것으로 보이네. 'akhthēdōn(불평)'은 이동의 부담에
대해 빗댄 이름인 게 누구에게나 명백한 것 같네. 'khara(환희, 기쁨)'
는 혼의 흐름(rhoē)의 전파(diakhysis)와 그 풍부함(euporia)을 일컬
음인 것 같네. 'terpsis(즐김)'는 즐거운 것에서 유래된 것이네. '[to]
terpnon(즐거운 것)'이란 혼을 통해 스며드는 것이라 해서 숨결에 비
유되어 불리는데, 'herpnoun'으로 불리는 게 옳지만, 세월의 경과
로 'terpnon'으로 된 것일세. 'euphrosynē(유쾌함)'는 왜 그런지에 대
한 설명이 전혀 필요 없네. 그건 사물들과 혼이 잘(eu) 함께 움직이게
됨(sympheresthai)으로 해서 이 이름, 곧 'eupherosynē'라는 이름을
얻게 되었다는 것은 누구에게나 명백하기 때문이네. 하지만 이를 우
리는 'euphrosynē'로 일컫네. 'epithymia(욕구)' 또한 어렵지는 않네.
왜냐하면 '격정 상태로 가는(epi ton thymon iousa)' [혼의] 힘에 대
해 이 이름이 불리게 된 게 명백하니까. 'thymos(격정, 기개)'는 혼의
'성냄(thysis)'과 '흥분 상태(zesis)'에서 이 이름을 갖게 된 셈인 것일
게야. 하지만 'himeros(열망)'는 혼을 더할 수 없이 끌어당기는 흐름
에 대해 붙여진 이름일세. '급류로 흐르며(hiemenos rhei)' 사물들을
'빨리 움직이게 하고(ephiemenos)', 또한 이처럼 흐름의 충격을 통해
혼을 강하게 당기기 때문에, 이런 모든 힘으로 해서 'himeros(열망)'
로 불리게 된 것일세. 하지만 'pothos(동경·갈망)'는 가까이 있는 것
이 아니라, 다른 어딘가에 있어서 없는 것에 대한 것임을 뜻하는 것으

로, 이런 연유로 그 경우가 'pothos(동경)'로 일컬어지고, 누군가가 욕구하는 것이 가까이에 있을 경우에는, 'himeros(열망)'로 불렸네. 그러나 그게 없어지게 되면, 같은 이것이 'pothos(동경)'로 불리게 되었고. 그러나 'erōs'는 그 흐름 자체가 그걸 가진 자에게 밖에서 흘러들지(esrei), 원래 제 것으로 지녔던 게 아니고 두 눈을 통해서 유입되었던 터라, 이 때문에 흘러듦(esrein)을 연유로 'esros'로 옛날에는 일컬었네. ō 대신에 o를 썼으니까. 그러나 지금은 o 대신에 ō로 바꿈을 통해서 'erōs'로 불리게 되었네. 한데, 우리가 고찰하지 않은 것으로 아직도 남아 있는 것은 무엇이라고 말하겠는가?

헤르모게네스: 'doxa(독사: 의견·판단)' 및 이와 같은 것들로 어쩌면 선생님께는 보일 것 같은데요?

소크라테스: 'doxa(의견)'는 사물들이 어떠한지를 혼이 아는 걸 추구하면서 진행하는 추구에서, 또는 활의 쏨에서 유래하네. 그러나 그건 이 뒤의 것과 더 비슷하네. 어쨌거나 'oiēsis(의견)'[117]가 이와 일치하네. 모든 사물에 대한 혼의 'oisis(움직임)', 사물들 각각이 어떤 것인지를 밝히려는 것을 닮았네. 마치 'boulē(의도)' 또한 어쩌면 [표적을 향한] 쏨(bolē)을, 'boulesthai(바람·원함)'와 'bouleuesthai(심사숙고함·숙의함)'가 무언가를 겨냥함을 뜻하듯 말일세. 이것들 모두는 doxa에 따른 것들로서 [표적을 향한] 쏨(bolē)의 흉내(묘사)들로 보이네. 마치 그 반대의 것인 'aboulia(무분별함·생각 없음)'가 atykhia(실패·얻지 못함)인 걸로 여겨지듯. 마치 누군가가 쏘았던 것도 원했던 것도 의도했던 것도 바랐던 것도 갈구했던 것도 맞히지도

117) doxa와 oiēsis가 똑같이 '의견(opinion)'으로 번역되는 것들이지만, 앞 것은 누군가에게 그렇게 생각되어서 갖게 된 '의견'이지만, 뒤의 것은 누군가가 스스로 그렇게 생각해서 갖게 된 '의견'이다.

얻지도 못했듯이 말일세.

헤르모게네스: 소크라테스 선생님, 선생님께서는 어느새 점점 더   d
서두르고 계시네요.

소크라테스: 종점으로 이미 달리고 있어서네. 그렇더라도 아직
은 'anankē(강제)'를 제대로 다루고 싶은데, 이것들 다음 것으로는,
[to] 'hekousion(자발적인 것)'도. 그런데 'hekousion'은 순응하며 저
항하지 않고, 내가 말하듯, 운동하는 것에 순응함(eikon tōi ionti)
을 이 이름(낱말)으로 나타내는 것이거니와, 원함(바람: boulēsis)에
따라 일어나는 일이지. 그러나 [to] 'anankaion(강제적인 것)' 그리
고 저항하는 것(antitypon)은 원함을 거스르는 것으로, 과오 및 무지
와 관련되는 것이겠으나, 협곡을 따라가는 여정에 비유되겠는데, 가   e
기 힘들고 험하며 덤불이 많아 가는 걸 막기 때문이지. 이래서 아마도
'anankaion(강제적인 것·억지스런 것)'이라 일컫게 된 것 같거니와,
협곡을 통한 여정에 비유된 걸세. 그러나 기운이 남아 있는 한, 이 여
정을 포기하진 마세나. 자네 또한 포기하지 말고, 묻게나.

헤르모게네스: 그러면 가장 중요하고 가장 훌륭한 것들을 묻습니   421a
다. 'alētheia(진실·진리)' 및 'pseudos(거짓)'와 [to] 'on(존재·있는
것)' 그리고 지금 우리의 논의 대상인 이것 자체, 곧 'onoma(이름·낱
말)', 곧 그것 때문에 이름을 갖게 되는 것을요.

소크라테스: 그런데 자네는 어떤 것을 추구한다(maiesthai)고 말
하지?

헤르모게네스: 저야 그러죠. 찾으며 탐구하는 것([to] zētein)입
니다.

소크라테스: 그러니까 'onoma(이름)'는 탐구의 대상인 이것이 무
슨 존재인지를 말하는 그 설명으로 압축된 낱말인 것 같네. 그러나

이는 그 'onomaston(명명된 것)'을 우리가 설명하는 표현 속에서 더
잘 알게 되는 것일 게야. 왜냐하면 여기에서 이것이 '그 탐구 대상인

b 것인(on hou masma estin)' 것임을 명확히 말하고 있기 때문이네.
'alētheia(진실)'도 다른 것들과 마찬가지일세. 왜냐하면 존재(to on)
의 신적인 운동이 이런 어구로, 곧 '신적인(theia) 것인 떠돎(alē)'으
로서의 'alētheia'로 표현된 걸로 보이네. 그러나 'pseudos(거짓)'는 이
운동과 반대되는 것일세. 조용하도록 저지당하고 강제당하는 것이 또
다시 비난을 받게 되어, 잠자는 것들(katheudousi)에 비유되니까. 그
러나 'ps'가 [kath 대신에] 추가됨으로써 그 낱말의 뜻이 숨겨지게 되
네. 그런가 하면 '[to] on(존재·있는 것)'과 'ousia(존재·실재성·
본질)'¹¹⁸는 'i'를 돌려받게 되면, 'alētheia'와 일치하게 되네.¹¹⁹ 왜냐
하면 그건 'ion(감: going)'을 뜻하며, 다시 [to] 'ouk on(있지 않음:

c not being)'은, 어떤 사람들이 이를 일컫듯, 'ouk ion(가지 않음: not
going)'이네.

　헤르모게네스: 소크라테스 선생님, 선생님께서는 이것들을 대담하
게 아주 해체해 버리신 것으로¹²⁰ 제게는 생각됩니다. 가령 누군가가
선생님께 'ion(감)', 'rheon(흐름)', 'doun(묶음, 족쇄 채움)', 이들 낱

---

118) to on과 ousia의 차이와 그 본 뜻에 대한 언급은 401c에서 해당 각주
　를 참조할 것.
119) on(being)은 ion(going)으로, ousia(being)는 iousa(going)로, 곧 둘
　다 '감' 또는 '운동'을 뜻하게 되기 때문이다. 문법상으로 앞의 둘은 중성
　현재분사 꼴이고, 뒤의 둘은 여성 현재분사 꼴이다.
120) 바로 앞 문장 첫머리에서 낱말 또는 이름이 긴 설명의 '압축된
　(synkekrotēmenon)' 형태의 것이라면, 소크라테스가 그동안 한 어원적
　추적 작업은 그 역인 해체적 작업(diakekrotēkenai)이었던 셈이라 해서
　하는 말이다.

말들이 무슨 옳음(정당성)을 지니고 있는지를 묻는다면, ―

소크라테스: "그에게 뭐라 우리가 대답할 것인가?" 이 말을 자네는 하는 거겠지? 안 그런가?

헤르모게네스: 그야 물론입니다.

소크라테스: 그러니까 좀 전에 우리가 궁리를 해서 대답함으로써 뭔가 의미 있는 말을 하는 것으로 여겨졌었네.[121]

헤르모게네스: 그게 어떤 것이었는데요?

소크라테스: 우리가 알지 못하겠는 것, 이것은 이방적인 것이라고 말하는 것이지. 그러니까 우리가 알지 못하는 것들 중에서 어쩌면 어떤 것은 정말로 그런 것도 있겠으나, 낱말들 중에서도 최초의 것들은 심지어 그 태고의 시대성으로 해서 알아낼 도리가 없는 것들일 수도 있을 게야. 낱말들이 온갖 방식으로 꼬이게 된 탓으로, 옛 발음이 오늘날의 이방의 것에 비해 조금도 다를 것이 없는 처지가 되었다 하더라도 전혀 놀랄 일이 아닐 게야.

헤르모게네스: 어쨌든 전혀 불합리하지 않은 말씀을 하십니다.

소크라테스: 물론 그럼직하고말고. 하지만 "전투는 핑계를 받아들이지 않는 것"[122]이라고 내게는 생각되거니와, 이것들은 충분히 고찰토록 열의를 보여야만 하네. 명심하세나. 만약에 누군가가 낱말(이름)이 진술되는 그 어구들을 언제나 물어 대고, 다시 이 어구들을 설명하는 그 어구들을 묻게 되어, 이 짓을 하는 걸 멈추지 않게 된다면,

d

e

---

121) 409d~e 참조.
122) 원어는 agōn prophaseis(prophasin) ou dekhetai로서, "전투는 핑계를 받아들이지 않는다." 곧 일단 전투(또는 경합)가 벌어진다면, 이러쿵저러쿵하며 우물쭈물하는 게 허용되지 않는다는 뜻의 격언이다. 《법률》편 751d에도 보인다.

그땐 그 대답을 하던 사람이 마침내 대답하는 걸 포기할 게 필연적이지 않겠는가?

헤르모게네스: 어쨌든 제게는 그리 생각됩니다.

소크라테스: 그러면 그러길 포기하는 사람이 언제 포기하고서 그만두는 게 옳은가? 그러니까 마치 다른 것들, 곧 진술들과 이름(낱말)들의 요소들 같은 그런 이름들에 이르렀을 때가 아니겠는가? 왜냐하면 이것들이 이런 것이라면, 이것들은 더 이상 다른 이름들로 구성된 것들로 보이지는 않을 게 아마도 당연하겠기 때문이네. 이를테면, 좀 전에[123] [to] 'agathon(좋음)'을 감탄스러움([to] agaston)과 빠름([to] thoon)으로 구성된 걸로 말했으나, [to] 'thoon'은 아마도 다른 것들로 구성되었고, 그 앞 것(agaston)은 또 다른 것들로 구성된 걸로 말

b 할 법도 하네. 그러나 만약에 우리가 다른 어떤 이름들로 구성되지는 않은 것(이름)을 어쨌든 언젠가 갖게 된다면, 우리는 이미 요소에 이른 것으로 말하고선, 이것이 우리를 더는 다른 이름들로 소급하지 않게 해야만 한다고도 말하는 것이 정당하겠네.

헤르모게네스: 제게는 선생님께서 옳게 말씀하시는 것으로 생각됩니다.

소크라테스: 그러면 자네가 어쨌든 묻는 이름들이 이제 요소들인 걸로 되었으니, 이것들의 옳음이 어떤 것인지 다른 방식으로 고찰해야만 하네.

헤르모게네스: 어쨌든 그래야 할 것 같습니다.

소크라테스: 확실히 그럴 것 같네, 헤르모게네스! 어쨌거나 앞서의

c 모든 것은 이것들에 귀착된 것으로 보이네. 만약에 이게 이러하다면,

---

123) 412c에서.

그런 것으로 내게 그리 생각되듯, 이리로 와서 나와 함께 고찰함으로 써, 첫 이름들의 옳음이 어떤 것이어야 하는지 말함으로써 헛소리를 하지 않도록 하세나.

헤르모게네스: 말씀만 하세요. 제 능력이 닿는 한, 함께 고찰할 테 니까요.

소크라테스: 그러면 처음 것이든 마지막 것이든, 모든 이름의 옳음 은 어쨌든 하나이고, 이것들 중의 어느 것도 이름이라는 점에서는 아 무런 차이가 없다고 나는 생각하거니와 자네도 같은 생각일 게야.

헤르모게네스: 물론입니다.

소크라테스: 하지만 우리가 방금 언급했던 이름들의 옳음은 사물들 의 각각이 어떤 것인지를 설명해 주는 그런 어떤 것이기를 누군가가 바랐을 그런 것이었네. d

헤르모게네스: 어찌 아니겠습니까?

소크라테스: 따라서 이건 처음 것들도 나중 것들도 못지않게 갖추 어야만 하네. 이름들이 정녕 이름들이려면 말일세.

헤르모게네스: 물론입니다.

소크라테스: 그러나 나중 것들은 처음 것들을 통해서 이 구실을 수 행할 수 있을 것 같네.

헤르모게네스: 그리 보입니다.

소크라테스: 됐네. 그렇긴 하나, 다른 것들이 처음 것들에 밑받침 되어 주지 않는다면, 이것들이 무슨 방도로 가능한 한 최대로 사물들 을 우리에게 분명케 해 주겠는가? 비록 이름들이 이름 노릇을 하고자 한들 말일세. 내게 이걸 대답해 주게나. 만약에 우리가 소리를 낼 수 없고 혀도 갖고 있지 않으면서도, 서로에게 사물들을 설명해 주고자 한다면, 마치 지금 소리 내어 말을 하지 못하는 사람들처럼, 손과 머 e

249

리 그리고 그 밖의 몸의 부분으로 표시를 하려고 하지 않겠는가?

헤르모게네스: 사실 달리 어떻게 하겠습니까, 소크라테스 선생님?

소크라테스: 이를테면, 우리가 위쪽과 가벼운 것을 나타내고자 한다면, 우리는 손을 하늘로 쳐들고서 사물의 성질을 묘사할 것이야. 반면에 아래쪽과 무거운 것들의 경우에는, 손을 땅 쪽으로 향하게 할 것이고. 그리고 달리는 말이나 동물들 중의 다른 어떤 게 그러는 걸 나타내고자 한다면, 우리 자신들의 몸들과 몸동작 또는 자세들을 최대한 그것들의 그런 것들과 닮도록 만들 것이라는 걸 자네는 아네.

헤르모게네스: 선생님께서 말씀하시는 대로일 거라는 게 필연으로 제게는 생각되네요.

소크라테스: 이처럼 몸으로 모방하게 된 대상의 표현이 정작 이루
b 어지게 되는 것은 그것이 표현하고자 하는 그것을 몸이 모방함으로써 되는 것 같다고 나는 생각하기 때문이네.

헤르모게네스: 네.

소크라테스: 만약에 우리가 우리의 음성과 혀 그리고 입으로 표현하고자 한다면, 그땐 이것들을 통해서 어떤 것에 대한 것이건, 그 모방이 이것들을 통해서 이루어질 때, 그때에야 각각의 표현이 우리들에게 있어서 이것들로 해서 일어난 것이 되지 않겠는가?

헤르모게네스: 제게는 그게 필연으로 생각됩니다.

소크라테스: 그러니까 이름은 그것이 모방하는 것의 소리에 의한 모방물이며, 모방하게 되는 것을 목소리로 모방하는 자는 이름을 부르고 있는 걸세.

헤르모게네스: 그런 것으로 제게는 생각됩니다.

c 소크라테스: 그러나, 이보게나, 이렇게 말하는 것이 내게는 그다지 훌륭하게 말하는 것으로는 결단코 생각되지 않네.

헤르모게네스: 그건 왜죠?

소크라테스: 양들을 모방하는 자들과 수탉들 그리고 그 밖의 다른 동물들을 모방하는 자들이 바로 이들이 모방하는 이것들을 그 이름으로 부른다고 우리가 동의하는 게 불가피하겠네.

헤르모게네스: 진실을 말씀하십니다.

소크라테스: 그래서 그게 옳은 걸로 자네에겐 생각되는가?

헤르모게네스: 제게는 그리 생각되지 않습니다. 하지만, 소크라테스 선생님, 이름은 무슨 모방인가요?

소크라테스: 첫째로, 내게 그리 생각되듯, 음악에 의해서 사물들을 모방하는 경우처럼, 그렇게는 우리가 모방하지는 않네. 비록 음성으로 그때 모방한다고 할지라도 말일세. 다음으로, 음악이 모방하는 것들을 우리가 모방한다 하더라도, 우리가 이름을 지어 부르는 건 아닐세. 내가 왜 이 말을 하겠나? 사물들 각각에는 소리도, 모양도, 많은 것들에는 빛깔도 있지?   d

헤르모게네스: 물론입니다.

소크라테스: 따라서 누군가가 이것들을 모방한다면, 이 모방들과 관련해서 작명술이 있을 것 같지 않은지. 이것들은 실은 음악이고 회화이지. 안 그런가?

헤르모게네스: 네.

소크라테스: 그런데, 이건 어떤가? 각각의 것에는, 마치 빛깔도 그   e
리고 방금 우리가 말한 것들처럼, ousia(존재·실재성·본질)[124]도 있는 걸로 자네에게 생각되지 않는가? 첫째로 빛깔과 소리 자체에도 이것들 각각에는 그리고 '있다(einai=be)'는 이 지칭의 가치가 있는 다른

---

124) 401c에서 해당 각주 참조.

모든 것들에도 어떤 '우시아(본질)'가 있지 않은가?

헤르모게네스: 어쨌든 제게는 그리 생각됩니다.

소크라테스: 그럼, 어떤가? 만약에 누군가가 각각의 것의 이것 자체 곧 '우시아'를 문자들과 음절들로 모방할 수 있다면, 그는 각각이 무엇인지를 명시하지 않겠나? 안 그런가?

헤르모게네스: 그야 물론입니다.

소크라테스: 그리고 자네는 이를 할 수 있는 사람을 뭐라 말하겠는가? 앞서의 사람들을 자네는 음악인으로 그리고 화가로 말했는데, 이 사람은 누구로 말하겠는가?

헤르모게네스: 이 사람은 바로 우리가 오래도록 찾고 있던 사람으로서, 이름 짓는 사람이 이 사람이겠네요, 소크라테스 선생님!

소크라테스: 그러니까 만약에 이게 진실이라면, 자네가 물었던 저 이름(낱말)들과 관련해서, 곧 '흐름(rhoē)'과 '감(ienai)' 그리고 '저지(skhesis)'와 관련해서 이제는 고찰해야만 할 것 같지? 문자들과 음절
b 들로 이것들의 '실재(to on)'를 포착하게 되어, 그 '우시아'를 모방하게 되었는지, 그 여부를 말일세.

헤르모게네스: 그야 물론입니다.

소크라테스: 자, 그러면 보세나. 일차적인 이름들 중에서는 이것들만이 있는지 아니면 다른 여럿이 있는지.

헤르모게네스: 저로서는 다른 것들도 있는 걸로 생각합니다.

소크라테스: 사실 그럴 것 같네. 그러나 모방자가 모방을 시작하게 될 나눔(diairesis)의 방식은 무엇이겠는가? 그런데 음절들과 문자들로 '우시아(본질)'의 모방이 사실상 있게 되는 것이니까, 첫째로는 자
c 모들을 나누는 것이 지당하네. 마치 자모들의 리듬들로 먼저 그 힘들을 나누고, 다음으로 음절들의 그것들을 그러고서, 이제야 리듬들에

이르러 고찰을 하지, 그 이전에는 그러지 않겠지?

　헤르모게네스: 네.

　소크라테스: 그래서 우리도 이처럼 첫째로는 모음들을 나누고, 그 다음으로는 다른 것들의 종류들에 따라 자음들과 묵음들—이와 관련해서는 전문가들이 아마도 이렇게 말하니까—그리고 다시 모음들도 아니고, 하지만 묵음들도 아닌 것들을? 또한 이들 모음들 중에서도 서로 다른 하고많은 종류들을? 그래서 이것들을, 곧 그 대상들을 이 d 름들을 부여해야만 할 것들로 모두 잘 나누었을 때, 마치 자모들처럼 모두를 연관시킬 수 있게 된다면, 이것들로 해서, 이것들과 함께 이것들 속에 있는 종류들도, 마치 자모들의 경우와 마찬가지로, 같은 방식으로 볼 수 있을 것이네. 이것들 모두를 훌륭히 검토해 보게 됨으로써 각각을 유사성에 따라서 맞출 줄도 알게 될 것이네. 하나와 하나를 맞추든, 여럿을 섞어서 하나와 맞추든 말일세. 마치 화가들이 사생화를 그리려고 하면서 때로는 자색만 쓰는가 하면, 때로는 다른 어떤 색깔이든 쓰기도 하고, 또 때로는 여러 색깔을 섞어서 쓰기도 하는데, 이 e 를테면, 사람의 살색이나 그와 같은 것들 중의 다른 어떤 걸 그리려고 할 때는, 각각의 그림엔 각각의 색깔이 필요한 걸로 생각할 것이라는 생각이 드니까. 바로 이처럼 우리들도 사물들에 자모들을 따라붙게 할 것이니, 한 사물에 하나가 필요한 걸로 판단된다면, 하나를, 그리고 바로 음절들로 일컫는 것들을 만들어서, 함께하는 여럿을, 그리고 다시 음절들을 결합해서, 이것들에서 명사들과 동사들이 구성되네. 425a 그리고 다시 명사들과 동사들에서 어느새 중대한 어떤 아름다운 전체를 우리가 구성하게 될 것이네. 마치 앞서 회화로 동물을 그렸듯, 이 경우에는, 이름 짓는 기술이나 변론술 또는 그게 무슨 기술이든, 문장을 구성할 것이네. 아니 그렇다기보다는, 우리가 그런다는 게 아니라,

말을 하다 보니 너무 멀리 나가 버렸네. 지금 상태로 이렇게 구성한 것은 옛 사람들이었네. 그러나 정녕 우리가 이것들 모두를 기술적으로 고찰할 줄 알려면, 이렇게 나누고서, 최초의 이름들이 그리고 훗날의 것들이 제대로 된 것인지 아닌지, 이처럼 우리는 고찰해야만 하네. 그것들을 달리 연결 짓는 것은 변변찮고 제대로 된 것이 아니지 않겠나, 헤르모게네스!

헤르모게네스: 맹세코, 아마도 그럴 것입니다, 소크라테스 선생님!

소크라테스: 그럼, 어떤가? 자네는 이것들을 그렇게 나눌 수 있을 것으로 스스로를 신뢰하는가? 실상 나는 그러지 못하네.

헤르모게네스: 저로서야 어림없죠.

소크라테스: 그러면 우리는 포기할 것인지? 아니면 우리가 할 수 있는 대로, 이처럼 이것들 중에서 조금이나마 우리가 간파할 수 있는 만큼은 시도해 보길 원하는지? 조금 전처럼,[125] 우리는 진실을 전혀 알지 못하고, 신들과 관련된 인간들의 생각들을 짐작할 뿐이라는 사실을 신들에게 선언하고서, 이처럼 지금도 다시 우리 자신들에게도 말하고서 진행을 할까? 이것들을 우리든 다른 누구든 기술적으로 나누어야만 한다면, 이것들을 그렇게 나누어야 하되, 지금은 속담 그대로 우리는 이것들과 관련해서 능력껏 바쁘게 일해야만 하겠지? 이것들이 그리 생각되는가, 아니면 어떻게 말하겠는가?

헤르모게네스: 제게는 아주 다분히 그리 생각됩니다.

소크라테스: 헤르모게네스, 문자들과 음절들에 의해 모방된 사물들이 명백해진다는 것은 우스운 걸로 보인다고 나는 생각하네. 그렇지만 그건 필연이네. 왜냐하면 최초의 이름들의 진실성과 관련해

---

125) 401a 참조.

서 소급하게 되는 것으로 이보다 더 좋은 것을 우리는 갖고 있지 못하기 때문이네. 마치 비극작가들이 뭔가 곤혹스러워졌을 때, 신들을 택해서 기계장치들에 의지하듯,[126] 우리도 이런 식으로 말하고서 벗어 나세나. 최초의 이름들은 신들이 정했으며, 이 때문에 옳다고 하고서. 역시 우리에게는 설명들 중에서 이게 가장 좋은 것인가? 아니면 e 저것, 곧 어떤 이방인들, 그러나 우리보다도 더 이전 사람들인 이방인들에게서 우리가 전수받았다는 설명이? 아니면 태고의 시대성으로 426a 해서 이것들은, 마치 이방인들의 것들과 마찬가지로, 고찰하기가 불가능하기 때문이라고? 이것들은 실은 모두가 면피들일 것이니, 최초의 이름들이 어떻게 해서 옳은지에 대해 설명을 하고 싶지 않은 데 대한 몹시 세련된 면피들일 것이네. 하지만 누군가가 어떤 식으로 해서 최초의 이름들의 옳음이 성립하게 되는지를 모르는 사람으로서는 나중 것들의 그 옳음을 아는 것도 아마도 불가능할 것이네. 이것들은 누군가가 전혀 알지 못하는 것들로 해서 설명될 게 필연적이니까. 그러나 나중 것들에 대해 전문가라고 주장하는 사람은 처음 이름들과 관련해서 가장 잘 그리고 더할 수 없이 깨끗하게 증명할 수 있어야 하 b 거니와, 그렇지 않다면, 그가 나중 것들을 안다는 것은 허황한 소리를

---

126) "신들을 택해서 기계장치들에 의지함(epi tas mēkhanas katapheu-gousi theous hairontes)"은 아테네의 디오니소스 극장에서의 비극 공연 장면에서, 이야기 전개가 때로는 도무지 어찌해 볼 도리가 없는 상황을 맞게 되었을 때, 갑작스레 무대 장치의 건물 위로나 하늘에 신이 나타나서 문제를 해결해 버리는 방식을 택한 데서 유래된 표현이다. 이때 쓰인 '기계장치(mēkhanē =machine)'는 일종의 기중기였고, 이를 굴리는 방식(ekkyklēma)으로 신들의 등장 장면을 연출했던 것 같다. 기계장치를 이용한 이런 장면 연출을 라틴어로는 deus ex machina로 간결하게 표현했기에, 훗날 사람들이 이 용어를 쓰게 된 것이다.

하는 것이네. 혹시 자네에게는 달리 생각되는가?

헤르모게네스: 어떻게도 달리 생각되지 않습니다, 소크라테스 선생님!

소크라테스: 그러니까 내가 최초의 이름들과 관련해서 알았다는 건 아주 오만하고 가소로운 일이었던 걸로 내게는 생각되네. 그래서 이 일에 대해서는, 자네가 원한다면, 부담을 나누겠네. 그러나 자네가 더 나은 걸 취할 수 있다면, 힘써 나와 나눌 것이고.

헤르모게네스: 그야 그럴 것입니다. 하지만 기운을 내시고서, 말씀하세요.

c 소크라테스: 그런데 첫째로, 'r(rhō)'가 내게는 마치 모든 운동(kinēsis)을 나타내는 도구(organon)인 것처럼 보이는데, 우리는 'kinēsis(운동)'가 무슨 이유로 이 이름을 갖고 있는지는 아직 말하지 않았네. 그러나 실은 'hesis(목표로 삼음)'를 뜻하려는 게 분명하네. 옛날에는 'ē'를 쓰지 않고 'e'를 썼으니까. 그러나 'kiein'으로 시작하는 첫 부분은, 그 이름이 이방의 것이지만, 이는 'ienai(감, 나아감)'이네. 따라서 누군가가 이의 옛 이름을 우리 발음인 것에서 찾으려 한다면, 'hesis'로 일컫는 게 옳을 것이야. 그러나 지금은 이방의 'kiein'으로 해서 그리고 'ē'로의 바뀜과 'n'의 삽입으로 해서 'kinēsis'로 불

d 리게 되었으나, 'kiesis'보다는 'kieiesis'로 일컬어져만 하네. 반면에 'staesis(정지)'는 'ienai(감, 나아감)'의 부정을 뜻하려는 것이겠으나, 꾸며서 'stasis'로 일컫게 되었네. 그야 어쨌든 자모 'r'는, 내가 말하듯, 이름들을 짓는 사람들에게는 '움직임(이동: phora)'을 모방하는 데에 운동을 나타내는 훌륭한 도구로 간주되었네. 어쨌거나 이것은 여러 군데에서 이 목적으로 이용되었네. 첫째로는 바로 이 'rhein(흘러감)'과 'rhoē(흐름)'에서 이 글자를 통해서 그 움직임을 모방하고, 그

다음으로는 'tromos(떨림)', 또 그다음으로는 'trekhein(뜀)'에서, 또 e
한 더 나아가 'krouein(두들김)', 'thrauein(깨부숨)', 'ereikein(분쇄
함)', 'thryptein(조각냄)', 'kermatizein(잘게 썲)', 'rhymbein(빙빙 휘
둘러 돌림)', 이와 같은 것들 모두를 'r(rhō)'를 통해서 흉내 내서 표현
하네. 왜냐하면 그는 이런 발음 상태에서는 혀가 그냥 있는 상태는 최
소이지만, 그게 흔들리는 건 최대임을 보았을 것이기 때문이네. 바로
이 때문에 그가 이걸 이것들에다 이용한 걸로 내게는 보이네. 그러나
이번에는 'i(iōta)'를 '얇고 가는(lepta)' 모든 것에 사용했는데, 이것들
은 모든 것을 가장 잘 관통하네. 이 때문에 'ienai(감)'와 'hiesthai(움 427a
직이게 함, 보냄)'는 'i'를 통해서 모방이 이루어지네. 'phi(φ)'와
'psi(ψ)' 그리고 's'와 'z'를 통해서, 이것들이 '센 기음(氣音)'¹²⁷이
기 때문에, 이런 모든 것은 이것들로 이름을 불러, 모방을 하지. 곧
'psykhron(찬, 추운, 덜덜 떠는)'과 'zeon(들끓고 있는)', 'seiesthai(흔
들림)', 그리고 'sismos(쉬!)' 말일세. 또한 아마도 '바람이 센 것([to]
physōdes)'을 모방할 경우에도, 이 모든 경우에 대체로 이름을 정하
는 사람은 이와 같은 문자들을 적용한 걸로 보이네. 반면에 'd'와 't'의
혀 압축과 압력의 힘이 'desmos(속박)'와 'stasis(멈춤)'의 모방의 힘 b
에 유용한 것으로 보이네. 반면에 'l'의 경우에는 무엇보다도 혀가 미
끄러지듯 하는 걸 알아보고서는 이를 모방해서 'leia(매끄러운)'와 바
로 이 'olisthanein(미끄러지듯 함)'과 'liparon(윤기 있는)' 그리고

---

127) 원어는 grammata pneumatōdē(letters pronounced with a strong
breathing)인데, '강기음(強氣音)'이라는 뜻이다. 이를 순 우리말로는 '거
센소리'로 일컫는 것 같다. 그러나 우리말 거센소리는 ㅊ, ㅋ, ㅌ, ㅍ,
ㅎ을 일컫는 것이기 때문에, 헬라스어 발음들의 경우와는 맞지 않아, 부
득이 '센 기음'으로 옮겼다.

'kollōdes(끈적끈적한)' 등 그 밖의 이런 모든 것들의 이름들을 그는 정했네. 그러나 'g'의 힘이 혀의 미끄러지듯 함을 붙들어 주게 되는 방식으로 그는 'gliskhron(끈적거림)'과 'glyky(달콤함)', 'gloiōdes(쫀득거림)'를 모방해 냈네. 또한 이번에는 소리의 내향성을 감지하고서, 그는 'endon(안쪽에, 안에)'과 'entos(안에)'라는 말을 만들어, 문자들로 실상들을 닮도록 만들었네. 또 다시 'a'를 'mega(큼)'에 그리고 'mēkos(길이)'에는 'ē'를 부여했는데, 이 문자들이 [발음상으로는] 길기 때문이지. 그러나 '둥긂(gongylon)'을 나타내는 [문자] 'o'의 기호가 필요해서, 그는 이 이름에 이를 최대한 섞었네. 또한 이름을 정하는 사람은 그 밖에도 이처럼 문자들에 따라 그리고 음절들에 따라 사물들 각각에 대한 기호와 이름을 만들고선, 이것들로 이것들 자체를 모방해서 나머지 것들을 표현함으로써 구성해 내네. 헤르모게네스여, 이것이 이름들의 옳음을 내세우려는 취지인 것으로 보이네. 여기 이 크라틸로스가 다른 어떤 말을 하지 않는다면 말일세.

헤르모게네스: 하지만, 소크라테스 선생님, 크라틸로스는 여러 차례에 걸쳐 저를 괴롭혀 왔습니다. 제가 처음에 말씀드렸듯, 그는 이름들의 옳음이 있다고 말하면서도, 그게 어떤 것인지 분명한 건 아무것도 말하지 않아서, 이것들에 대해서 그가 말할 때마다 이렇게 불명하게 말하는 것이 일부러 그러는 것인지 아니면 부득이 그러는 건지, 제가 알 수 없게끔 합니다. 그러니 이제 내게 말해 주게나, 크라틸로스! 소크라테스 선생님 면전에서 말하게나. 이름들과 관련해서 소크라테스 선생님께서 말씀하신 바가 자네 마음에 드는지, 아니면 달리 더 어떤 점에서 더 훌륭히 말할 수 있겠는지? 만약에 그럴 수 있다면, 말하게나. 자네가 소크라테스 선생님에게서 배우게 되거나, 아니면 우리 둘을 가르쳐 주시거나 하실 수 있게 말일세.

크라틸로스: 무슨 말인가, 헤르모게네스? 자네에겐 무슨 문제건 이처럼 빨리 배우고 가르치는 게 쉬운 일로 생각되는가? 이처럼 중요한 것, 그야말로 가장 중요한 것들에 속하는 것인 것은 말할 것도 없겠지?

헤르모게네스: 단연코, 내게 그리 생각되지는 않아. 그러나 헤시오 428a 도스의 말이 훌륭한 것으로 보이네. 누군가가 작은 것에 비록 작은 걸 얹어도, 도움이 된다는 말이.[128] 그러니까 조금이라도 뭔가 더 할 수 있다면, 포기하지 말고, 여기 소크라테스 선생님을 도와 드리게나. 자넨 온당하니. 나 또한 그래 주고.

소크라테스: 그리고 사실 나는 스스로도, 크라틸로스여, 내가 말한 것들 중에서 아무것도 장담하지 못하겠거니와, 내게 그리 여겨진 대로 헤르모게네스와 함께 고찰했던 걸세. 그러니 이를 위해라도 힘내서 말하게나. 행여 내가 생각하게 되었던 것보다도 더 나은 무슨 견해를 갖고 있다면 말일세. 하지만 이것들보다도 더 나은 뭔가를 자네가 b 말할 수 있다고 해도, 내가 놀라지는 않을 게야. 왜냐하면 이런 것들은 자네가 스스로도 고찰했고 다른 사람들에게서도 배웠던 걸로 내게는 생각되니까. 그러니 만일에 자네가 더 훌륭한 것을 말한다면, 이름들의 옳음과 관련해서는 나도 제자들 중의 한 사람으로 적게나.

크라틸로스: 하지만, 소크라테스 선생님, 실은 선생님께서 말씀하시듯, 이것들이 제게는 관심거리였고, 아마도 선생님을 제자로 삼을 수도 있겠습니다. 하지만 이와는 정반대가 아닐까 두렵습니다. 어쩌 c 면 제가 선생님께 아킬레우스의 말을 할 처지라는 생각이 떠올랐기

---

128) 이 말(구절: rhēma)은 헤시오도스의 《일과 역일》 361~362에 나오는 구절의 일부이지만, 조금씩 다르다.

때문입니다. 이 말은 그가 〈간청〉 편[129]에서 아이아스에게 말한 것이죠. 그는 말하죠.

> 아이아스, 제우스의 후손인 텔라몬의 자제분이시여, 백성들의 통치
> 자여!
> 모든 걸 대부분 내 마음처럼 이야기하신 걸로 내게는 보였소.[130]

제게도, 소크라테스 선생님, 선생님께서는 적절히 마음에 들게 신탁 투의 말씀을 하시는 것으로 보입니다. 에우티프론에게서 감화를 받으셨건[131] 또는 다른 어느 무사(Mousa) 여신이 선생님 안에 모르시는 사이에 오래도록 들어가 있어서건 말씀입니다.

d   소크라테스: 크라틸로스여, 나 자신도 오래도록 내 자신의 지혜에 놀라고 불신해 왔네. 그래서 내가 무슨 말을 하고 있는지도 스스로 다시금 생각해 보아야만 하는 걸로 내게는 생각되네. 자신으로 해서 자

---

129) 〈간청(Litai)〉 편이란 《일리아스》 9권에 해당하는 《일리아스》의 중간 제목인 셈이다. 〈간청〉 편은 〈아킬레우스에게로 간 사절단(Presbeia pros Akhillea)〉으로도 일컫는다. 헬라스의 트로이아 원정대의 총사령관인 아가멤논의 모욕적인 처사로 분노한 아킬레우스가 참전을 거부함으로써, 마침내 패색이 짙어진 상황의 타개를 위해, 군영 회의 끝에 아가멤논의 진솔한 사과와 함께 온갖 선물들을 약속하는 사절단을 보내 용서와 함께 참전을 간청케 해서다. 그런가 하면 1권은 〈역병(Loimos)〉 편 또는 〈(아킬레우스의) 분노(Mēnis)〉 편이고, 24권은 〈헥토르의 몸값(Hektoros lytra)〉 편이다. 그러니까 당시에는 오늘날처럼 권수로 말하지 않고, 각 권의 주제가 되는 중간 제목들을 《일리아스》나 《오디세이아》의 각 권에 대한 지칭으로 썼던 셈이다. 《오디세이아》 11권은 〈저승(Nekya)〉 편으로 유명하다.

130) 《일리아스》 9권 644~645.

131) 396d~e본문 및 해당 각주를 참조할 것.

신이 속게 되는 것이야말로 모든 것들 중에서도 최악의 것이기 때문이네. 왜냐하면 속게 될 사람이 조금도 떨어져 있지도 않고 언제나 곁에 있을 때, 어찌 두렵지 않겠는가? 그러니 앞서 말한 것들로 번번이 되돌아가서 시험해 보기도 하며, 그 시인의 말대로 '앞뒤로 동시에'[132] 보도록 해야만 할 것으로 보이네. 특히 방금 우리가 무엇을 말 했는지 우리가 보세나. 이름의 옳음은 이것, 곧 그 사물이 어떤 것인 지를 보여 주는 바로 이것이라고 우리는 말하네. 그리고 이것이 충분히 말하게 된 것이라고 우리가 말할까?   e

크라틸로스: 제게는 아주 충분히 말씀하신 것으로 생각됩니다, 소크라테스 선생님!

소크라테스: 그러니까 가르침을 위해서 이름들을 말하게 된 셈인가?

크라틸로스: 물론입니다.

소크라테스: 그렇다면 이 기술[133]과 이 기술의 전문가가 있는가?

크라틸로스: 물론입니다.

소크라테스: 누구들인가?

크라틸로스: 선생님께서 처음에 말씀하신 분들, 곧 입법자들입   429a 니다.

소크라테스: 그러면 이 기술도 다른 기술들의 경우처럼 사람들에게 생기는 것으로 또는 그렇지 않은 것으로 우리가 말할 것인가? 내가 말하려는 건 이런 것일세. 화가들도 아마 어떤 이들은 더 못한 편이나 어떤 이들은 한결 더 나은 편이겠지?

---

132) 《일리아스》 1권 343.
133) 이 경우의 tekhnē는 '전문적 지식'으로 이해하는 게 오히려 옳겠다.

크라틸로스: 물론입니다.

소크라테스: 그러니까 더 훌륭한 화가들은 자신들의 작품들 곧 그림들을 더 훌륭한 것들로 내놓겠지만, 더 변변찮은 화가들은 그림들도 그런 것들을 내놓지 않겠는가? 또한 건축가들도 마찬가지로 한쪽은 더 훌륭한 집들을 짓겠지만, 다른 쪽은 더 신통찮은 것들을?

크라틸로스: 네.

b 　소크라테스: 그렇다면 입법자들도 더 나은 쪽은 자신들의 작품들을 그런 것들로 내놓겠지만, 더 변변찮은 쪽은 작품들도 그런 것들로?

크라틸로스: 이 경우도 그런 걸로 제게 생각되지는 않습니다.

소크라테스: 그러면 법률은 어떤 것들은 더 훌륭한 것들이나, 어떤 것들은 한결 못한 것들이겠고?

크라틸로스: 물론 그런 건 아닙니다.

소크라테스: 그러면 이름도 어떤 건 한결 나쁘게, 어떤 건 한결 낫게 지어진 걸로 자네에겐 생각되지 않는 것 같군?

크라틸로스: 물론 그런 건 아닙니다.

소크라테스: 그러니까 모든 이름들은 옳게 지어진 것인가?

크라틸로스: 어쨌거나 하고많은 이름들은 다요.

소크라테스: 그러면, 어떤가? 방금도 말한 이 헤르모게네스의 경우
c 　는? 만약에 어떤 점에서 헤르메스의 후손으로 합당치 않거나, 그렇게 이름이 정해지긴 했지만, 어쨌든 옳지는 않다면?

크라틸로스: 소크라테스 선생님, 어쨌든 제게는 그게 [그의 이름으로] 정해진 것이라 생각되지 않고, 이는 다른 사람의 이름이며, 이 이름을 나타내는 어떤 사람의 본성이기도 한 것으로서, 그 사람의 이름이 이것이라고 제게는 생각됩니다.

소크라테스: 누군가가 이 사람을 헤르모게네스라고 말할 경우에, 그는 거짓말을 하고 있는 게 아닌 건지? 그가 헤르메스가 아니라면, 이 사람을 헤르메스라고 말하는 것, 이것조차도 성립하지 않지 않는가?

크라틸로스: 어떻게 하시는 말씀이신지?

소크라테스: 거짓을 말함은 전적으로 불가능하다[134]는 것, 자네로선 이 주장이 가능하냐는 것이겠지? 실은, 크라틸로스여, 그리 주장하는 사람들은 많네. 지금도 예전에도.   d

크라틸로스: 소크라테스 선생님, 누군가가 자기가 말하는 것, 이것

---

134) einai(=be)에는 기본적인 두 가지 뜻 곧 '있음'(존재 여부: existential) 및 '…임'(서술적인 뜻에서의: predicative)의 뜻들에 더해, 사실(진실) 여부(veridical)를 나타내는 뜻도 있다. 따라서 이의 중성 분사형 on(being) → to 'on'(the 'being': 있는 것·…인 것·사실인 것) 그리고 이의 복수형태 ta onta도 이 세 가지 뜻들을 고스란히 갖는다. 따라서 이의 부정 형태인 to mē on 및 ta mē onta도 그 세 가지 뜻들의 부정적 의미들을 또한 고스란히 이어받을 수 있겠다. 곧 '있지 않는 것(들)'·'…이지 않은 것(들)·사실이 아닌 것(들)'로 말이다. 그런데 엄밀한 의미에서 말한다면, to mē on 및 ta mē onta는 '있지(도) 않는 것(들)'이니, 이를 말한다는 건 근원적으로 불가능하다는 것이다. 따라서 '거짓을 말함'은 아예 불가능하다는 주장을 펴는 사람들이 있게 되었는데, 특히 소피스테스들이 그런 주장을 편 대표적인 사람들이었다. 함께 실린 《에우티데모스》편(286c)에도 똑같은 언급이 보인다. 그러나 훗날의 《소피스테스》편에서 to mēdamē on 또는 to mēdamōs on(어떤 식으로도 있지 않은 것)은 문자 그대로 없겠으나, 가령 "테아이테토스는 난다"는 건 확실히 '거짓을 말함'인 것임을 입증한다. 그래서 '거짓의 불가능' 뒤에 집요하게 숨으려는 소피스테스들의 정체를 확연히 드러낸다. 따라서 '…이지 않은 것'을 나타내는 '타자성(θάτερον)'을 '실재 자체'와 '동일성(tauton)'·'정지(stasis)'·'운동(kinēsis)'과 함께 '가장 중요한 유적(類的) 형상들(megista tōn genōn)' 속에 포함시키기도 한다.

263

은 말하면서, 정작 어찌 사실인(있는) 것(to on)은 말하지 않나요? 사실인(있는) 것들(ta onta)을 말하지 않는 것은 거짓을 말하는 게 아닌가요?

소크라테스: 이보게나, 그 주장은 나나 내 나이에는 너무 정교한 것일세. 그렇긴 하지만 이 정도는 말해 주게나. 거짓을 말할 수 있을 것으로 자네에게는 생각되지 않는데도, 거짓을 말하는 게 가능하겠는가?

e

크라틸로스: 제게는 그리 생각되지도 않고 그리 말하지도 않을 것입니다.

소크라테스: 그리 고지하지도 인사도 하지 않을 것인가? 이를테면, 누군가가 외유 중인 자네에게 다가와서는, 손을 잡고서는 이렇게 말한다고 하세. "반갑습니다, 아테네 손님, 스미크리온[135]의 자제분이신 헤르모게네스여!" 하고. 이 사람은 이런 말을 하거나 이런 말을 여러 형식으로 하거나 이런 식으로 인사를 하되, 자네에게가 아니라, 여기 있는 헤르모게네스에게 하겠지? 아니면 아무에게도 하지 않거나?

크라틸로스: 제게는 이 사람이 이런 인사말을 특히 큰 소리로 할 것으로 생각되네요, 소크라테스 선생님!

소크라테스: 그것도 반길 대답이네. 이런 걸 큰 소리로 말하는 사람은 진실을 말할까 아니면 거짓을 말할까? 또는 그것들 중에서 어떤 건 진실을 말하되, 어떤 건 거짓을 말할까? 이것도 대답해 준다면, 만족하겠네만.

크라틸로스: 저로서는 그런 사람을 시끄럽게 떠든다고 말하겠는데,

---

135) 이 대화편의 앞머리 대화자들에 대한 소개에서 헤르모게네스의 친부는 히포니코스였음을 이미 밝혔다.

괜스레 그냥 있질 못하고 몸을 흔들어 대는 게, 마치 누군가가 놋쇠 주전자라도 흔들어 대는 꼴이지요.

소크라테스: 자, 그러면, 크라틸로스여, 어떤 식으로건 우리가 화해했으면 하네. 이름과 그 이름인 것은 각각이 다른 게 아니겠나?

크라틸로스: 저야 그러죠.

소크라테스: 그러니까 이름도 사물의 일종의 모방물이라는 데 자네도 동의하지 않는가? b

크라틸로스: 무엇보다도 그렇습니다.

소크라테스: 그러면 그림들도 다른 식으로 어떤 사물들의 모방물들이라 자네는 말하는가?

크라틸로스: 네.

소크라테스: 자, 그러면, 자네가 말하는 바가 도대체 무엇인지를 아마도 내가 모르고 있겠기 때문이겠으나, 자네가 아마도 옳게 말하고 있겠네. 이들 양쪽의 모방물들, 곧 그림들과 저 이름들은, 이들 모방물들의 대상인 것들에 할당해서 적용할 수 있겠지, 안 그런가?

크라틸로스: 그렇습니다. c

소크라테스: 그러면 먼저 이걸 생각해 보게. 그러니까 누군가가 남자의 모상을 남자에게 배당하되, 여자의 그것은 여자에게 배당하고, 다른 것들도 이런 식으로 배당하고, 그 밖의 것들도 이런 식으로 말일세.

크라틸로스: 그야 물론이죠.

소크라테스: 그러면 그 반대로 남자의 모상을 여성에게, 여성의 그것은 남성에게 배당한다면?

크라틸로스: 그것도 그럴 수는 있죠.

소크라테스: 그러면 이들 배당들이 양쪽 다 옳은가, 아니면 한쪽이

옳은가?

크라틸로스: 앞쪽의 경우가 옳습니다.

소크라테스: 각각에 해당하는 것 곧 닮은 것을 배당하는 것이 옳다고 나는 생각하네.

크라틸로스: 제게는 그리 생각되네요.

d 소크라테스: 그러면 자네와 나는 친구 사이인터라, 논의에서 다투지 않기 위해, 내가 주장하는 바를 밝히지. 이보게나, 나로서는 앞서 말한 양쪽 모방들, 곧 그림들과 이름들에 대해 이런 배당들을 실상 옳은 걸로 일컫네만, 이름들의 경우에는 옳고 참된 걸로 일컫네. 그러나 뒤에 말한 것, 곧 같지 않은 것의 배당과 적용은 옳지 않으며, 이름들의 경우에는 잘못된(거짓인) 것이기도 하네.

크라틸로스: 그러나, 소크라테스 선생님, 그림들의 경우에는 옳지
e 못하게 배당하는 이 일이 일어나지 않았으면 하는 일이지만, 이름들의 경우에는 그렇지가 않고, 언제나 옳은 것이 필수적이죠.

소크라테스: 어떻게 하는 말인가? 이것과 그것과는 무엇이 다른가? 어떤 사람에게 다가가서 이렇게 말할 수 있지 않겠는가? "이것은 당신의 초상화요." 그리고선 그에게 그의 모상을 보여 줄 수도 있을 것이나, 여인의 모상을 보여 줄 수도 있겠지? 그런데 내가 보여 준다고 말하는 것은 눈의 시각 앞에 제시해서 보여 주는 것이네.

크라틸로스: 물론이죠.

소크라테스: 어떤가? 다시 같은 이 사람에게 다가가서 물을 수 있을 것이네. "이게 당신의 이름이오?" 하고. 그런데 아마도 이름도, 마치 그림처럼, 모방물일 것이네. 그래서 내가 이 말을 하네. 이 사람에게 내가 이런 말을 할 수 있지 않겠는가? "이것이 당신의 이름이오."
431a 하고. 그리고선 그다음으로, 그의 모방물을 남자라고 말함으로써 다

시 듣는 지각 상태로 그가 있게 할 수 있는가 하면, 여자라고 말함으로써, 인류의 여성을 지각할 수도 있겠지? 자네에겐 이게 가능하며 때로는 실제로 일어나는 일이라고 생각되지 않는가?

크라틸로스: 소크라테스 선생님, 선생님께 동의도 하거니와 그런 걸로 하죠.

소크라테스: 이보게나, 이게 이러하다면, 자네는 잘하고 있는 걸세. 이와 관련해서는 이제 전혀 다툴 필요가 전혀 없으니까. 그런데 만약에 이런 어떤 배분이 이 경우에도 있다면, 이것들 중에서 한쪽은 진실을 말하는 것으로 우리가 일컫고 싶으나, 다른 쪽은 거짓을 말하는 것 **b** 으로 일컫고 싶네. 만약에 이게 이러하다면, 이름들을 옳지 못하게 배분함도 각각에 적합한 것들을 부여하지 않음도 가능하지만, 때로는 적합지 않은 것들을 부여함도 가능하네. 또한 동사들도 똑같은 이 일을 하네. 만약에 동사들과 명사들이 이렇게 간주된다면, 진술들 또한 마찬가지일 것은 필연이네. 내가 생각하기로는 진술들은 이것들의 결 **c** 합일 것이기 때문이네. 자네는 어떻게 말하겠는가, 크라틸로스?

크라틸로스: 저도 그렇게 말하겠죠. 선생님께서 훌륭히 말씀하신 걸로 제게는 생각되니까요.

소크라테스: 만약에 우리가 최초의 이름들을 다시 그림들에다 비유한다면, 그건 마치 그림들에 온갖 적합한 색깔들과 모양들을 부여하는 것과 같지만, 다른 한편으론 모두 그러는 것이 아니라 더러는 모자라나, 더러는 덧보태기도 하고, 이 또한 더 많이 하거나 더 크게 하네. 안 그런가?

크라틸로스: 그렇습니다.

소크라테스: 그러니까 어떤 사람은 그 모두를 부여해서 그림들과 모상들을 아름다운 것들로 제공하지만, 어떤 사람은 덧보태거나 제거

하고서 그림들과 모상들의 제작 작업을 하는데, 이 사람은 나쁜 것들을 제작하는가?

d　크라튈로스: 네.

소크라테스: 음절들과 문자들을 통해서 사물들의 본질을 모방해 내는 사람은 어떤가? 같은 이치로, 모든 적합한 것들을 부여한다면, 그 모상은 훌륭하겠지만, —이것이 이름인데— 조금이나마 부족하거나 가끔 덧붙이기라도 하게 되면, 그 모상은 생기지만, 훌륭하지는 못하겠지? 그래서 이름들 중에서 일부는 훌륭하게 지어진 것이 되지만, 일부는 나쁘게 지어지겠지?

e　크라튈로스: 아마도 그렇겠습니다.

소크라테스: 아마도 그래서 이름들의 훌륭한 장인이 있는가 하면, 신통치 못한 장인이 있게 되겠지?

크라튈로스: 네.

소크라테스: 그러니까 이 사람에 대한 명칭이 '입법자'였지 않은가?

크라튈로스: 네.

소크라테스: 따라서, 다른 기술들의 경우에서처럼, 단연코, 입법자도 어떤 이는 훌륭하나, 어떤 이는 신통치 못하네. 저 앞서의 경우들이 우리 사이에 합의를 진정으로 본 것이라면 말일세.

크라튈로스: 그건 그렇습니다. 그러나 보십시오, 소크라테스 선생님! 이 문자들, 곧 '알파'와 '베타' 그리고 각각의 자모를 문법에 따라
432a　이름들에 부여할 때, 만약에 우리가 어떤 걸 떼어내거나 추가하거나 또는 바꾼다면, 우리에게 있어서 그 이름이 적히게 되긴 했지만, 옳게 적히지 못한 게 아니라, 전혀 적히지도 않은 것, 아니 혹시라도 이런 일을 당하게 된다면, 바로 다른 이름인 것입니다.

소크라테스: 크라틸로스여, 우리가 이렇게 고찰을 한다면, 훌륭하게 고찰을 하지 못하고 있는 게 아닌지.

크라틸로스: 어떻게 하시는 말씀인가요?

소크라테스: 어떤 수로 이루어지는 하고많은 것들이 필연적으로 그 수이거나 그 수가 아님이 자네가 말하는 이 사태를 아마도 겪을 것이네. 이를테면, 10 자체나 또는 자네가 원하는 다른 어떤 수거나 간에, 이에서 자네가 뭘 빼거나 보태면, 그건 바로 다른 것이 되네. 그러나   b
어떤 성질의 것인 사물과 일체의 모상의 옳음은 그런 게 아니고, 그와는 반대되는 것이요, 그게 모상이려면, 모방 작업을 하고 있는 것이 모든 것을 부여하는 그런 것이 전혀 아니라는 것이네. 내가 제대로 말하고 있는지 살피게나. 이런 두 사물이 있네. 이를테면, 크라틸로스와 크라틸로스의 모상이네. 가령 신들 중에서 어떤 신이 자네의 색깔과 모습을, 마치 화가들처럼, 묘사해 낼 뿐만 아니라, 자네 안의 모든 걸 자네 것들과 똑같이 만들어내고, 그 보드라움과 온기를 두루 똑같은 것들로 부여하고, 움직임과 혼 그리고 지혜도 자네 것들과 똑같이 이   c
것들에 넣어 준다면, 그래서 한마디로 자네가 지닌 모든 것을 갖추게 하고서, 그런 걸 자네 가까이에 세운다고 하세. 그러면 크라틸로스와 그런 크라틸로스의 모상이 그때 있는가, 아니면 두 크라틸로스가 있는가?

크라틸로스: 제게는 두 크라틸로스가 있는 걸로 생각됩니다, 소크라테스 선생님!

소크라테스: 그러니까, 이보게나! 모상의 옳음을 찾는 것과 방금 말한 이름들의 경우는 다르다는 걸, 그리고 어떤 것이 없어지거나 덧붙여지면, 이것은 더 이상 모상이 아니라고 고집하지도 말아야 함을   d
알겠는가? 혹시 자네는 모상들이 그 모상들인 것들과 같은 점들에 있

어서 얼마나 모자라는지를 감지하지 못하기라도 하는가?

크라틸로스: 저야 알죠.

소크라테스: 크라틸로스여! 이름들이 그 이름들인 것들의 그것들 자체와 모든 점에서 모두가 판박이들로 된다면, 이름들로 해서 그것들 자체인 것들은 어쨌든 우스운 일을 겪을 것이네. 아마도 모두가 쌍인 것들로 될 것이며, 이것들 중의 어느 쪽이 바로 그것이고 어느 쪽이 이름이라고 말할 수 없을 것이기 때문이지.

크라틸로스: 진실을 말씀하십니다.

소크라테스: 그러니 용기를 내게, 이 사람아! 이름도 어떤 건 잘 정

해졌으나, 어떤 것은 그렇지 못한 걸로 치게. 또한 어떤 것의 이름인 것이 진실로 바로 그런 것이게끔 하느라고 그게 모든 문자를 갖도록 강요하지도 말고, 적합지 않은 문자를 적용하는 것도 허용하게나. 문자를 그런다면, 문장에서는 이름을 그럴 것이며, 이름을 그런다면, 문장 속에 사물들에 적합지 않은 문장을 적용하는 것도 허용할 것이며, 사물도 못지않게 이름으로 지칭되며 진술될 것이야. 진술의 대상인 사물의 특성[136]이 그 안에 있는 한은 말일세. 마치 자모들의 이름들의

경우에서처럼. 앞서 나와 헤르모게네스가 말했던 걸[137] 기억한다면 말일세.

크라틸로스: 그야 기억하죠.

소크라테스: 그러면, 좋으이. 그게 그 안에 있을 때는, 그게 비록 모든 적합한 것들을 지니고 있지는 않더라도, 어쨌든 그 사물을 말할 것이네. 그것들을 모두 지니고 있을 경우에는, 훌륭히 그럴 것이나, 조

---

136) 여기에서 '특성'으로 옮긴 원어는 typos인데, 어떤 특성을 갖는 '유형'으로 옮겨도 되는 용어이다.
137) 393d~e에서의 관련 언급 참조.

금만 지니고 있을 경우에는, 신통치 못하게 그럴 것이네. 그러니, 이 보게나, 이로써 이 문제는 논급된 걸로 하세나. 우리가, 마치 아이기나에서 밤늦게 길을 돌아다니다가 낭패를 당하는 사람들처럼,[138] 그런 꼴이 되지 않기 위해서, 우리 또한 어쩌면 진실로 제때보다도 훨씬 늦게 사물들에 이른 것으로 간주되는 쪽일 것인지, 아니면 이름의 다른 어떤 옳음을 찾으면서, 음절들과 문자들에 의한 사물의 표현이 이름이라는 것에는 동의하지 않는 것인지. 만약에 자네가 이들 양쪽을 말한다면, 자네는 스스로를 반박하는 꼴이 되네.   b

크라틸로스: 소크라테스 선생님, 선생님께서는 적절히 말씀하시는 것으로 제게는 생각되거니와 그렇게 저는 받아들입니다.

소크라테스: 이제 이것들이 우리에겐 동의를 얻은 것이니, 이것들 다음 것들을 고찰하세나. 이름이 훌륭하게 정해진 걸로 우리가 말하

---

138) Aigina는 아테네의 외항 피레우스와 펠로폰네소스 반도 사이의 중간 쯤의 위치에 있는 섬으로 피레우스를 마주한 살라미스섬 정도의 크기이다. 한때는 해양 강국으로 아테네와 맞먹는 해양 세력을 유지했던 섬나라였다. 테미스토클레스가 483년에 수니온(Sounion) 인근의 라우리온(Laurion) 은광에서 얻은 은의 수익을 시민들에게 분배하자는 주장을 물리치고, 삼단 노 전함(triērēs)을 70척에서 200척으로 늘리도록 한 것도 실은 이 작은 섬나라의 해군력을 제압하기 위해서였다. 그렇게 준비한 전함들이 뜻밖에도 480년에 있었던 제2차 페르시아 전쟁 때 살라미스(Salamis) 해전을 치르는 데 결정적인 기여를 했고, 아이기나의 해군도 적극적으로 참전해서 힘을 합치게 되었다. 그러나 이후 아테네의 부강과 제국화로 아테네의 속국처럼 전락했다가, 나중엔 이 섬에서 아이기나인들은 추방되고, 아테네의 식민지로 전락했다. 이렇게 되자 아이기나인들은 이 섬을 대대적인 해적단의 기지로 이용하게 되었다. 이 대목에서의 늦은 밤길에 겪을지 모를 아테네의 이주민들의 낭패스런 상황에 대한 언급은 당시의 그런 사정과 관련된 일일 것 같다는 추정을 해 본다. 이 섬은 오늘날엔 아테네인들의 여름 주말 피서지로 각광받고 있으며, 그리스의 피스타치오 주산지로도 유명하지만, 아파이아(Aphaia) 신전으로 특히 유명하다.

려면, 이것이 적절한 문자들을 가져야만 하네.

크라틸로스: 네.

c 소크라테스: 사물들과 같은 문자들이 적절하겠지?

크라틸로스: 물론입니다.

소크라테스: 그러니까 훌륭하게 정해지는 것들이 그렇게 정해지네. 그러나 어떤 것의 이름이 훌륭하게 정해지지 않았다면, 아마도 많이는 적합한 문자들과 사물을 닮은 것들로 구성되었더라도, ―정녕 모상이려면, [그리 구성되어야 하지만,] ―적합지 않은 것도 갖겠는데, 이 때문에 이름이 훌륭하지도 못하고 훌륭하게 만들어진 것도 못 되네. 우리가 이렇게 말할까 아니면 달리 말할까?

크라틸로스: 우리가 다툴 필요는 전혀 없는 것으로 생각합니다, 소크라테스 선생님! 분명히 훌륭하게 이름이 정해지지도 않았는데도, 이름이라고 말하는 것이 저로선 불만이긴 하지만요.

d 소크라테스: 이름은 사물의 표현이라고 하는 것은 자네에게 만족스럽지 않은가?

크라틸로스: 제겐 그렇습니다.

소크라테스: 그러나 이름들 중에서 어떤 것들은 이전의 것들로 구성되어 있지만, 어떤 것들은 최초의 것들이라 말하는 것은 훌륭히 말하는 것으로 자네에겐 생각되지 않는가?

크라틸로스: 제겐 그리 생각됩니다.

소크라테스: 그러나 최초의 이름들이 어떤 것들의 표현들로 되려면, 그것들 자체가 표현해야만 하는 것들과 최대한 같은 그런 것들이

e 도록 만드는 것보다도 더 훌륭한 다른 어떤 방식이 있는가? 아니면 헤르모게네스 그리고 다른 사람들이 말하는 그 방식이 더 자네 마음에 드는가? 곧 이름들은 관습적인 표시들(synthēmata)이며 관례화되

기 전에 사물들을 미리 알고 있었던 사람들에게 알리는 것이며, 이것
이 이름의 옳음이고 약정(synthēkē)이지만, 누군가가 현재 정해져 있
는 그대로 동의할 것인지, 아니면 반대로 지금은 작은 것에 대해 크다
고 일컫되, 큰 것에 대해선 작다고 일컫건 아무런 상관도 없다고 하는
주장 말일세. [둘 중에서] 어떤 방식이 자네 마음에 드는가?

크라틸로스: 누군가가 무엇을 밝히려 하든, 닮음(homoiōma)에 의
해서 밝히는 것은 모든 면에서 아주 월등하지만, 닥치는 대로 하는 건
그렇지 못합니다, 소크라테스 선생님!

소크라테스: 홀륭한 말일세. 그러니까 이름이 정녕 사물과 같으려
면, 누군가 처음 이름들을 구성해 내는 데 이용할 문자들이 그 성질상
그 사물과 닮아야 할 게 필연적이지 않겠는가? 내가 하는 말은 이런
것일세. 도대체 누군가가 방금 우리가 그림이라 말한 것을 실물들 중
의 어떤 것과 닮은 것이도록 구성해 낼 수 있기나 했겠는가? 만약에 **b**
실물들과 같은 물감들이 자연적으로 없었다면, 회화의 기술이 그것들
로 모방해 낼 그림들을 구성할 수나 있었겠는가?

크라틸로스: 불가능합니다.

소크라테스: 따라서 [다음 같은 경우에는] 이름들도 이처럼 결코
어떤 사물과도 닮은 것일 수가 없을 것이네. 만약에 첫째로 저 유사성
들을 갖는 것들이 있어서, 이로써 이름들이 구성되고, 그것들에 이름
들이 그 모방물들이게 하는 것인 것들이 없다면 말일세. 그 구성을 보
게 하는 것들이 자모문자들이겠지?

크라틸로스: 네.

소크라테스: 그러면 이미 자네도 헤르모게네스가 앞서 참여한 논의
에 참여하고 있는 걸세. 생각해 보게나. 자네에겐 'r'가 움직임과 운동 **c**
그리고 단단함을 닮은 걸로 말하는 우리가 잘하는 걸로 생각되는가

273

아니면 잘못하는 걸로 생각되는가?

크라틸로스: 제게는 잘 하시는 걸로 생각됩니다.

소크라테스: 반면에 'l'는 매끄럽고 부드러운 것 그리고 방금 우리
가 말한 것들을 닮은 것으로 말했지?

크라틸로스: 네.

소크라테스: 그런데 자네는 같은 것에 대해 우리는 'sklērotēs(단단
함)'라 말하지만, 에레트리아인들은 'sklērotēr'라 말한다는 걸 자네는
아는가?[139]

---

139) 이와 관련해서 Oxford 판 LSJ의 대사전에서는 sklērotēs 항목과는 별
도의 것인 sklērotēr 항목에서 바로 이 대화편의 이 대목에서 언급된 내용
을 부정하고 있다. 오히려 비문들에서는 끝의 s는 보존되고 있고, 중간의
s가 r로 되어 있는 걸로 언급되었다. 1996년에 발간된 '수정 보증판
(Revised Supplement)'에서도 이와 관련해서는 이것 이상의 언급은 없
다. 그런데 아테네의 아티케(Attikē) 지역 오른쪽에는 본토와 나란히 길
게 뻗은 큰 섬이 있는데, 에우보이아(Euboia: 오늘날에는 Evia로 불림)가
그 이름이다. 이 섬엔 별난 그 길이 때문에 Makris(긴 섬)라는 별명도 있
거니와 그리스에선 크레테섬 다음으로 크다. 좀 더 자세히 말하면, 기원
전 480년 여름에 페르시아 대군의 침공을 스파르타의 레오니다스(Leoni-
das) 왕이 300명의 결사대와 함께 이틀 동안 막아섰다던 협로의 테르모
필레(Thermopylai) 맞은편 바다에서 아티케 지역의 브라우론(Brauron:
아르테미스 여신의 신전이 있는 성지로 오늘날엔 Vravrona로 불림) 맞은
편 바다까지에 이르는 길이이다. 이 섬에 있던 나라들 중에서 대표적인
두 나라가 Eretria와 Khalkis(Halkida)였다. 에레트리아는 아테네와 각별
히 우호적인 나라였다. 페르시아가 소아시아 지역의 헬라스인들이 세운
나라들을 종속시키매, 그곳 밀레토스(Millētos)의 주도로 반기를 들었을
때, 이를 지원했던 헬라스의 두 나라가 아테네와 에레트리아였다. 이에
대한 보복으로 490년에 다레이오스(Dareios)가 대규모의 원정군을 이끌
고, 먼저 에우보이아섬에 상륙해서, 마치 그물로 섬을 훑듯이, 횡대로 진
군하며 섬멸 작전으로 초토화시킨 다음, 이제 아테네를 초토화시킬 작정
으로 마라톤으로 상륙했다가, 결국 참패의 굴욕을 당하게 된 것이 저 유

크라틸로스: 물론입니다.

소크라테스: 그러면 r(rho)와 s(sigma)는 둘 다가 동일한 것과 같으며, 그들에게는 같은 것이 'r'로 끝나나 우리에게는 's'로 끝나고, 우리들 중에서 다른 쪽 사람들에는 그게 아무런 뜻도 나타내지 않는가?

크라틸로스: 실은 분명히 양쪽 다에 분명히 그 뜻을 나타내죠.   d

소크라테스: 'r'와 's'가 같은 것들로선가 아니면 같지 않은 것들로선가?

크라틸로스: 같은 것들로섭니다.

소크라테스: 그러면 그것들은 모든 경우에 다 같은가?

크라틸로스: 어쨌거나 아마도 움직임을 나타냄과 관련해서는요.

소크라테스: 이 낱말에 포함되어 있는 'l(la(m)bda)'도? 이건 'sklērotēs(단단함)'와는 반대되는 걸 나타내지 않는가?

크라틸로스: 아마도 옳지 못하게 포함되어 있어서일 것입니다, 소크라테스 선생님! 방금 선생님께서 헤르모게네스를 상대로 마땅히 그래야만 하는 문자들을 떼어내거나 끼워 넣거나 하시면서 말씀하셨던 것들처럼, 그리고 선생님께서 그러셨던 게 제게는 옳으셨던 걸로 생각되기도 했고요. 지금도 'l' 대신에 'r'를 아마도 말해야만 할 것입니다.

소크라테스: 잘 말했네. 어떤가? 지금 우리가 말하고 있듯, 누군가   e
가 'sklēros'하고 말할 때, 우리는 서로를 전혀 이해 못 하고 있네.[140]
자네도 지금 내가 그걸 무슨 뜻으로 말하고 있는지 모르고 있네.

명한 마라톤 전투이다.

140) 'sklēros'는 기본적으로는 '단단한'을 뜻하고, malakos(보드라운)와는 그 모든 뜻에서 반대됨을 뜻하지만, 그것에는 딱딱한, 굳은, 굳건한, 거친, 사나운, 경직된, 뻣뻣한, 혹독한 등등, 여러 가지 상황에 따른 다른 뜻들이 또한 있기에 하는 말이다.

크라틸로스: 저야 알고 있죠. 그건 어쨌든 관습(ethos)으로 해서죠, 선생님!

소크라테스: 한데, 자네는 ‘관습’을 말하면서, ‘약정(synthēkē)’과는 다른 것을 말하고 있는 걸로 생각하는가? 혹시 자네는 관습을 내가 말하는 이런 경우의 것과 다른 것으로 말하는가? 가령 내가 이것(이 낱말 곧 ‘sklēros’)을 소리로 나타낼 때, 나는 그것(단단함)을 생각하고 있는데, 내가 그걸 생각하고 있다는 걸 자네가 아는 경우 말일세. 자네는 이걸 말하고 있지 않는가?

크라틸로스: 그렇습니다.

소크라테스: 그러니까 내가 발성을 하는 걸 자네가 알아듣는다면, 나에 의한 그 표현이 자네에게 전달된 게 아닌가?

크라틸로스: 그렇죠.

소크라테스: [그 표현은] 내가 생각하고서 발성하는 것과는 같지 않은 것으로부터일 수도 있네. 가령 ‘l(la(m)bda)’가 자네가 말하는 ‘sklērotēs(단단함)’에서의 것과 같지 않다면[141] 말일세. 만약에 이게 이러하다면, 자네가 스스로와 약정해서, 자네에게는 약정이 이름(낱말)의 옳음으로 된 게 아니고 무엇이겠는가? 같은 그리고 같지 않은 문자들이 표현을 하게 되는 것은 어쨌든 관습과 약정이 되어서네. 관
b 습은 전혀 약정이 아니더라도, 유사성을 표현이라 말하는 것은 여전히 잘하는 것이 아니겠지만, 관습은 그런 것이네. 왜냐하면 관습은 닮은 것으로도 닮지 않은 것으로도 표현을 하니까. 이것들에 대해서는 우리가 동의를 하니까, —자네의 침묵을 나는 동의로 간주하기 때문

[141) 바로 앞 434d 참조. 뿐만 아니라 leios(매끄러운)나 hapalos(부드러운, 섬세한) 그리고 malakos(말랑말랑한, 부드러운)에서의 l(la(m)bda)는 sklērotēs에서의 그것과는 반대의 뜻을 나타낸다.

이네—아마도 약정과 관습은 우리가 생각하고서 말하는 것들의 표현에 기여할 게 필연적일 것이네. 이보게나, 자네가 수(에 대한 비유)로 옮겨가 보고 싶다고 하더라도,[142] 만약에 자네의 합의(homologia)와 약정이 이름들의 옳음과 관련해서 어느 정도의 결정권은 갖도록 허용하는 것이 아니라면, 무엇을 근거로 이름들이 수들의 하나하나와 각각 닮은 것으로 주장할 수 있을 것이라는 생각을 할 수 있겠는가? 그래서 내 자신에게는 이름들은, 가능한 한에서, 사물들을 닮았다는 주장이 마음에 드네. 그러나 실로 헤르모게네스의 주장처럼, '유사성'의 주장을 끌고 감은 실로 고집스런 것이어서, 이름들의 옳음에는 부담스런 이 '약정'도 추가로 요구되는 게 필연적이지 않을까. 아마도 가능한 한 가장 훌륭하게 말하는 것은 모든 또는 최다의 닮은 이름들로 말하는 것이겠기에, 이게 또한 적절하기도 하겠는데, 그 반대의 경우는 가장 부끄러운 것일세. 이것들 다음으로 이에 대해서도 더 대답해 주게나. 이름들은 우리들에게 무슨 힘을 지니고 있으며, 이것들이 무슨 훌륭한 일을 해내는 걸로 우리가 말할까?

크라틸로스: 가르침을 주는 것으로 제게는 생각됩니다, 소크라테스 선생님! 그리고 이는 아주 간명한 것으로서, 이름들을 알게 되는 사람은 그 대상들인 사물들도 알게 된다는 것입니다.

소크라테스: 아마도 자네는 이런 걸 말하고 있는 것일 게야, 크라틸로스! 누군가가 이름이 어떤 것인지를 알 경우,—그건 바로 그 사물과 같은 것이어서—바로 그 사물도 알게 될 게고. 사물은 그 이름과 같은 것이고, 서로 같은 모든 것들에 대한 전문적 지식은 동일한 것이지. 바로 이에 따라 이름들을 알게 되는 자는 사물들 또한 알게 될 것

---

142) 432a 참조.

이라고 자네가 말하는 걸로 내게는 생각되네.

크라틸로스: 더할 수 없이 참된 말씀을 하십니다.

소크라테스: 잠깐, 자네가 지금 말하는 있는 것들(사물들)의 가르침의 이 방식이 도대체 무엇인지 보세나. 그리고 다른 방식도 있는지, 하지만 이것이 더 나은지, 또는 이것 이외에는 다른 게 없는지도. 자네는 어떻게 생각하는가?

크라틸로스: 저로서는 그렇게요. 다른 방식은 전혀 없고요, 이것이 유일하고 최선의 것입니다.

소크라테스: 있는 것들의 발견도 같은 이것이어서, 이름들을 발견한 자가 또한 그 이름들인 대상들을 발견한 것인지? 또는 탐구함과 발견함은 다른 방식으로 해야만 하는데, 이를 배워야만(알아야만)[143] 하는 것인지?

크라틸로스: 그 무엇보다도 탐구함과 발견함은 같은 방식으로 이를 똑같이 해야만 합니다.

소크라테스: 자, 그러면 생각해 보세나, 크라틸로스! 만약에 누군가가 사물들을 탐구하면서, 이름들을 따라가면서 한다면, 각각의 것이 무엇을 뜻하는지를 살피면서 속게 될 위험이 적잖을 것이라는 데 생각이 미칠 텐데?

크라틸로스: 어떻게 말씀입니까?

소크라테스: 처음으로 이름들을 정하는 사람은 사물들이 어떤 것들이라고 그가 생각하는 그런 것들로 이름들도 정했던 게 명백하네, 우리가 주장하듯 말일세. 안 그런가?

---

143) 여기에서 이런 뜻의 manthanein을 말하게 되는 것은 앞(435e)에서 didaskalia(가르침)에 대한 언급이 있었기 때문에 하게 된 일종의 재담이나 농언의 성격을 갖는 것이라 하겠다.

크라틸로스: 네.

소크라테스: 따라서 만약에 그가 옳지 못하게 생각하고서도, 그가 생각한 그런 것들로 이름들을 지었다면, 그를 따르는 우리가 무슨 일을 당할 것이라 자네는 생각하는가? 기만당하는 것 이외의 다른 무엇이겠는가?

크라틸로스: 그러나, 소크라테스 선생님! 그건 그렇지가 않고, 이름들을 정한 사람은 이름을 정할 줄 아는 사람이었던 게 필연적입니다. 만약에 그렇지 않다면, 제가 줄곧 말해 오던 것, 그 이름들은 이름들도 아닐 것입니다. 이름을 정한 사람은 진실을 놓치지 않았다는 걸 선생님께 제시하는 가장 강력한 증거로 삼으십시오. 그렇지 않았다면, 그의 이름들이 이처럼 모두가 조화될 수는 결코 없었을 테니까요. 혹시 선생님께서는 모든 이름들이 같은 방식으로 그리고 같은 목적으로 생기게 된 걸로 스스로 말씀하시고 계신다는 생각은 못 하셨나요? c

소크라테스: 그러나 그건 전혀 변명이 못 되네, 크라틸로스! 왜냐하면 이름을 짓는 사람이 처음에 헛디디는 실수를 하면, 이미 다른 것들이 연동되지 않을 수 없게 되어, 이것들이 그것과 합치되도록 강요당하게 되는 게 전혀 이상할 게 없게 되지. 마치 기하학적 도형들에서 가끔 처음의 작은 분명치도 않은 잘못이 생기면, 나머지 것들의 아주 많은 부분이 서로 같은 꼴이 되듯 말이네. 그러니 모든 일의 시작과 관련해서는 누구에게나 충분한 논거와 많은 고찰이 있어야만 하네. 그게 옳게 설정되었는지 아닌지에 대해서 말일세. 그게 충분히 검토되면, 나머지 것들은 그것에 따라오는 걸로 보이네. 하지만 이름들이 설사 저들끼리 서로 조화를 이룬다고 할지라도 나는 놀라지 않을 것이네. 왜냐하면 우리가 앞서 말했던 것들을 우리가 다시 검토하자 e d

고 할 것이기 때문이네. 이름들은 이동하며 운동하게 되고 흘러가는 모든 것의 본질을 우리에게 알려 준다고 우리는 말했네.[144] 그것들이 우리에게 명시해 주는 것이 다름 아닌 이런 것이라 자네에겐 생각되는가?

크라틸로스: 전적으로 그렇습니다. 어쨌든 옳게 알려 주기도 하고요.

소크라테스: 그러면 그것들 중에서 첫째로 이 이름 곧 'epistēmē(앎, 지식)'를 초들어서 얼마나 모호한지 고찰해 보세나. 그리고 이는 이런 걸 알리는 것 같아. 우리의 혼을 사물들과 함께 돌게 하기보다는 사물들 곁에(또는 '…을 마주해': epi) 세우는 걸('histēsi')[145] 말일세. 또한 그 시작을 지금처럼 말하는 것이 ㅏ[146]를 끼워 넣어서 'hepistēmē'로 말하는 것보다 더 옳지. 그러나 끼워 넣음은 'e' 대신에 'i'를 하고. 다음으로는 'bebaion(견고한, 확실한)'을 생각해 보세. 이는 어떤 'basis(토대, 발판)' 및 'stasis(섬, 위치)'의 모방이지, 'phora(이동)' b 의 그것은 아니네. 그다음으로 'historia(탐문, 견문)' 자체는 아마도 'rhous(흐름)'를 '멈춰 세움(histēsi)'을 뜻할 것이네. 그리고 'piston (신뢰할 수 있는)'도 'histan(멈춰 세움)'을 전적으로 나타내네. 그다음 것으로 'mnēmē(기억)'는 아마도 누구에게나 알려 주겠는데, 혼에 '머무름(monē)'이지 '이동(phora)'은 아니라는 걸. 원한다면, 만약에 누군가가 이름의 측면에서만 보고 따른다면, 'hamartia(과오)'와 'symphora(불행)'는 'synesis(이해)'와 'epistēmē(앎)' 그리고 그 밖의 모든 진지한 이름들과 관련된 것들과도 똑같아 보이네. 따라서 더

---

144) 411c 참조.
145) 412a에서의 언급과는 어느 면에서는 대조되는 것이겠다.
146) 412a에서 해당 각주 참조.

나아가서는 'amathia(무지)'와 'akolasia(무절제)'도 이것들과 가까운 것들로 보이네. 왜냐하면 '신과 함께 가는 자의 여정(hē tou hama theǫ iontos poreia)'이 'amathia(무지)'이고, 'akolasia(무절제)'는 전 c 적으로 'akolouthia tois pragmasi(사물들을 따름)'로 보이기 때문이네. 또한 이처럼 가장 나쁜 것들에 대한 이름들인 걸로 여기고 있는 것들이 가장 훌륭한 것들에 대한 이름들과 더할 수 없이 닮아 보일 것이네. 그런가 하면 나는 이런 생각도 하네. 만약에 누군가가 수고를 한다면, 이름을 정한 사람이 이동하지도 운동하게 되지도 않고 머물러 있는 사물들을 나타낼 것으로 생각되겠는 근거가 되는 다른 많은 이름들도 찾아낼 수 있을 것이라고.

크라틸로스: 그러나, 소크라테스 선생님, 많은 이름들은 운동 쪽을 d 나타내고 있음을 선생님께서 보십니다.

소크라테스: 그래서 그게 어떻다는 건가, 크라틸로스? 마치 투표를 그러듯, 이름들을 일일이 우리가 세게 되면, 이에서 옳음이 결판나게 되는 건가? 어느 쪽이든 이름들이 더 많이 나타내는 걸로 판명되면, 이것들이 참된 것들로 되는가? d6

크라틸로스: 어쨌든 그건 합리적이지 않습니다.

소크라테스: 이보게나, 이건 어떤 식으로건 합리적이지 않아. 그러면 이 문제는 어쨌든 여기에서 접고,

설 A(Versio A)[147]

그러나 다음 것을 검토해 보도록 하세나. 자네가 이에 대해서도 우 d10

---

147) 437d10 … 438a2까지의 글은 이 원전 텍스트 맨 앞에 있는 '필사본들의 약호(SIGLA CODICUM)' 표시에서 W로 표시된 Vindobona(오늘날의 Wien: Vienna) 필사본(Codex Vindobonensis: 주요 사본들 중의

e 리와 동의하는지 동의하지 않는지도. 헬라스의 나라들에서건 이방인
들의 나라에서건, 나라들에서 매번 이름들을 정하는 사람들은 입법자
들이며 이를 할 수 있는 전문적 기술을 입법술이라 방금 전에 우리는
동의하지 않았던가?

크라틸로스: 그야 물론입니다.

소크라테스: 그러면, 대답하게나. 처음 입법자들이 그 첫 이름들을
정해 준 그 사물들을 아는 상태에서 지어 준 것일까 모르는 상태에서
지어 준 것일까?

크라틸로스: 아는 상태에서 지은 것으로 저는 생각합니다, 소크라
테스 선생님!

438a1 소크라테스: 모르는 상태에서야 아마도 그러지 못했을 테니까, 크
라틸로스!

a2 크라틸로스: 그러지는 못했을 걸로 제게는 생각됩니다.

b4 소크라테스:[148] 그러면 어떤 식으로 이들이 아는 자들로서 이름들
b5 을 정했다거나 입법자들이었다고 우리가 말할 수 있겠는가? 무슨 이
b6 름이든 정해지고서 그것들을 알기 전에 말일세. 정녕 사물들을 알게

하나로서 11세기 것임)에만 보이는 내용임. 이와 관련된 주석이 텍스트
하단의 apparatus criticus(텍스트와 관련된 고문헌의 비판적 연구자료 모
음)에 라틴어로 자세히 설명되어 있어서 필요한 부분만 우리말로 옮겨
싣는다. 이 부분은 "필사본 W의 텍스트에는 보이나, βTQ에는 없다. 야
흐만(Jachmann)은 이 문단 부분에 복수의 설(duplices versiones)이 있음
을 확인하고서, 437d10 tade … 438a2 dokei는 가짜인 것(spuria esse)으
로 판단했다. 하지만 카프(Kapp)는 이중의 설이 있는 것으로 함으로 해
서, 양쪽 다가 플라톤 자신의 손으로 쓴 것으로 내맡겼다." 그다음의
recte가 정확히 뭘 두고 말하는지는 불확실하다.

148) 이 문단은 '설 B'에서도 반복된다.

되는 것이 이름들로 해서일진대. b7

설 B(Versio B)

그러나 우리가 이리로 이탈했던 그 대목으로 다시 돌아가세나. 자네 a3
가 기억한다면, 방금 앞에서 이름을 정한 사람이 자기가 그 이름을 정
한 것들을 알고서 정했을 게 필연적이라고 자네는 말했었네. 그래서 a5
자네에게는 여전히 그리 생각되는가 아니면 달리 생각되는가?

크라튈로스: 여전히 그렇습니다.

소크라테스: 자네는 첫 이름들을 정한 사람도 그 대상들을 알고서
지었다고 말하는 건가?

크라튈로스: 알고서죠. a10

소크라테스: 그러니까 어떤 이름들로 해서 그가 사물들을 배우거나
발견하게 된 건가? 만약에 최소한 첫 이름들이 아직 정해지지 않았다 b1
면, 사물들을 배우는 것도 발견하는 것도 불가능하다고 우리는 말할 b2
것이네. 이름들을 배우거나 사물들이 어떤 것들인지를 우리 스스로가
알아내는 길 말고는 말일세. b3

그러면 어떤 식으로 이들이 아는 자들로서 이름들을 정했다거나 입 b4
법자들이었다고 우리가 말할 수 있겠는가? 무슨 이름이든 정해지고 b5
서 그것들을 알기 전에 말일세. 정녕 사물들을 알게 되는 것이 이름들 b6
로 해서일진대. b7

크라튈로스: 제가 생각하기로는, 소크라테스 선생님, 이것들과 관 b8
련된 더할 수 없이 참된 주장은 인간의 힘 이상의 어떤 큰 힘이 있어 c1
서, 사물들에 첫 이름들을 정해 주었기에, 이것들이 필연적으로 옳다

는 것입니다.

　소크라테스: 그렇다면 이름을 정한 이는, 그가 어떤 다이몬이건 신이건 간에, 자신이 스스로에 대해 반박하는 이름들을 지었을 것이라는 생각을 자넨 하는가? 아니면 우리가 방금 되지도 않는 말을 하고 있었다는 생각이 드는가?

　크라틸로스: 그러나 양쪽 중의 한쪽 이름들은 이름들이 못 되는 것들이 아니었겠습니까?

　소크라테스: 이보게나, 정지(stasis)를 지지하는 쪽의 것들인가 아니면 이동(phora)을 지지하는 쪽의 것인가? 방금 언급된 바에 따라 다수에 의해서 결정될 일은 아닐 것으로 생각하기 때문이네.

d　크라틸로스: 그건 그야말로 옳지 않습니다, 소크라테스 선생님!

　소크라테스: 그래서 이름들이 파당을 지어, 한쪽이 자기들이 진실과 같다고 하나, 다른 쪽도 자기들이 그렇다고 하니, 무엇을 기준으로 우리가 판결을 하며, 무엇을 고려해서 할 것인가? 이것들과 다른 것들로 고려할 이름들은 어쨌거나 없겠기 때문이네. 없을뿐더러, 이름들 이외의 다른 어떤 것들을 찾아야만 하는 게 명백하기 때문이네. 사물들의 진실이 무엇인지를 명백히 보여 줌으로써, 이름들 중에서 어느 것들이 참된 것들인지를 이름들 없이도 우리에게 밝혀 줄 것들 말일세.

e　크라틸로스: 제게도 그리 생각됩니다.

　소크라테스: 그렇다면, 크라틸로스여, 이것들이 이러할진대, 이름들 없이도 사물들을 배울 수 있을 것으로 보이네.

　크라틸로스: 그리 보입니다.

　소크라테스: 그러면 다른 무엇을 통해서 이것들을 또한 배울 것으로 자네는 기대하는가? 그러니까 그럼직하고 가장 올바른 것 이외의

무엇을 통해서, 곧 어떤 점에서 동류라면, 서로를 통해서, 그리고 그
것들 자체를 통해서 배우는 길 말고? 그것들과는 다른 것이며 다른
종류의 것인 어떤 것이 또한 그것들은 아닌 다른 것을 아마도 알려줄
수도 있을 것이기 때문일세.

크라틸로스: 참된 말씀을 하시는 것으로 제게는 보입니다.

소크라테스: 잠깐만! 하지만 실은 이름들이 훌륭하게 지어진 것들
은 그 이름으로 정해진 그 사물들과 닮은 것들이며, 또한 그 사물들의
모상(eikōn)들이라고도 우리가 여러 차례나 동의하지 않았던가?

크라틸로스: 네.

소크라테스: 따라서 만약에 이름들을 통해서 사물들을 최대한 배울
수 있다면, 또한 사물들 자체를 통해서도 그럴 수 있다면, 어느 쪽 배
움이 더 훌륭하며 더 명확한 배움이겠는가? 모상에서 모상 자체가 진
실을 훌륭히 표현하고 있는지를 그리고 그 모상인 진실을 배우는 것
인가, 또는 진실 자체에서 진실 자체를 그리고 그것의 모상이 적절하 b
게 만들어졌는지를 배우는 것인가?

크라틸로스: 진실에서 배우는 것이 그럴 것임이 필연적인 걸로 제
게는 생각됩니다.

소크라테스: 그러니까 사물들을 어떤 식으로 배우고 발견해야(알
아내야) 하는지를 안다는 것은 나나 자네로선 아마도 버거운 일일 게
야. 그러나 이름들에서가 아니라 사물들 자체에서 이것들을 배우고
탐구하는 것이 이름들에서 그러는 것보다도 훨씬 더 낫다는 이 점에
동의하게 된 것도 만족스런 일일세.

크라틸로스: 그리 보입니다, 소크라테스 선생님!

소크라테스: 그러면 더 나아가 다음 것도 고찰해 보세나. 이들 많은
이름들이 같은 데로 향하고 있는 것으로 우리를 속아 넘어가게 하지 c

않도록, 이름들을 정한 사람들이 정말로 모든 것들이 언제나 운동하며 흐르는 상태에 있는 걸로 생각하고서 정한 것인지, ─내게는 이들이 이렇게 생각하고 있는 걸로 보이기 때문인데, ─이는 이렇지가 않고, 이들 자신들이 마치 어떤 소용돌이에 빠져 혼란 상태에 휘말려 들어서는, 우리마저 끌어들여서 빠져들게 하지는 않는 것인지 말일세. 아, 크라틸로스여, 고찰해 보게나. 내가 자주 꾸고 있는 꿈을 말일세. 우리는 자체로 아름다운 어떤 것 그리고 자체로 좋은 어떤 것 그리고 이처럼 '있는 것들 중의 하나인 각각'[149]이 있다고 말할 것인지 아니면

d 없다고 말할 것인지?

크라틸로스: 제게는 있는 걸로(einai) 생각됩니다, 소크라테스 선생님!

소크라테스: 그러면 그것 자체를 고찰하세나. 어떤 특정한 얼굴이나 그와 같은 것들 중의 어느 것이 아름다운지가 아니거니와, 이것들 모두는 유동하는 걸로 생각되네. 그러나 '아름다움 자체(auto to kalon)'는 그런 것인 것으로서 언제나 있다고 우리는 말하지 않겠는가?

크라틸로스: 그야 필연적입니다.

소크라테스: 그렇다면 언제나 사라져 가고 있는 이것을 처음엔 그것이라고, 다음엔 그런 것이라고 지칭하는 것인들 옳겠는가? 아니면 이것은 바로 다른 것으로 되었으며 차츰 사라지고 있으며 더는 이런 것이 아니라고 말해야겠지?

크라틸로스: 필연적입니다.

---

149) '있는 것들(···인 것들: ···ㄴ 것들: ta onta) 중의 하나인 각각'의 원어는 hen hekaston tōn ontōn이다. 이를 바로 다음 문장의 auto to kalon(아름다움 자체)과 연관시킨다면, auto ho estin kalon(아름다운 것 자체)이 되겠다.

소크라테스: 그러면 결코 같은 식으로 있지 않는 그것이 어떻게   e
'어떤 것(ti)'일 수 있겠는가? 만약에 그게 같은 상태로 있다면, 적어
도 그 시간 동안에는 아무런 변화도 하지 않은 게 명백하네. 만약에
언제나 같은 상태로 있고 동일한 것이라면, 제 모습에서 아무것도 바
뀐 것이 없는 터에, 실로 이것이 어떻게 변화를 하거나 운동을 하겠
는가?

크라틸로스: 결코 그럴 수는 없습니다.

소크라테스: 하지만 앞의 경우라면, 누구에 의해서도 인식될 수가
없네. 인식을 하게 될 사람이 접근함과 동시에 그것은 다른 것이 그리   440a
고 다른 성질의 것이 되어, 여전히 이전의 어떤 성질의 것으로서나 그
런 상태의 것으로 알려질 수가 없기 때문이네. 어떤 상태로도 제 모습
을 유지하지 않는 것을 아는 그 어떤 인식(앎: gnōsis)도 없는 게 틀림
없네.

크라틸로스: 선생님께서 말씀하시는 대로입니다.

소크라테스: 그러나, 크라틸로스여, 만약에 모든 사물들이 변하고
아무것도 멈추는 것이라곤 없다면, 인식조차도 있다고 말할 수 없을
것 같네. 왜냐하면 만약에 이것 자체가, 곧 인식이 인식임에서 변화를
하지 않는다면, 언제나 인식으로 머물며 인식일 것이기 때문이네. 그
러나 만약에 인식의 형상 자체가 변한다면, 인식의 다른 형상으로 바   b
뀜과 동시에 그것은 인식이 아닐 것이네. 그러나 언제나 변한다면, 언
제나 인식은 없을 것이며, 이 이치에 따라 인식하는 것도 인식되는 것
도 없을 것이네. 반면에 언제나 인식하는 것이 있고, 인식되는 것이
있으며, 아름다움이 있고, 좋음이 있으며, 있는 것들 하나하나의 각각
이 있다면, 이것들은 우리가 방금 말하던 것들, 곧 흐름(유전: rhoē)   c
과도 이동(phora)과도 전혀 닮지 않은 것으로 내게는 보이네. 따라서

도대체 이게 이러한지 또는 헤라클레이토스 일파[150] 그리고 그 밖의 다른 많은 이들이 주장하듯 그러한지, 이를 검토하기가 쉽지 않네. 또한 이름들에 자신을 내맡기고선 자신의 혼을 그쪽에 봉사케 하며, 그것들과 그것들을 정한 사람들을 신뢰하며 뭔가를 아는 걸로 자신 있게 주장하는 것은 전혀 지각이 있는 사람의 할 짓이 아니거니와, 이런 경우 또한 그러하네. 자신에 대해서도 사물들에 대해서도 아무것

d 도 건전한 것은 없다고 비난해 대며, 모든 것들은 마치 새는(또는 밑 빠진) 독 같고, 사람들은 영락없이 카타르를 앓는 환자들처럼 생각되고, 사물들이 처한 상태는 온갖 병적인 유출과 점액들을 가진 상태의 꼴이라는 것이네. 크라틸로스여, 아마도 사물들은 물론 그럴 수도 있고, 아마도 안 그럴 수도 있겠네. 그러니 용기 있게 그리고 잘 고찰해야 하며 쉽게 받아들이지는 말게나. 자네는 젊고 한창때일세. 고찰해 보고서, 뭔가 알아낸 것이 있으면, 내게도 나눠 주게나.

크라틸로스: 그야 그럴 것입니다. 하지만 명심하세요, 소크라테스 선생님! 지금으로서도 고찰을 안 한 상태인 건 아니고, 고찰도 하고

e 수고도 한 제게는 헤라클레이토스가 말한 대로 훨씬 더 그렇게 보입니다.

소크라테스: 그러면, 이보게나, 다음번에 오면, 다시 나를 가르쳐 주게나. 그러나 지금은 준비한 대로 시골로 가 보게나. 여기 이 헤르모게네스도 자넬 전송할 것이고.

크라틸로스: 그럴 것입니다, 소크라테스 선생님! 하지만, 선생님께서도 앞으로 이 문제들을 더 생각해 보시고요.

---

150) 402a를 참조할 것.

참고 문헌

1. 《에우티데모스》 편과 《크라틸로스》 편의 원전 · 주석서 · 역주서

Burnet, J., *Platonis Opera*, III, Oxford: Clarendon Press, 1903.

Canto, M., *Platon: Euthydème*, Paris: Flammarion, 1989.

Dalimier. C., *Platon: Cratyle*, Paris: Flammarion, 1998.

Méridier, L., *Platon: Œuvres Complètes*, Tom. V, – 1 Partie, *Ion, Ménexène, Euthydème*, Paris: Les Belles Lettres, 1964.

Méridier, L., *Platon: Œuvres Complètes*, Tom. V, – 2 Partie, *Cratyle*, Paris: Les Belles Lettres, 1931.

Duke, Hicken, Nicoll, Robinson et Strachan (edd.), *Platonis Opera*, I, Oxford: Clarendon Press, 1995.

Fowler, H. N., *Plato, IV, Cratylus, Parmenides, Greater Hippias, Lesser Hippias*, Loeb Classical Library, Cambridge, Mass.: Harvard University Press, London: W. Heinemann, 1926.

Gifford, E. H., *The Euthydemus of Plato*, New York, Arno Press: A New York Times Co., 1973.

Hawtrey, R. S. W., Commentary on Plato's *Euthydemus*, Philadelphia: American Philosophical Society, 1981.

Sprague, R. K., *Plato: Euthydemus*, Indianapolis/Cambridge: Hackett Pub. Co., 1993.

2. 《에우티데모스》 편과 《크라틸로스》 편의 번역서

Reeve, C. D. C., *Cratylus*, tr. in *Plato: Complete Works*, ed. by J. M. Cooper, Indianapolis/Cambridge: Hackett Pub. Co., 1997.

Schleiermacher, F. /Hofmann H., Platon Werke, II, Des Sokrates Apologie *·Kriton·Euthydemos·Gorgias·Menon·Charmides*, Darmstadt: Wissenschaftliche Buchgesellschaft, 1973.

Schleiermacher, F. /Kurz, D., Platon Werke, III, *Phaidon·Das Gastmahl· Kratylos*, Darmstadt: Wissenschaftliche Buchgesellschaft, 1974.

3. 《에우티데모스》 편과 《크라틸로스》 편의 해설서 또는 연구서

Chance, T. H., *Plato's Euthydemus*, Berkeley·Los Angeles·Oxford: University of California Press, 1992.

Denyer, N., *Language, Thought and Falsehood in Ancient Greek Philosophy*, London and New York: Routledge, 1993.

Robinson, T. M and Brissson, L., edd., *Plato: Euthydemus, Lysis, Charmides*, Proceedings of the V Symposium Platonicum, Sankt

Augustin, Academia Verlag, 2000.

Sedley, D., *Plato's Cratylus*, Cambridge: Cambridge University Press, 2003.

Sprague, R. K., *Plato's Use of Fallacy*, London: Routledge and Kegan Paul, 1962.

4. 기타 참고서

Brandwood, L., *A Word Index to Plato*, Leeds: W. S. Maney and Son Ltd., 1976.

Diels/Kranz, *Die Fragmente der Vorsokratiker*, I, II, Bonn: Weidmann, 1954.

Goodwin, W. W., *A Greek Grammar*, London: Macmillan & Co. Ltd, 1955.

Hicks, R. D., *Diogenes Laertius*, I, Loeb Classical Library, Cambridge, Mass.: Harvard University Press, London: W. Heinemann, 1925.

Hornblower, S. and Spawforth, A. (edd), *The Oxford Classical Dictionary* (3rd ed.), Oxford Universiy Press, 1999.

Howatson, M. C. (ed), *The Oxford Companion to Classical Literature*, Oxford University Press, 1990.

Jaeger, W., *Aristotelis Metaphysica*, Oxford: Clarendon Press, 1957.

Kahn, C. H., *Plato and the Socratic Dialogue*, Cambridge University Press, 1996.

Kraut, R.(ed.), *The Cambridge Companion to Plato*, Cambridge University Press, 1992.

Riginos, A. S., *Platonica*, Leiden: E. J. Brill, 1976.

Slings, S. R., *Platonis Respublica*, Oxford : Clarendon Press, 2003.

Smyth, H. W., *Greek Grammar*, Renewed ed., Cambridge, Massachusetts : Harvard University Press, 1984.

Stanford, W. B., *The Odyssey of Homer*, Books I-XII, London : St Martin's Press, 1965.

Stanford, W. B., *The Odyssey of Homer*, Books XIII-XXIV, London : St Martin's Press, 1965.

Willcock, M. M., *The Iliad of Homer*, Books I-XII, London : St Martin's Press, 1978.

Willcock, M. M., *The Iliad of Homer*, Books XIII-XXIV, London : St Martin's Press, 1984.

Ziegler, K. & Sontheimer, W., *Der Kleine Pauly*, 1~5, München : Deutscher Taschenbuch Verlag, 1979.

박종현 지음, 《헬라스 사상의 심층》, 서광사, 2001.

박종현 지음, 《적도(適度) 또는 중용의 사상》(개정·증보판), 서광사, 2022.

박종현 편저, 《플라톤》(개정·증보판), 서울대학교 출판부, 2006.(절판)

박종현·김영균 공동 역주, 《플라톤의 티마이오스》, 서광사, 2000.

박종현 역주, 《플라톤의 네 대화편: 에우티프론, 소크라테스의 변론, 크리톤, 파이돈》, 서광사, 2003.

박종현 역주, 《플라톤의 필레보스》, 서광사, 2004.

박종현 역주, 《플라톤의 국가(政體)》(개정 증보판), 서광사, 2005.

박종현 역주, 《플라톤의 법률》: 부록《미노스》, 《에피노미스》, 서광사, 2009.

박종현 역주, 《플라톤의 프로타고라스/라케스/메논》, 서광사, 2010.

박종현 역주,《플라톤의 향연/파이드로스/리시스》, 서광사, 2016.

박종현 역주,《플라톤의 고르기아스/메넥세노스/이온》, 서광사, 2018.

박종현 역주,《플라톤의 소피스테스/정치가》서광사, 2022.

박종현 역주,《플라톤의 카르미데스/크리티아스/서간집》서광사, 2023.

고유 명사 색인

1. 《에우티데모스》편은 Stephanus 판본 I권(St. I) p. 271a에서 시작해 p. 307c로 끝난다. 그리고 《크라틸로스》편은 같은 권 p. 383a에서 시작해 p. 440e로 끝난다.
2. 스테파누스 쪽수 앞의 * 표시는 그곳에 해당 항목과 관련된 각주가 있음을 뜻한다.

[ㄱ]

〈간청(Litai)〉편 *428c
게리온(Gēryōn) *299c
기억의 여신(Mnēmosynē) *275d

[ㄷ]

달(selēnē) 397d, 408d, 409a~c
데메테르(Dēmētēr) *395d, *404b~c
디오니소스(Dionysos) *400c, 406b, *c, *409c, *425c

[ㄹ]

레아(Rhea) *287b, 401e, *404b, *c, *402a, b
레토(Lētō) *406a
리케이온(Lykeion) *271a, *272e, 303b

[ㅁ]

마르시아스(Marsyas) *285c
메넬라오스(Menelaos) *288c
메데이아(Mēdeia) *285c
무사 여신들(Mousai) *275d, 406a, 428c

[ㅂ]

브리아레오스(Briareōs) *299c

[ㅅ]

세이렌(Seirēn) *403e
소프로니스코스(Sōphroniskos) *297e, 298b
스카만드로스(Skamandros) *391e, 392a
스키테스(Skythēs) *299e, 300a

내용 색인

1. 《에우티데모스》편은 Stephanus 판본 I권(St. I) p. 271a에서 시작해 p. 307c로 끝난다. 그리고 《크라틸로스》편은 같은 권 p. 383a에서 시작해 p. 440e로 끝난다.
2. 스테파누스 쪽수 앞의 * 표시는 그곳에 해당 항목과 관련된 각주가 있음을 뜻한다.

299

근거(logos) 287d

글자들(grammata) 393e, 394c

금(khrysos, khrysion) 288e, 289a,
298a, c, 299d, e, 398a

기계장치(mēkhanē) *425d

기능(ergon) 307a, *389b, 413e

기술(tekhnē) 288c, d, 292d, 414b,
*c

기하학자(ho geōmetrēs) 290c

기하학적 도형(diagramma) 436d

[ㄴ]

나눔(diairesis) 424b

나라(polis) 285a, 290d, 291d,
302c, 385a, e, 392c, e

나쁜 상태(나쁨: kakia) 386d, 415a
~c, e

나타나 있게 됨(paragenētai) *301a,
*e

나타나 있다(parestin) *301a

날(낮: hēmera) 418c, d

남성(arrēn) 414a

낱말들의 정확성(onomatōn orthotēs)
277e

낱말들의 차이(onomatōn diaphora)
278b

논박(elenkhos) 275a, 286e, 287c,
e, 293e, 295a, 303d, 304d

논변 작성가(산문가: logopoios)

*289d, e, 305b

논변 작성 기술([hē] logopoiikē te-
khnē) 289c

논변(logos, logoi) 287c, *289d,
297c, 303a~e, 304d, e, 305b~d

농경(농사: geōrgia) 291e

[ㄷ]

다이몬(daimōn: pl. daimones)
397d, e, 398a~c, 438c

다중(hoi polloi) 307a

단단함(sklērotēs) *434c~435a

달(mēn, meis) 409c

닮음(homoiōma) 434a

대왕(basileus ho megas) *274a

대장장이(놋갓장이: khalkeus) 301c,
d, 388d, 389e

더 이상 아닌(더 이상 있지 않는:
mēketi einai) *283d, 432d

델피에 있는 조각상(ho andrias ho
en Delphois) *299c

도공(kerameus) 301c, d

도구(organon) 280c, *388a, b,
389c, e, 390a, 426c, d

돈벌이(khrēmatistikē) 307e

동경(갈망: pothos) 420a

동물들(ta zǒa) 423a, c

되기(됨: genesthai) 282b, e, 283b
~d

발견함(euriskein) 436a, 438b, 439b

배심원들(dikastai) 290a

배우는(이해하는) 이들(hoi mantha-
nontes) *275d, 276a, d, e, 277c

배움(mathēsis) 439a

배움들의 놀이(tōn mathēmatōn
paidia) 278b

법(법률: nomos) *384d, 388d, 429b

법정(dikastērion) *272a, 273c,
304d, 305b, c

변론가(rhētōr) 284b, *305b, c,
398d, e

변증가([ho] dialektikos) *390c, d,
398d

변증술에 능한 이들(hoi dialektikoi)
*290c

별들(astra) 408d, 409c

본보기(paradeigma) *282d

본보임(강연: epideixis, epideikny-
nai) *274a, b, d, *275a, 278c,
d, 282d, e, 288b, 384b

본성(physis) 387a, d, 389b, c,
393c, 400a, b, 429c

본성상(본성적으로: physei) 383a,
384d

본질(ousia) 385e, 386a, e, 388b,
393d, *401c, d, 421b, 423e,
424b, 431d, 436e

부(ploutos) 280d, 281a, 403a

부류(genos) 392a, 394a, d, e,

398e, 411a, 431a

북(kerkis) 388a∼c, 389a∼d, 390b

북인 것 자체(auto ho estin kerkis)
*389b

불(pyr) 408d, 409c, d, 410a, b,
413c

비겁함(deilia) 415b, c

빼어남(aretē) 395a

[ㅅ]

사냥 기술(thēreutikē [tekhnē])
290b

사람(anthrōpos) → 인간

사랑(erōs) 398c, d, 420a, b

사려분별(phronēsis) 281b, d,
*306c

사물들(ta onta) *279a, 411b, d,
412c, 422d, e, 438d, e, 439b

사물[들](to pragma; pl. ta pragma-
ta) 286a, b, 386a, e, 387c, d,
388b, 390d, 401c, 411b, c, 412a,
414d, 417a, c, 419d, 420a, b,
422e, 423a, c, d, 424e, 425d,
432e, 433b, d, 434a, 435d, e,
436b, 437c, 438b, c, 439a, 440d

사실인 것(to on) *429d

사유(dianoia) 396b, 407b, 416b
∼d

사자의 가죽(leontē) *411a

이름의 효능(dynamis) 394b

이름인 것 자체(auto ho estin onoma) 389d

이방인들(barbaroi) 383b, 385e, 390a, c, 409e, 425e, 426a

이암보스 운율 시(to iambeion) *291d

이용함(khrēsthai) 289a, b, 290d

이해(이해력: synesis) 411a, 412a, c, 437b

이해심(gnōmē) 411a, d

이해함(synienai) 278a, 412a, *414a

인간(anthrōpos: pl. anthrōpoi) 그 어원: 399c. * '사람' 및 '인간'에 대한 일반적 지칭은 너무 많으므로 생략함.

인간들의 종족(to anthropōn phylon) 398e

인류(to anthrōpinon genos) 431a

인식(gnōsis) 440a, b

입법술(nomothetikē) 437e

입법자(법률가: nomothetēs) 388e, 389d, 390a, c, d, 404c, 429a, b, 437e, 438b

있는 것(to on) 284a, 401d, 413e

있는 것들 중의 하나인 각각(hen hekaston tōn ontōn) *439c

있는 것들(…인 것들, 사실인 것들: ta onta) 284a, 385b, e, 401d, 411d

있지 않는 것(to mē on) 284b, 286a

[ㅈ]

자모문자들(stoikheia) 424c, d, 434b

자연(physis) 412c

자연에 어긋나게(para physin) 387a, 393c, 394d

자음들(aphōna) 424c

작명가(onomatourgos) *389a, 390e

잘함·잘 지냄(eu prattein) *278e, 279a

잘함(eupragia) *281b

장군(stratēgos) 273c, 280a, 290c, 394c

장군의 통솔 기술(stratēgikē) 290b, 291c

장인(dēmiourgos) 280c, 301c

쟁론술(eristikē) 272b

저음(barytēs) 399b

적도(適度: to metrion) 414e

전쟁(polemos) 299b, c

전투(agōn) *421d

절대자(autokratōr) 413c

절제(sōphrosynē) 411e

정도(필요) 이상으로(비교급+tou deontos) 295c, 296a

정신(nous) 413c

정지(stasis) 426d, 438c

306

추한(aiskhron) 301b, 416a, b

[ㅋ]

키(pēdalion) 390d
키민디스(kymindis) *392a
키타라(kithara) *272c, 276a,
*289c, 390b

[ㅌ]

탈란톤(talanton) *299e
탐구(zētēsis) 291c
탐구함(zētein) 411b, 421a, 436a, b
탐문(historia) 437b
통치술(치술: hē politikē [tekhnē])
*291c, 292b, e
특성(typos) *432e

[ㅍ]

팡크라티온(Pankration) *271c,
272a
편익이 되는(sympheron) 417a, b,
419a
표시(sēma) 400c

[ㅎ]

ㅎ(ㅏ) *412a, 437a

합의(homologia) 384d, 435b
해(년: eniauto, etos) 271c, 408d,
410c~e
해를 입히는(blaberon) 417d~e,
418e
해악(to kakon; pl. ta kaka) 404a
행복함(eudaimonein) 280b, d~
282a, c, 299e
행운(eutykhia) 279c, *d, *280b,
281b, 282a, 289c, d, 290b, 292b,
e
행위(praxis) 281b, 386e, 387a~c
헛소리를 함(mēden legein) *300a
헤메라(hēmera: 날·낮) 418c~e
헬레보로스(helleboros) *299b
형상(형태: eidos) 389b, 390a, b, e
혼(psykhē) 287d, 295b, e, 302a,
e, 399d, *e, 400a~c, 403b, 404a,
411d, 412a, 415b~d, 417a, 419d,
420a~c, 432c, 437a, 440c
화가(zōgraphos) 424d, e, 429a,
432b
환영(phantasma) 386e
환희(기쁨: khara) 419c
황금 족(to khrysoun genos) *397e,
398a
회화(graphikē) 423d
효능(dynamis) 394b
훌륭하디훌륭한 분들(hoi kaloi [te]
kảgathoi) 284d

307